# 学生核心素养培养的学校活动创设

## ——伙伴计划的实践与策略

北京教育科学研究院
“史家小学学校品牌提升”项目组 编

中国人口出版社
China Population Publishing House
全国百佳出版单位

**图书在版编目（CIP）数据**

学生核心素养培养的学校活动创设：伙伴计划的实践与策略／北京教育科学研究院“史家小学学校品牌提升”项目组编. --北京：中国人口出版社，2023.5
ISBN 978-7-5101-7544-2

Ⅰ.①学… Ⅱ.①北… Ⅲ.①素质教育—教学研究—小学 Ⅳ.①G622.0

中国版本图书馆 CIP 数据核字(2020)第 239415 号

**学生核心素养培养的学校活动创设**

——伙伴计划的实践与策略

XUESHENG HEXIN SUYANG PEIYANG DE XUEXIAO HUODONG CHUANGSHE

北京教育科学研究院
“史家小学学校品牌提升”项目组 编

| | |
|---|---|
| 责任编辑 | 魏小玲 |
| 美术编辑 | 刘海刚 |
| 责任印制 | 林　鑫　任伟英 |
| 出版发行 | 中国人口出版社 |
| 印　　刷 | 小森印刷（北京）有限公司 |
| 开　　本 | 710 毫米×1 000 毫米　1/16 |
| 印　　张 | 17.5 |
| 字　　数 | 260 千字 |
| 版　　次 | 2023 年 5 月第 1 版 |
| 印　　次 | 2023 年 5 月第 1 次印刷 |
| 书　　号 | ISBN 978-7-5101-7544-2 |
| 定　　价 | 50.00 元 |

| | |
|---|---|
| 电子信箱 | rkcbs@126.com |
| 总编室电话 | (010) 83519392 |
| 发行部电话 | (010) 83510481 |
| 传　　真 | (010) 83538190 |
| 地　　址 | 北京市西城区广安门南街 80 号中加大厦 |
| 邮政编码 | 100054 |

# 共识　共行　共创　共赢

## （代　序）

“史家小学学校品牌提升项目”是北京教育科学研究院（以下简称北京教科院）与名校点对点合作的首次尝试，2017 年启动，历时 3 年。院校双方深度融合、精诚合作，共同研究、探索“深综改”（深化基础教育领域综合改革）背景下的学校发展新路径。

### 一、共识

科研机构是教育改革的同行者和引路人，学校是教育改革的开拓者和实践者，双方合作共同开展研究，强调合作意识、探索精神和结果导向。

现在，北京全市乃至全国范围之内的学校都在做品牌扩充，史家小学也不例外。品牌的扩充对办人民满意的教育，让更多的学校尽快提升质量和影响，让更多的人受益，是有益处的；然而，品牌在扩充中也会产生优质资源稀释的问题。那么品牌提升的核心在哪里？对于学校而言，它之所以能成为品牌，在于它培养的学生素质的提升。那么，学生的素质怎么得到提升呢？主要靠课程与教学。所以学校品牌的提升还是要聚焦到课程与教学，即解决教什么的问题，解决怎么教、怎么学的问题。

北京市东城区史家胡同小学（以下简称史家小学）已经有一个很丰富的课程体系和一整套教学的体系，质量也很高，以这个项目为载体，凝聚科研机构的力量，开发基于核心素养培养的课程体系，为解决“教什么学什么，怎么教怎么学”问题注入一个新的因素，与老师们在理念、行动方式上形成更有科学性、前瞻性的共识。

## 二、共行

共识是为了合作双方的共行。现在“改革”这个词满天飞，但改革和实验这两个词是要连在一起的，改革是建立在实验基础上的，而真正到了教育中开展的实验却很少。很多的改革往往是外来的、上级压下来的、必须执行的东西。教育是为了学生的成长，一个人的成长，需要放到一个具体情景中去探索，即什么是好的教育，是真正支持孩子成长的教育。我们做的就是这样的教育实验，是真正回到学校的情景中共同来做的一个探索，探讨教与学方式的变革，探寻现实中的理想学习方式，让教育适应时代的需要，让孩子得到切实提升，让学校的教育质量不只高、新，并且具有引领性，让史家小学这个品牌越做越响。

教育能够产生实际效果的一定是在实践中的探索，只有参与教育实验中，才会碰到真正的问题。这些问题怎么去解决，需要融通所有的经验积累和当下的创新，把已有的知识和新的知识结合起来，把对教育价值的思考与教学方法的思考统一起来。这不仅是科研人员深入教育、研究教育，更是教师实现专业发展的一个很重要的路径，使教师们在迎接挑战当中发展自我。

## 三、共创

教育的一切问题，从教育哲学角度来看谈的都是人。一个品牌提升的过程中，特别是在今天的环境下，其实就是对于育人的理解在不断地升华，对于教育的认识、人自身的认识等在变化。在变化过程中，关于“教什么、学什么，怎么教、怎么学”的问题，其实也需要不断去思考，去调整、改革、创造。对于史家小学这样一所非常有声誉、有影响力的学校来说，不能停留在原有的基础上，也不能简单地去学别人，只能去创造，其实就是要求学校、教师自我革命和重新出发。从最初的共识、共行，到共同创造教育，创造一个新的课堂，应该说是平凡但很伟大的事情。要有这样的教育精神才能做出微创新，这个微创新的价值是巨大的。

学校一位教了快三十年书的美术老师，经验非常丰富，她与项目组在一遍一遍地打磨一堂 A－S－K 课的过程中，慢慢发生改变，能够用现在的眼光，甚至是未来的眼光来看今天，看过去做了很多年的事情，这样一种变化实际上完成了一个教师的自我革命。史家小学品牌提升就是要建立在史家小学的每一个教师不断的自我革命和重新出发的基础上，这也是史家品牌建设的核心。

## 四、共赢

项目开展两年多以来，学校的领导和教科院基教所的项目团队，投入了大量的时间、精力，每周有一两天“沉”在学校，跟一线教师们一起研发、实践。作为研究者，离教育近了，更懂教育了；离教师近了，更懂教师了；离课堂近了，也更懂课堂了，可以说是走近真正的教育。作为一线教师，每周有一两天跟科研人员一起探讨、实验，了解了更多的教育前沿成果，知道了更多的教育规律，掌握了更多的研究方法，上的课也越来越有研究的味道了。

这样一个扎实“沉”到一线做教育的项目，让史家小学和北京教科院团队真正实现了一起创造心目中的教育的理想。

（根据方中雄院长在“史家小学学校品牌提升”项目活动中的讲话整理）

# 目　录

## 第一章　传统活动新升级：伙伴无处不在



## 第二章　主题活动有创意：让伙伴教伙伴

## 第三章 基础教学增亮点：思维在伙伴间激活



## 第四章 专题教研展特色：在反思互动中成长

## 第五章　内外协同强合力：家校成为真伙伴



## 附篇

# 第一章

## 传统活动新升级：伙伴无处不在

本部分是伙伴计划中的拓展领域，着重对学校特色活动再造，将原有学生活动转变为具有明显伙伴特征的专项活动。拓展领域着眼于依托学生的兴趣爱好和个性特征，通过任务驱动激发学生的潜能，使学生通过优势潜能带动关键能力的整体提升。这是一种体现不同基础要求的、具有选择性和多样性的活动领域，由体现拓展延伸特征的特色活动组成，如小伙伴巡讲团、伙伴游戏节以及其他多种丰富的学生活动。拓展领域覆盖了所有学生，但不同学生参与的具体内容因个人兴趣和能力有所区别。

在巡讲中，学生们学会了自主合作进行项目设计，学会了尊重配合完成集体使命，学会了理解宽容处理问题矛盾……在游戏节中，学生们不仅展望了未来生活，形成了初步的发展规划意识，而且在集体游戏中感知到：无论何时，伙伴都是成功不可或缺的因素，伙伴携手既需要情感，也需要技能。

# 发挥伙伴的教育力量

史家小学二年级部位于北京市东城区史家胡同。这是一条有丰厚历史和人文底蕴的北京胡同，也是史家小学的老校址所在。根据学校的整体规划设计，二年级部重点进行了以伙伴课程为载体的伙伴特色文化建设。

## 一、伙伴特色的提出

发展心理学表明，童年期（7～12 岁）个体的社会性发展加剧，特别是同伴关系和友谊是该阶段的明显特征。这一时期，将形成不同类型的伙伴团体，而友谊也由单向帮助关系向双向帮助关系乃至亲密持久的共享关系逐步发展。为此，这一阶段有必要引导学生发展积极的伙伴关系，帮助学生在伙伴活动中实现良好的社会性发展。

同时，建构主义学习理论指出，学习者是在交往互动中，借助社会性协商进行知识的社会建构的。可见，伙伴作为最常见、最密切的社会变量之一，伙伴间的互动对于学生个体的发展起着至关重要的影响作用。因此，伙伴具有重要的育人途径价值。

史家小学二年级部校区的学生已经接受了一年学校学习，基本适应了学校的学习生活，养成了良好的行为规范。但同时，未来的学习活动对他们的自我监督、自我调节和自我控制等能力又提出了进一步的要求，需要他们在与同伴互动中，表达自我；在集体交流中，分享经验；在团队合作中，提升能力。因此，我们在教育中要重点关注学生积极同伴关系的建立与促进。

## 二、伙伴课程的构建

伙伴文化基于史家“培养和谐的人”的目标，以伙伴课程为主要实践途径方式。

伙伴课程的设计出发点就是通过伙伴交往，促进学生认知水平的发展，在个体生活、个性培养和社会化发展中促进学生个体的发展和社会交往能力的提高。活动所体现出的学生间“同乐同思同创”互促共生的关系是积极的伙伴关系。

学生在开展伙伴活动、进行伙伴课程的过程中，突出体现了平等、协作、共赢的“伙伴”文化精神实质，这种协同合作的特征，是通过“沟通、合作、分享”的行为来实现的。

围绕“自信表达会沟通、同伴互动能合作、悦纳伙伴懂分享”的培养目标，我们构建了以“书友课程”“学伴课程”“团队课程”“社团课程”“共美课程”为主要内容的伙伴课程，课程目标对应学校育人目标体系中“人与人、人与社会”两大支柱，突出“尊重、规则、创造”的意识，培养“表达、实践、交往、自主”的能力。

书友课程以书会友，凸显交流与分享；学伴课程通过游戏互动，凸显沟通与表达；团队课程关注团队建设，凸显交往与合作；社团课程通过项目学习，凸显自主与体验；共美课程通过主题拓展，凸显实践与创造。

这些形式多样的伙伴课程，有效地提升了二年级学生的社会性发展。彩虹体验课、学生合作游戏，加强了沟通能力；小伙伴讲坛，学生大方展示，从个人小主讲到组建小主讲，团队进行年级巡讲，不仅增强了学生的自信心，而且锻炼了学生的表达能力。在一个学期中，孩子们共巡讲了 82 场，最多的团队巡讲了 11 场，从巡讲前的自我推介、主讲、助理的分工、当天的预设直到现场呈现，一次次巡讲锻炼了团队当中每一名学生的沟通能力、合作能力和应对突发事件的勇气。

## 三、伙伴内涵的提升

在北京教科院专家的指导下，我们进一步明确了“伙伴”更多的是教育的途径，而不是教育目的。伙伴课程不是仅为了把学生拉在一起形成伙伴，更要通过发挥伙伴之间的学习效应，促进每个孩子能力的提升，提升每个孩子的核心素养与关键能力。途径是“伙伴一起”，目的是能力提升。项目组提出的“相交同创，互促共生”是对“伙伴”文化意义与价值的根本定位。在实践时，“同创与共生”结果的实现与“相交与互促”功能的发挥同样重要，缺一不可。在这一指导思想下，我们开展了一系列行动，在提高每个课程活动互动参与性的基础上，更加关注活动的深层育人价值。

例如，共美课程的“伙伴校园我当家”活动中，每位二年级学生都要在这一年当一次值周生，这和很多学校是一样的。但我们对值周的要求进行了调整：值周活动职能从之前的监督、检查、督促到伙伴互助，用自己的眼睛寻找伙伴身上的闪光点，用自己的思考帮助伙伴寻找改正不足的方法。

我们充分发挥孩子们的主动性、创造性，发挥伙伴密切配合的必要性，用他们的眼睛去看，用他们的头脑去思考，说出他们感受最深的东西，在发现与思考中履行责任与担当。我们值周准备时不仅布置任务，而且让学生选择共事伙伴，十名值周生可以自愿组合分组。每周五值周总结时值周生们进行讨论后共同完成伙伴成长足迹的填写工作。足迹内容包括：我们看到了同学们身上哪些闪光点？我们为同学们提供了什么帮助？我们发现了同学存在什么问题，建议的解决问题的方法是什么？之后，值周生们进一步商量在值周交接仪式上如何向全年级的小伙伴介绍一周以来的值周情况。由于值周情况就是同学们身边的实事，所以大家听得非常认真。在此基础上，新一轮的值周上岗宣言也改为伙伴讨论后自己写、自己说，说自己的话，弱化了单纯的组织形式比拼，强化了各轮值周学生之间的相互观察、借鉴与不断超越。

经过一段时间的积累，学生们不仅学会了用积极的态度去对待同学，而且学会了用建设性的思考去对待问题，这是形成良好伙伴关系的重要基础。每周的伙伴成长足迹逐渐汇集起来，就能清楚地形成一份伙伴共治的报告。从报告里，能读到校园的美德行为，也能读到校园中的问题，还能读到改进不足的具体建议，小伙伴以值周的形式共同参与到学校的建设中来，成为学校的主人。

“六一”儿童节我们组织了“畅想 2035，创意快乐童年”第三届小伙伴游戏节。此次游戏节既是往年游戏庆“六一”传统的延续，又是基于伙伴品牌提升项目的一次伙伴成长教育活动。

游戏是孩子们最向往、最喜欢的活动，本届游戏节的亮点是游戏设计组的老师们根据二年级孩子们创作的700多幅“我的2035”绘画作品，设计完成的20组创意游戏，让学生通过完成挑战，学会团队合作，从而培养他们的合作意识。这一天，史家小学二年级部变成了一部神奇的“时光机器”，将同学们“传送”到了2035年。穿越到“未来”的学生带着兴奋与期待，争先恐后、迫不及待地拉着他们的小团队来到他们最感兴趣的游戏场地，信心满满地接受各种任务与挑战。

游戏节为学生们展望未来确定了清晰的时间节点，让学生提前思考国家基本实现现代化、自己初入职场时的情景，为自身发展的远期规划提供了坐标。也许学生还比较小，即使有所调研也不能理性分析出未来的可能，但这种在社会发展环境中进行自我规划的意识萌芽已经埋下，能使学生初步感受到未来与现在的密切关系。同时，游戏节注重伙伴协作，不仅活动全部为团队游戏，更是在活动前让每个小组都讨论出当天的协作预案，事先制定合作游戏的规则与原则，并在游戏后共议当天的成功处与改进点，促进伙伴共同成长。以游戏为依托，学生以自主建构的方式学会了沟通、交流与合作。

培养学生与同伴交流、表达自我；在集体中交流、分享感受；在团队合作中，展示自我的意识和能力，这是学生未来进入社会、融入社会、服务社会的需要。推进伙伴计划、发展校区特色，我们会不断努力！

（宋　菁）

# 伙伴巡讲展风采　特色活动成俊才

伙伴文化一直是二年级校区的特色，而其中的“小伙伴巡讲团校园巡讲”活动是其亮点，在活动中孩子们不仅锻炼了独立自主的能力，而且培养了团结合作、互帮互助的精神。

## 一、小伙伴巡讲团的组织活动方式

### （一）小伙伴巡讲团的任务

小伙伴巡讲团的主要任务是小伙伴集体选定主题后各自分工，然后在全年级各班进行宣讲，在达到普及传统文化或科学知识的同时，也更好地锻炼巡讲团中各位同学的组织、合作能力。

### （二）小伙伴巡讲团的组织方式

小伙伴巡讲团首先选出主讲同学，确定巡讲主题，做出巡讲方案，然后由主讲同学根据巡讲团的各项任务特点在班级内寻找三位合作伙伴，在征得合作伙伴的同意之后进行分工准备。

### （三）小伙伴巡讲团的活动方式

在巡讲团充分做好各项准备工作之后，由巡讲团同学分别跟各班班主任老师沟通宣讲时间，然后各班分别开始进行巡讲。

## 二、小伙伴巡讲团的育人价值分析

### （一）在团队任务中体验个人价值

团队中的每一个人都具有不可替代的个人价值，集体的成功离不开每个人的贡献。以下以一个巡讲团为例进行阐述。

首先，相互支持形成集体合力。这一组的几个孩子都是二年级的同班同学，优势全部为中队干部，个人都有一定的能力，让人忧虑并不确定的是，大家并没有互相之间配合协作的经历，是否可以组成一个团队并实现良好的合作。最初的筹备阶段，他们经过协商，分配了筹备阶段各自的工作：同学 A 为主讲人，同学 B 负责制作并播放幻灯片，同学 C 负责设计海报，同学 D 负责写海报推介词并热场。在这个过程中，遇到问题时，学生们就在晚上开微信会，互通有无、集思广益，做得有声有色。在摸索后，分工不断拓展和细化，巡讲团中有开始负责讲相声热场的同学，有流利生动宣讲的主讲同学，有负责幻灯片播放的同学，还有负责提问并发放奖品的同学。在第一次去外班巡讲之前，巡讲团成员先在班级内试讲，发现问题及时商量改进，为后面的顺利巡讲做充分准备。

其次，高标准完成自己的任务。团队中有一位同学负责热场，他选择了一段比较复杂拗口的传统绕口令，目的是活跃现场气氛，并以此集中现场所有同学的注意力，让大家能够全情投入接下来民俗文化宣讲中。学生对自己工作重要性的认知也需要一个过程。起初他认为这个活动的主角是小讲师，自己不过负责烘托并搞活气氛，就是一个“跑龙套”的角色，无足轻重，但在活动进行的过程中，通过一次次的演练，在每次热场时，看到观众们能从自己丰富的表情、带有浓烈情感色彩的宣讲中眉开眼笑，迅速进入传统文化宣讲氛围中，他渐渐发现，一个活动中的每一个人都起到不同作用，都是不可或缺的一部分，没有主角配角之分。这体现出了自己在合作中不可或缺的个人价值。

在一次次的讲解中，孩子们齐心协力，通过不断磨合，逐渐配合默契，出色地完成了任务。

### （二）在问题解决中学会协商与配合

小伙伴巡讲团在进行的过程中，有时会出现各种问题，在解决问题的同时就会提高伙伴们之间的团结、包容、合作能力。例如，在遇到问题时，大家的意见不统一，大家可以各抒己见，找到解决问题的最佳途径，求同存异。在巡讲过程中，与各个班级的老师约定演讲时间，往往会和老师上课的时间有冲突，或者出现老师不在场的现象，很难确定准确时间。孩子们就兵分两路分别去班中落实时间。他们一次次去班里找老师沟通、协商，也会和班干部协商，或者让班中同学转告老师协商后的安排，尽可能地找到最适合的时间。一次次去班中协商的过程，耗费了自己大量的课余时间和精力，但孩子们不厌其烦，最终都能通过自己的能力和办法去解决。

在一次巡讲活动中，有一位同学因为忘记了巡讲时间，没能及时到场，导致整场巡讲推迟，同一个团队的另外三位同学因此非常不满，这种行为本身就显现出了团队缺乏集体包容性的问题。他们应该互相提醒，避免迟到，而不是一味抱怨。事后在老师的引导和帮助下，同学们都认识到了“一个人的错误就是整个队伍的错误”，并通过协商、探讨与沟通的方式进行研究，积极地想办法进行协调与改进。自此，后面的巡讲活动再也没有出现同样的问题，每次活动都能够按时顺利进行。

巡回小讲师活动增强了大家沟通和交流的能力，促进了合作意识，遇到困难协商解决，互谅互助，也大大增强了集体凝聚力，受到其他班同学的欢迎，也让孩子们有了更强的集体自豪感并在问题解决中学会协商与配合。

（三）在观察与比较中实现自我完善

在每一场巡讲结束，四位同学都会总结巡讲过程中的不足之处，及时改进。比如，幻灯片画面不醒目，便会及时调整；提问的问题根据同学们的回答及时调整；等等。在整场巡讲过程中，同学们学会了自我总结，及时改正完善。

因为二年级部每一个班都有巡回小讲师团，去各个班巡回演讲的过程中，同学们会在心里给彼此打分，发现别人的闪光点和自己有待提升的地方，由此互相学习、取长补短，达到了共同进步的良性发展，在观察与比较中实现自我完善。

回溯这些过程，会发现伙伴文化的精髓“分享、协作、沟通”无处不在。在一次次的巡讲和分享中，孩子们不断挑战与团队的契合度，感受伙伴的关怀和支持。这种伙伴的相互影响不仅体现在小团队内部，而且有来自其他班伙伴的影响。通过巡讲，孩子也认识了其他班的小伙伴，收获了新的快乐。

## 三、小伙伴巡讲活动的拓展思考

### （一）小伙伴巡讲团内容的分层化

小伙伴巡讲团的好处确实言说不尽，从着眼点来看，每个团队的内容都是一个外延很大的主题。在具体实施过程中，可以对主题进一步细分，让全班、全年级的同学都参与互动和探究，使一个主题延展成为“知识树”的结构，以伙伴的力量与智慧共同建构知识体系。

### （二）小伙伴巡讲团活动外延的拓展

在以后的小讲坛活动中，还可以为孩子创设更为复杂的任务环境，尝试将孩子们的活动从校园内巡讲发展为走出校园到社会各个领域的活动，例如，社区、企业单位或者养老院、少教所等。让孩子们得到更多锻炼的同时，也让史家小学的伙伴合作精神以及传统文化知识遍及更多领域，让孩子们在更难的挑战中锻炼和提升自己的能力。

### （三）小伙伴巡讲形式的其他运用

小伙伴巡讲的形式可以更大范围地运用在教育教学和班级管理活动中，在教学和管理有宣讲需求的时候，也可以借鉴巡讲团的组织方式，让孩子们自己组织自己宣传，不仅锻炼了表达沟通合作能力，而且能产生比老师单方面灌输更有感染力的实际效果。

（王　珈）

# 在小讲坛活动中培养学生的合作能力

新时期的教育理念倡导“学会合作与学习，学会生存与创新”。随着社会的迅速发展，节奏加快，要求学生具备的基本能力和素质就是学会与人合作。目前，我班学生家庭中，独生子女占大多数，家庭生活质量优越，学生容易养成任性、娇气、自私的习性，学生合作能力弱，缺少合作意识，这引起了我的关注。班集体是学生成长中长期学习和生活的地方，是培养学生合作精神的阵营。这一年，二年级校区实施的伙伴计划给学生创造了很多合作机会，我便抓住这一机会，在班中开展“小伙伴讲坛”活动，以此来培养学生团结协作的意识。

## 一、用“招聘会”形式组建宣讲团

活动一开始，学生需要组建自己的团队。他们在组建过程中，就暴露了在了解自己、了解别人、分工协作方面的明显缺陷：首先，不知道怎么合作，不知道应以各自的优势进行互补性合作；其次，很多孩子搞不清自己擅长什么，更不知道别人的优势、劣势，从而无法实现互补性合作，使合作后的效果低于个人水平之和。而有效的合作应是发挥各自的优势，使合作后的效果高于单一个体的个人水平。有鉴于此，我在班中建议孩子们通过“招聘会”形式来组建自己的宣讲团。每人制作一张“个人简历”，上面写有自己的性格、爱好、特长，孩子们拿着各自的简历在“招聘会”上相互交流、碰撞，自己擅长什么、需要什么，对方擅长什么、需要什么，看了简历一目了然，大家各取所需，合理搭配，顺利完成了团队组建的工作。

## 二、将合作意识融入班级日常管理

在宣讲团准备的过程中，“甩锅”是学生中最常出现的现象——

有了成绩归自己，出了差错怨同伴。如此一来，原本的相互合作就变成了相互埋怨、相互争斗，学生缺乏宽容大度的心胸。于是，我决定在日常的班级管理中利用各种机会培养学生的合作意识。首先，我从培养班级舆论开始，让学生回忆合作的快乐。在学生成长的过程中，常会因与别人交往时表现良好而受到大人的夸奖，那时的他并不会意识到自己是在与人合作。所以，我引导学生回忆：你都和别人分享过什么？你是怎么分享的？有的学生回忆自己在美术课与别人共用一把剪刀；有的学生想起课下跟别人一起跳绳；还有的同学说同桌帮自己翻椅子……是啊，这些都是合作，它就像学习的其他要素一样，需要积极努力地投入才能获得。就这样，我引导学生回忆自己曾经在合作过程中获得的愉快体验，以此来初步感受合作的好处，消除学生对合作的陌生感。其次，在一日常规中，我及时强化学生中的良好行为以强化他们的合作意识。例如，在教室里，我看到小 A 在给小 C 讲题，就立即对他们进行了口头称赞；在操场上玩“泡泡糖”游戏时，有一组同学就很谦让，合作得很愉快，在回班后我便颁发给他们小奖品；在值日时，同学们各司其职，配合默契，我便给他们拍下照片发到微信群中……这些表扬都可以对学生们良好的合作行为起到强化作用。最后，我安排学生以小组的形式汇报宣讲，进行比拼，增加学生合作中的互动与交流。

当然，这些小组在小讲坛活动后并没有解散。我趁热打铁，构建了一个培养学生合作精神的班级管理计划。以小组为单位，学生可以通过自己的实际行动为他们小组增加得分。获胜的小组将得到奖励，获胜的学生们可以得到奖品，但这不是主要的，真正的奖励是学生们经过彼此支持、相互合作而获得成功的满足感。每周，我会抽时间组织学生共同探讨各小组间通过合作带来的益处。大家为了一个共同的目标相互承担责任，获得的成果不但能惠及自己，而且能惠及他人。这种成功的体验可以让学生彼此进行交流，即使是能力较弱的学生也能在讨论中有所收获。大家从彼此的交流中受益对所有人来说都是很好的激励。

二年级的伙伴计划，通过班级开展的各种活动，已深入人心。通过小讲坛活动，身为班主任的我也渐渐学会了在一日常规和德育活动中培养学生的合作能力。看着孩子们在合作的氛围中一天天成长，我由衷地感叹："小伙伴活动，合作很重要！"

（陈　璐）

# 在小伙伴巡讲团活动中快乐成长

小伙伴巡讲团是伙伴计划的一项重要主题活动，是学生的讲堂，由学生来讲，并邀请广大学生到场观摩聆听，主要目的是扩展学生的认知范围，将学习视野拓展到教材之外。通过经典诵读、主题演讲等方式，提高学生的创意表达能力和沟通技巧，培养学生的合作能力与解决问题的能力。经过两个学期的活动开展，学生们已经由个人宣讲逐步转变为团队合作讲演，无论是理论知识还是语言表达能力、沟通合作等方面都取得了显著进步，培养了多方面的能力，并在参与活动中收获了知识与快乐。

## 一、为学生创设环境，提高语言表达能力

小伙伴巡讲团激发了学生表达创意与沟通合作的欲望，为学生创造了一个良好的语言环境和“说话”机会，提高了学生的语言表达能力。学生们自主参与活动，在这个具有浓厚氛围的创设平台，把握每一个说话的机会，团队成员各司其职，互帮互助，在沟通与合作中探讨、查阅资料、修改、排练，使其主动学习与合作能力得到有效提升。激发了学生想说的兴趣，让学生喜爱、愿意参与这项活动，并乐在其中。

## 二、通过巡讲培养学生团队合作意识

参与小伙伴巡讲团活动培养了学生的团队合作意识，通过团队合作共同完成讲坛任务，通过集体研讨提升演讲水平。学生们合理分工，因材任职，让每一位学生在活动中充分发挥各自的特长，成为聚光灯下最闪亮的星。巡讲团最大的特点是为每一位有梦想的孩子提供展示自己的机会。它就像孩子们心中的闪着星光的大道，每个人都可以插上理想的翅膀，在舞台上自由地表现、自信地表达。在主讲人的带领

下，孩子们根据自己的特长，合理分工，撰稿、收集资料、编辑、绘画、角色扮演等，每一步都科学合理，按部就班。同时，对于平时表现问题较多的孩子，通过参与此次活动，让他们学会了自律，学会了如何在活动中控制自己，在表演中约束自己，克服小动作和不认真的态度，培养大局意识。经过一轮的巡讲团展示活动，孩子们的学习能力增强了，合作意识提高了，最重要的是孩子们在活动中看到了自己的努力和成功，让他们更加自信，更加喜欢这个活动。

## 三、在巡讲中锻炼学生解决问题的能力

在活动开展中，学生们遇到的最大问题就是时间有限。无论是在校时间还是校外时间，同组的孩子们很难聚在一起进行联排。但是这并没有难倒心怀梦想的孩子们。他们抓紧在校所有琐碎时间如中午自习、大课间、下午自习等时段进行合练。平时在家努力练习自己的部分，保证自己的部分没有问题。因此，在仅有的几次合练中让我看到了每一位学生精彩、纯熟的宣讲风采。在遇到其他问题时，如小组成员意见不统一，角色扮演不满意等，但是为了大局，孩子们都能做出让步，甚至牺牲自己来成全别人。为了达到最佳的表演效果，自己甘愿放弃自己喜欢的角色或内容来配合全局。

本学期，我们的小伙伴巡讲团不仅在二年级校区展演，还光荣地走进一年级校区，为那里的弟弟妹妹们进行巡演。孩子们精彩的展示受到了在场所有学生及嘉宾的赞扬。作为班主任，看着孩子们由自愿报名做主讲人到招募成员，再到后面的排练、巡演，一路走来，我的心里充满了无限的骄傲与自豪。感谢巡讲团这个大舞台，给孩子们提供了如此难得的机会，让他们成为活动的真正主人，在这个舞台上自由地绽放！同时，这一实践也为老师们如何指导学生开展小伙伴巡讲团的活动指引了方向。

总之，小伙伴巡讲团给学生的课余生活带来了绚丽的色彩。在一次次的研讨、排练过程中，不仅让孩子们体验沟通、合作、分享的重要意义，更加深了彼此之间的友谊和凝聚力，提升了孩子们的表达、表演等多方面的能力。孩子们在活动中享受快乐，乐在其中，回味无穷！

（李岩辉）

# 小游戏　大启示

## 一、对游戏节设计理念的认识

当今世界的特点是速度与变化、机遇与挑战，面对这样一个时代背景，需要我们不断去学习，并具有合作能力和创新能力。教育部发布的文件及中国学生发展核心素养都提到了培养学生的创新精神与合作能力。2018 年的“六一”儿童节就是依据二年级学生年龄特点，以游戏为载体，初步培养学生的创新意识和合作能力。

游戏中的“创新”与“合作”主要是指学生在游戏体验活动中，自主发现新的方法，在团队合作中一起去探索、发现事物中所蕴藏的基本规律，并逐步形成协作的能力。在日常教学中，因为时间有限，在课堂教学中学生体验游戏的人数少、时间紧、场地也有限。而在游戏节中，学生能够有充足的时间来体验，并在合作交流探讨中不断调整自己的方案，从而激发创新思维，提升解决问题的能力等。

## 二、游戏内容的设计

在美术老师的指导下，学生们对 2035 年的生活有了具体想法，并且每个人都形成了自己的绘画作品，很多学生表达了走向外太空的信心。作为筹备小组的成员，我选择了“畅游太空”这幅作品进行游戏任务的开发与设计。

画面呈现的背景是：2035 年，这名学生在太空中惬意地旅行。理想与现实如何连接？我们去太空，一定会遇到各种问题，比如，传输问题，能不能先解决眼前一个小小的乒乓球传递问题，然后逐渐解决外太空传输的问题。通过游戏告诉学生：必须在探索中思考、在合作中推进，才有可能实现美好的理想。

我设计的游戏名字是“创意方法设计师”。成为设计师最主要的就是创新思维，但创新不是单纯地求异，而是要从性能改进的角度出发拓展思路，探索更好的方法。“创意方法设计师”的游戏就是从小小的传球任务出发，看看同学们能不能发现传球中的奥秘，能不能发现改进传球的方法。游戏规则是：10 人为 1 组，并配有 1 个乒乓球；球从发起者手里发出，最后回到发起者手里，用时最少的获胜；在传球过程中，每一位同学的双手都必须触及球。

## 三、学生在游戏中的表现及分析

### （一）学生表现

在游戏过程中，我对学生的表现进行了观察。

创新方面：第一次玩时大多学生停留在固有思维上。比如，有的组的学生站成一横排，依次传球；有的组的学生围成圆圈，依次传递。学生的这些方法可行，但是用时较长，没有打破原有的思维模式。此时教师引导学生：有没有更好的办法让时间变得更短些？你们的成绩是 12 秒，这个游戏的最好成绩为 2 秒。团队一起商量，一起再次来挑战。在老师的引导下，学生不断打破固有思维，设计创新更多更快的方法。比如，有的伙伴团队把围成的圆圈缩小，传球时间减少；有的伙伴团队想到用纵向传球的方法，大大节约了时间。

合作方面：大多数学生在游戏中能够为了团队的获胜积极贡献自己的力量，说出自己的想法，互相协作。也有少数学生因在传球的方法上有不同的意见而发生争执。

### （二）对学生表现的分析

通过观察，我发现，孩子们的创新意识并不是凭空产生的，习惯性的思维和方法是他们的第一选择，但是有三个条件可以促进他们摆脱惯性思维、拓宽思路。

一是任务的驱使，他们意识到原有做法不能解决缩短时间的问题。

二是打破惯性的提示，面对困境，必须有人首先提出换个思路，即使不明确说出具体更换思路的办法，也可以激发创新的意识。

三是启示与借鉴，往往是一个同学有了好主意后，在大家尝试的基础上会不断有更多优化的想法出现。

这告诉我们在平时的教学和管理中，要多在具体任务解决中激发学生的创新意识，要在团队合作中逐渐提升创新能力和水平。当然，其中教师还要发挥关键性的引导作用，帮助学生摆脱原有束缚，找到新的方向。

## 四、游戏节的启示

作为一名学科教师，我之前更多的是在课堂教学中对学生进行教育。而在游戏节，能够在伙伴计划的背景下，通过其他方式参与学生的教育活动。在活动中，既提升了学生的核心素养，也促进了教师的专业发展。教师设计游戏要明确游戏的目的性，依据学生主体性原则，充分发挥学生的主体作用。学生团队研究时，教师不要过于着急，不要过于注重游戏结果。游戏结果可以成功也可以失败，教师应该注重游戏的过程，注重学生发现问题、解决问题的过程。这些对于课堂教学来说同样重要。

（刘　静）

# 伙伴游戏　团结共进

在社会高速发展的今天，团队意识作为融入高度竞争的现代社会必不可少的素养和能力，开始受到前所未有的重视和关注。既然团队意识如此重要，那么从小学开始培养一个人的团队意识就更加急迫。有研究表明，当前小学生的团队意识现状不容乐观，存在很严重的问题。小学生的团队意识整体水平不高，这并不是单一某个方面因素影响的结果。如何提高小学生的团队意识是当前最重要的一个问题，所以在当前的教育中，从小学开始进行有效的团队意识培养显得尤为重要。

## 一、游戏内容的设计

低年级学生活泼好动、注意力集中时间有限，而且团队合作意识也比较欠缺。针对这一问题，我借助“六一伙伴游戏节”的契机，设计了两个游戏，希望学生们在开心玩耍的同时得到相应素养的激发。游戏 1 是“穿越太空隧道”。这个游戏是模拟在太空隧道中，每 10 ~ 15 人一组，在指定的场地中手拉手围成一个圈，其中一人手臂上套上一个呼啦圈，比赛开始时，几个小组同时运动，在不许用手的情况下，让呼啦圈穿过每个人的身体，最后传一圈，最先完成的一组胜出。游戏 2 是“并肩作战”。让孩子们想象，2035 年 6 月 1 日，你作为一名解放军战士接到了一项紧急任务，而这个任务需要你和战友齐心协力共同完成，祖国期待你们凯旋！比赛分两组，每组两人，分两列背对背站好，距离为 5 米。两名参赛者用背部夹住球一同前行，走到对面标志桶，再折返回起点，先到者为胜。整个过程不可以用手去扶球，否则即为犯规。这两项游戏都需要团队密切配合才能完成。

## 二、游戏实施过程

活动当天，孩子们排着整齐的队伍，手拉手来到“穿越时空隧道”的游戏地点，自动选好了排头兵，小声商量了取胜秘诀后迅速站到场地中。一声哨响，孩子们恨不得把自己缩到最小，速度做到最快，只见他们时而甩头，时而扭动身体，时而蜷缩着身子跨越呼啦圈……总之，小伙伴们想尽一切办法争取胜利。再看另一处游戏地点的“并肩作战”。小伙伴们快速结对，想好取胜策略，站到起跑线上。哨声响起，两名“小战士”用力夹住皮球，后背互相顶着，双臂钩住，随着“一二、一二”的口号向折返点迈进。胜利到达终点的一刹那，小伙伴们欢呼雀跃、拥抱呐喊，蹦跳着庆祝胜利。一个阶段的游戏结束后，孩子们纷纷回到教室，看得出他们意犹未尽，仍在兴致勃勃地谈论着刚刚参加的游戏过程，分享着胜利的喜悦。

## 三、对游戏节的思考

经过这次游戏节的活动，可以看出爱玩游戏是孩子的天性，但游戏更是一项有趣而特殊的教育方式，并且具备独有的优势。

首先，游戏凭借着其组织形式灵活多样和趣味性，可以增进学生们的心理健康，给学生创造承担责任、体验责任的机会。其次，游戏还可以消除同学之间的矛盾，增进彼此之间的友谊，调动学生充分发挥各自的主观能动性，在游戏中要有克服困难、坚持不懈的品质。通过游戏项目，孩子们也提升了正确地与人交往的能力，增强了合作的紧迫感和团队的凝聚力，培养了团队协作的精神。最后，游戏还培养了孩子的爱心，让孩子们体会到合作带来的快乐。这也正与二年级校区伙伴文化的核心相吻合，使孩子们在游戏过程中学会沟通、学会合作、学会分享。

作为教师，我们还要把团队精神渗透到学生日常的教学活动和生活中去，锻炼学生的自主创新、团结合作的能力，增强集体荣誉感和凝聚力，逐步完善孩子们的性格，让他们在学习中体验和感受团队合作带来的快乐，从而增强对学习的兴趣，努力做到“在团结中成长，在成长中团结”。

（耿芝瑞）

# 伙伴游戏节的感悟及收获

## 一、对游戏节的新认识

时值2018年“六一”儿童节前夕，史家小学校区二年级部举行了“畅想2035·创意快乐成长”第三届小伙伴游戏节。此次游戏节既是往年游戏庆“六一”传统的延续，又是基于北京教科院支持下学校品牌提升项目的一次伙伴成长教育活动。

通过项目组老师的介绍，我们了解到游戏节不是简简单单的欢庆活动，而是一种教育方式，是让学生在特别的日子里对自身的成长有所体悟、有所思考、有所规划、有所企盼，这是对学生发展权的高度尊重，是“六一”国际儿童节创设的初衷和本质。这次游戏节的主题是“畅想2035·创意快乐成长”，它促使学生清楚地以2035年的自己为坐标，去展望未来的景象，进而反思当下应以怎样的态度和行动去适应未来的发展。

二年级校区关注伙伴间的互动，因此在游戏节的设计上，还要突出团队协作性，引导学生认识到未来生活中伙伴的重要性。设计的巧妙之处在于，以未来生活的设计图为背景，创造伙伴合作游戏，通过游戏把现实和未来连接在一起。

## 二、围绕游戏节开展美术活动

游戏节的关键之一就是对未来生活的描绘，因此美术组老师边摸索边推进，力争用高质量的美术作品为游戏节奠定良好的根基。

第一，在美术课上引导学生对未来进行规划和思考。在教学之前，美术老师们对游戏节所需的作品进行了讨论，认为它应该体现未来生活对人的素养的要求。每位老师还设计了多件未来生活工作场景作品以启发学生，让他们畅想今天的各种知识技能与未来生活的关联。课上，学生对于畅想充满了热情，他们争先恐后发表自己的观点。但是，老师需要清楚地点出“2035”以及“你”这两个要素，让学生的想象更有依据、更加现实。在这样的提示下，学生不是漫无边际地发挥，而是从主体责任的角度出发去思考未来，考虑未来生活对自己的要求。

第二，指导学生将未来的构想画出来。画未来海报超出了现有教学范围，对于如何引导学生，我们三位美术老师反复商量，不断修改创作的方案，从起稿到着色，每一个环节都反复论证反复敲定，再去进行试验，考察可行性，最终形成能够让学生参照实施的教学样例。通过美术课堂教学，二年级的每个学生都画出了属于自己的未来场景。

第三，对美术作品的再度开发。我们选出一些表现力较强、具有代表性的作品印制成海报，游戏当天大面积张贴于学校各处，使学生满眼都能看到未来的同学，仿佛置身于未来世界。同时，我们还把所有学生的作品制成了电子相册，在活动当天播出，其震撼效果感染了在场的每一个人。另外，我们选出一些情境性较强的作品，和其他老师一起，以此为背景创编伙伴游戏，使学生在游戏中体会未来生活离不开伙伴的协作。

## 三、游戏节感悟与收获

游戏节的成功开展为伙伴校园又添了一抹亮色。在这个过程中，作为老师，我们不仅是辅导学生创作一幅作品，更重要的是，在任务完成的摸索与尝试中，深深感受到了伙伴校园文化对我们潜移默化的影响。在工作中，一个氛围和谐的校园环境，需要大家都拥有良好的状态：平和的心态、积极的态度。游戏节期间，老师和同学们互相协作，汗水与欢笑交织在一起，互相认知进一步深入。例如，在布置“秘密基地”和走廊的“时空隧道”期间，在彼此信任、理解和包容的伙伴氛围中，我们很好地彼此扶持、互相体谅，分工明确细化，毫不懈怠，沟通更加有效，布置工作顺利而高效，这离不开伙伴文化的影响，同时也增强了团队的凝聚力。我们的目标、任务之所以能够完成得既快又好，是因为大家都能发挥他们的特长。这些经历使我们都极为深刻地体验到一个团队是要经过不断的磨合才会变得齐心协力。而伙伴文化就像工作中的润滑剂一般，使艰辛的工作事半功倍。这才是更好地、脚踏实地地为学生服务的前提，而不是空谈。

在游戏节期间，我深入而真切地感受到了二年级伙伴计划的内涵。活动已经结束，但伙伴计划会继续践行下去，它为校园生活注入了活力。后续学校还举办了许多的伙伴活动，校园中的伙伴活动此起彼伏，我想这是一个持久的过程，重在坚持。伙伴计划在潜移默化地影响着每一个人，使师生在平实、平常中感悟生活的美好，在点滴中进步提高，从每日的小事中享受获得感，慢慢地积累幸福。

（黄　浩）

# 在升旗仪式中体会“小任务大担当”

升旗仪式是史家小学二年级部德育教育的特色活动，通过每人都当一次升旗手来提升学生个人自信心和班级荣誉感，进行爱国主义、集体主义和社会核心价值观的教育。

## 一、案例背景

二年级校区和北京教科院一起推进了伙伴计划，在这其中，学校德育少先队也按照计划内容，为学生搭建平台，关注全体学生，让学生们在活动中参与、体验，学会伙伴交往，实现伙伴沟通、分享、合作的育人目的。

学习“三个一”特色活动中，全校学生都要参与一次升旗活动，在活动中为了更好地体现伙伴教伙伴的教育过程，二年级 18 个班分别设立了一名“升旗手小教官”的志愿岗位，这名同学将协助学校组织升旗活动，以身作则，通过自己来带动更多的学生积极、规范地参与每日升旗过程。

## 二、矛盾冲突

开学初，我对各班 18 名升旗手小教官进行了培训，说明了他们的岗位职责，介绍了他们每天应教会同学们的升旗的具体要求和步骤，如怎么出旗，什么时间抛旗，什么样是标准站姿，声音需要洪亮，等等。

对于二年级学生，如果每天早上都由小教官自己组织和安排，从安全角度或是活动质量来看，其实我还是有些不放心。所以，作为大队辅导员，我选择每天早上和同学们在一起，在旁边观看他们的表现。随着每日按部就班地开展升旗活动，不久，问题就出现了。

每天早上原本该是小教官给班中同学们培训和说明要求，但是我总是担心孩子们说得不准确、不到位，都会给他们进行安排和补充，结果不知道什么时候我成了每日的主讲，每天在重复着给学生说要求。这不仅使我变得疲惫，而且小教官的这个志愿岗就形同虚设了，他们没有做到伙伴教伙伴，而成为老师的“传声筒”，失去了自身主观能动性。而且由于小教官没有起到监督作用，早上经常会出现学生迟到的现象，导致早上培训时间不够，升旗仪式草草了事，仪式感不强。

## 三、解决过程

### （一）集思广益，改进策略

当我发现这个问题后，就在想一定要发挥小教官们的主动性和积极性，建立他们的责任感，并且使他们带动和影响全班同学，这才能体现伙伴的价值。于是，一天中午我给小教官们开会，想听一听他们的想法，分析一下问题出在哪？让他们自己想想解决办法。

老师：“小教官们每天早上在组织班里学生参加升旗仪式的时候各班都有什么问题？或是在你们参与过程中有没有好的方法，让大家也学习一下。”

学生：“老师，他们都不听我的，好多同学都想当升旗手，没人愿意当护旗手。”“老师，早上我叫他们好多遍了，他们老忘记，还迟到。”“老师，有的我也不太明白，所以也不敢和他们说……”

老师：“哦，看来问题还真不少，那咱们讨论一下，想想有什么办法解决呢?”

说完，同学们开始了热烈的讨论。

在同学们讨论后想出以下办法。

同学：“王老师能不能把学生早上升旗时候的要求录下来，这样我们忘记了可以反复看，就能教会我们班的小伙伴了。”

老师：“没问题，咱们统一后其他同学也能规范动作要求，明天咱们就录!”

同学：“老师我们想到了，每天早上时间其实挺紧张的，我们每个人要教会五名同学，可能有点儿吃力，如果提前下课先和他们说一说，第二天时间可能就充裕一些。”

老师：“嗯，这个办法真好，下课与小伙伴交流沟通，还能增进同学之间的友谊。看得出来你们是认真思考了！”

同学：“王老师，能不能在咱们小电视台也播放一下我们每天升旗的照片或是视频？要是能在电视上看到自己肯定特别自豪的！”

老师：“嗯，这倒是提醒了我，利用校园电视台动员宣传咱们的少先队活动，这么好的方法，老师给你点赞！”

就这样，原本的一次小会议变成了由学生们自己发现问题、自己想出创意方法的座谈会了，小教官们也相互约定，自己首先要按时上岗，用自己的实际行动带动更多的同学，让同学们知道参与升旗活动是一次光荣的任务，作为少先队员我们要心向祖国！

（二）组成团队，相互督促

在讨论会结束后，课间我经常会看到小教官们自发组成小组在一起练习，有的还在国旗杆下面，找到班中学生给他们进行一对一的辅导。同时在早上我发现小教官们都比以前重视了，能够主动教伙伴们，同学们有问题也愿意问他们，不会像以前马上寻求我的帮助。小教官们的经验与话语比教师指导更有活力、更有动力，推动每轮同学们积极主动保质保量甚至创新性完成升旗任务。他们不仅完成了升旗任务，还感受到伙伴们一起为了捍卫国旗尊严做出的努力，其效果远比被动执行老师的要求好得多。

（三）榜样感召，群体带动

2019 年是中华人民共和国成立 70 周年，学校利用小伙伴电视台让同学们观看国庆当天的阅兵式，让同学们感受我国的军事力量，了解祖国 70 周年的变化。阅兵仪仗队虽然威武，不过还是离同学们比较远，于是，小伙伴电视台紧接着又播放了校园小教官们的出旗升旗视频和日常同学们升旗的照片，此时，大家参与升旗的自豪感油然而生，特别是听了视频中小教官的发言，大家更是激动不已。小教官们干劲儿更足了，其他同学也更愿意向小教官学习。

2019 年也是史家小学建校 80 周年，学校开展了“携手史家 80

年，伙伴共筑家国情”的书画征集活动。在活动中，有很多同学都选择了画自己参与升旗仪式的画面，表达自己在升旗中对学校、对祖国深深的尊敬与热爱。可见，同学们已经在认真的实践中深深感受到升旗带给他们内心的触动，德育教育从形式走进了内心。

## 四、案例反思

通过这个案例让我深深体会到发挥学生主观能动性的重要性。如果老师一味地灌输，没有给孩子们更多的空间去表达他们的想法，久而久之孩子们就成了老师的“传话筒”，养成了接纳的习惯性，失去了自己发现问题、解决问题的能力。

老师要多倾听孩子们内心的想法，给他们表达创造性建议的机会。说错了不怕，老师要有容错机制，目的就是让学生敢于表达、敢于沟通。这样他们在实施自己建议和方法的过程中，一定会更加用心、更有收获，教育的效果也就更加深入和持久。

（王　晔，滕学蕾）

# 寻找胡同的秘密　发展伙伴的情谊

“伙伴”——共同参加某种组织或从事某种活动的人。二年级校区的“伙伴计划”关注培养孩子在活动中的“沟通、合作、分享”能力，传承了中华文化的精髓，其最大的特点就是相互包容、相互支持、相互帮助。

在“妈妈读书会”的精心安排和帮助下，我带领史家小学二年级12 班的同学们走进史家胡同博物馆，学习史家胡同的历史和民俗，感受胡同文化。走进史家胡同博物馆，不仅是一次地域文化和历史的教育活动，同时也是伙伴文化的教育活动。

## 一、做好预案，进行心里有他人的参观

在开始参观之前，我向同学们提出了几个问题。第一，参观博物馆时我们应该保持安静，但是有一些个人事情，必须说的时候应该怎么办？第二，博物馆内场地狭窄，我们人多，怎么办？第三，有同学在前面看，我在后面看不到，怎么办？孩子们先是面面相觑，一会儿才慢慢开始你一言我一语地讨论起来。孩子们踊跃发言：“我们应该小声和刘老师说。”“我们不要拥挤，静静地听老师讲解。”“后面看不到，我们排着队等一下也能看到。”“小个子在前面，高个子在后面，不就都看得到了吗?”孩子们的建议得到大家的拥护，很多预案在参观前形成，我们排着整齐的队伍进入了史家博物馆。在整个过程中，孩子们不仅认真参观，而且时常关注身边的同学，保证每个小伙伴都能有良好的参观体验。

在参观过程中，我惊喜地发现，孩子们在狭小的空间里没有拥挤，有的高个子孩子怕遮挡别人的视线，特意站在后排去聆听讲解员的讲解，因为离得稍远些，他们听得更加认真了。还有的同学在前排认真

观看展品后，悄悄地扭转身，告诉后面的同学上前面观看，自己躲在后面继续听讲解员的介绍。孩子们听得是那么认真，40 多个孩子在小小的展厅里悄无声息。这不正是孩子们在参观游览过程中践行着“伙伴文化”——沟通、合作、分享的精髓吗！

## 二、团队协作，进行精彩纷呈的分享

结合“博物馆”班级特色活动，由“妈妈读书会”组织参观史家博物馆后，我班于 2018 年 5 月 25 日下午在史家二年级部礼堂召开了“追寻历史的足迹，寻找胡同的秘密”主题中队会。孩子们也在进一步的合作中体会着“伙伴文化”带来的快乐。

我们选择了七个方面对胡同文化进行了研究，并以小组为单位，用多种形式进行了研究成果的展示。本次活动的目的是让孩子多方面了解北京的胡同，了解胡同里的传统文化，并且更多地让孩子们体味活动中合作、沟通、分享的乐趣。

这七个方面分别是：胡同的特点，胡同之最（情景剧），胡同的名字（京剧），胡同里的四合院，胡同里的名人故居（武术—棍术），史家胡同的历史，史家胡同的小剧（舞台剧）。

孩子们自由分组，找到了自己志同道合的小伙伴。根据各自不同的特点和能力，孩子们自己分配了工作：有制作 PPT 的，有负责文字稿件的，有当组长负责组织排练的……总之，各个小组都在发挥着每一个孩子的力量共同完成一件事情。当然，这中间孩子们也发生了小小的矛盾，有的都想当组长，有的埋怨同学工作不到位……这时我总是笑笑对孩子说：“组长，快带你的组员去商量商量，分析分析原因在哪里，看看怎么解决问题吧！”就这样，孩子们一边沟通，一边合作，解决各种矛盾，帮助能力稍差的同学，完成了一个个精彩的节目。

在这里也融合了学校、家长、学生的有效沟通，在帮助孩子方面我们也是合作中的伙伴。“妈妈读书会”中的各位家长参与剧本创作，共同帮助孩子排练。我们这里有武术指导、喜剧指导、音乐指导……无一不践行着二年级的特色——伙伴文化。

在老师、家长、学生的通力合作下，我们这节班会完美地展现在全校面前。孩子们不仅收获了知识，并且在同学与同学的合作中学会了包容、分担，最终获得了共同的快乐！我相信“伙伴文化”的精髓将会一直伴随孩子们的终身成长，成就更大的辉煌！

（刘　姗）

# 第二章

## 主题活动有创意：让伙伴教伙伴

本部分是项目组为提升伙伴品牌精心打造的新领域，它重在学生原创成果的生成与运用，使学生在自我价值实现中体现学习与发展的要义。该领域着眼于培养学生的提炼、反思、质疑、创造等多种能力。目前，此领域主要由"伙伴教伙伴"一系列活动构成，基于同学关系、班级管理、学习习惯、校园认知等不同主题，在专家指导、教师组织下，学生通过探究、反思和讨论自主建构出问题或任务所需结果，以清晰的方式将结果固化和传播，成为生本化公共知识。该活动由所有学生参与，但由于主题不同、具体任务部署不同，每个学生参与的程度有所不同。

由于教师对建构生成式学习组织方式尚不习惯，实践中确实遇到了一定的困难。但是，可以看出教师正在一步步把学生推向教育的前台，同学们不仅是听话懂事的受教育者，不仅是弱小稚嫩的被呵护者，而且在"伙伴教伙伴"活动中成为教育的主体，他们被鼓励用自己的观点、智慧、经验和爱去帮助其他同学，去建设自己的班级和校园。并且，这种输出经过教师有组织地加工后，由个体性变为集体性，使学生看到伙伴力量的强大。

# “告状事件”引发的伙伴交往教育活动开发

随着小学生独立性与批判能力的不断提升，他们与父母、老师的关系从依赖开始走向自主，从对成人权威的完全信服到开始表现为富有批判性的质疑和思考，与此同时，具有更加平等关系的同伴交往在学生的生活中日益占有重要位置，并对学生的发展产生重大影响。同伴交往也是学生形成和发展个性特点、社会行为、价值观和态度的一种独特而重要的方式。

然而，信息时代中，随着手机、平板电脑进入小学生的日常生活，快节奏的生活，人与人之间的交往越来越少，孩子们或性格内向、不爱说话、不爱和同学们一起玩，或性格外向、争强好胜、不会和同学们一起玩，很多都不能在交往中体会到真正的友情。因此，学会交往尤其重要。

## 一、对伙伴计划的认识

本学期，我校二年级部实施了伙伴计划，这是北京教育科学研究院在学校发展研究成果基础上专门为孩子们开发的一套教育活动指导体系，是校区依据学生发展特点和学校发展需要实施精准特色育人的解决方案，是教师设计、开发、实施伙伴特色教育活动的依据。它通过层级化、典型化的伙伴活动开发，使师生进行充分群体互动，在具体任务情境中不断进行交流、协作与分享，从而更新认知、提升能力，使学生逐步学会自主地、创造性地学习。

随着每一个板块的实施，学生们都会从中感受、体悟交往带来的种种问题，提升交往能力。其中一个板块更是针对学生交往而开展的——伙伴教伙伴之学会交往。该领域给予学生更多的创造空间，充分体现伙伴创造与分享，学生从伙伴身上学习，也在服务他人的活动中激发思维、提升能力。

## 二、伙伴计划的实施

开学之初，正当我千头万绪规划伙伴计划活动时，班中发生了一件有意思的事情，成为我打开教育活动的一把钥匙。

### （一）抓住契机，体会正面沟通的重要性

一天下午课间，小恩到办公室告状，告诉我小薛带了电话手表。我当时什么都没有说，微笑着伸出大拇指给她点了一个大大的赞。小恩笑着回班了。

上课铃响了，我进班，把小薛叫到身边，问她："你有什么事情需要告诉我吗?"她仿佛知道自己的事情"暴露"了，和我说了手表的事，那是妈妈为了方便联系给她装的，刚刚收拾书包时不小心掉出来了。我表扬她诚实、勇于承担，但是依旧把手表没收了，放学后与家长取得了联系，家长同意日后不再给孩子带电子产品。

事情到这里并没有结束。晚上，我接到了小恩妈妈的微信，她问我小薛的手表被没收了，是不是小恩告的状，小恩妈妈很讨厌告状这种行为。

我觉得有蹊跷，便给她回了电话。原来，放学回家后，小薛回到家便和妈妈哭诉，责怪小恩去告状，手表被没收了。小薛妈妈居然和小恩妈妈联系，说了这个情况。小恩妈妈很生气，批评了小恩。小恩很委屈，说自己并没有告状。小恩妈妈怕孩子说谎，才和我微信确认。

一个简单的事情，没想到会变成这么复杂的事，沟通不畅，造成了误会。我当即决定在次日和几位当事人谈一谈，解开误会，并开一次班会，抓住教育契机，打开交往话题。

开会前，我与几个当事人积极沟通，让她们大胆出演，还原事情的真相，并且强调这种还原并不是要批评谁，而是要一起为所有同学上一课。在班会中，每个当事人都再现了当时的想法和做法，当面对面沟通时，事情变得简单起来，无论当事人还是其他同学都能够直接理解每个人的初衷，能够感受到同学之间的诚意，也发现了之所以产生那么多矛盾是因为信息理解和传达的偏差。整个班会都在一个轻松、

和谐、温暖的情境下展开，大家还几次为这样的奇怪误会而笑出声来。孩子们通过身边这个鲜活的事例明白了正确交往、与人沟通的重要性。

（二）开诚布公，说出自己的交往感受

为了借“告状事件”引发学生对人际交往规则的进一步思考，我又设计了“我的交往”活动，我对学生说：“孩子们，你们看，通过电话手表事件，你们发现没有，有时候与人交往是件挺复杂的事情，一不小心就会出现误会，还会有很多你无法解决的烦恼。你在与同学交往时是不是也遇到过一些难题呢？你愿意跟大家说说吗？或者说一说你有什么能够和同学友好相处的方法。”

第二天，孩子们纷纷呈现了自己的“心里话”。我将孩子们的“心里话”进行了归纳总结。

1. 关于烦恼

20 人表达了他们在人际交往中遇到的烦恼（见表 2－1）。

**表 2－1　人际交往中遇到的烦恼**　　单位：人

| 人际交往中遇到的烦恼 | 人数 |
| --- | --- |
| 不喜欢同学与自己打闹 | 4 |
| 想加入游戏“战队”被拒绝 | 6 |
| 伙伴间有不同意见，不知道如何选择 | 3 |
| 被同学起外号 | 3 |
| 朋友多，不知道和谁玩 | 5 |

2. 关于窍门

14 人介绍了他们在人际交往中的窍门（见表 2－2）。

**表 2－2　人际交往中的窍门**　　单位：人

| 人际交往的窍门 | 人数 |
| --- | --- |
| 开朗、主动、热情 | 7 |
| 宽容理解 | 5 |
| 分配好时间，和不同的朋友玩 | 1 |
| 换位思考 | 1 |

3. 关于“告状是叛徒”

4 人针对“告状是叛徒”发表看法。其中 3 人认为告状不是叛徒，遇到事情就要和老师说，老师有丰富的人生经验，可以让学生得到充分的帮助。1 人认为要分事情，大事找老师，可以自己解决的小事情就不要找老师。

（三）共同研讨，总结交往经验

面对孩子们对于人际交往的心声，我再次利用班会的时间跟进教育。我们分享了同学们的苦恼和经验，并进行了集体讨论，记录下每个观点，根据问题找对策，最终大家一起进行了整理。

第一，礼貌待人，热情大方。与伙伴见面要主动、热情地打招呼，积极的态度有助于结交朋友。交往时举止要大方，同时应顾及对方的兴趣、爱好和风俗习惯。交往中注意文明用语，多参加一些集体活动，加强伙伴之间的沟通。

第二，互相关心，互相帮助。伙伴间真诚的关心和帮助，很可能就是好同学、好朋友关系建立的起点。

第三，为人谦虚，诚实守信。谦虚是一种美德，每个人都有值得学习的地方，因此要互相学习，共同提高。诚实，讲信用，守承诺，不说大话，这样才能赢得真正的友谊。

第四，宽容大度，学会体谅。我们来自不同的家庭，在兴趣、爱好、性格、气质、生活习惯等方面都存在差异，与同学朝夕相处，会有些行为摩擦和心理冲突，这时就需要我们宽以待人，这样友好相处就有了根本保证。

第五，克服自己的不良习惯。不良的行为习惯会影响我们在同学中的形象，如不勤换洗衣服、鞋袜，不注意个人卫生，讲粗话，坏脾气等，都容易让同学产生不好的印象，有这些不良习惯的同学应尽快克服改正。

就此，来自同学们自己的人际交往法则诞生了，它成了我们班每个同学的交往指南。

（四）一起创作，伙伴教伙伴

教育至此，我们已经初步实现了班内范围的伙伴教伙伴，孩子们在班中互相学习如何交往，互相分享交往经验，但是我们希望这些好办法能传播得更远，受益的伙伴更多。于是，我和学生们一起创作了一期宣传视频，希望能在二年级部播出。宣传视频中除了展示同学们自己提炼的交往问题以及解决策略外，还有我们自编的《伙伴交往拍手歌》，通过简单明快的形式推广我们的伙伴交往策略，让更多同学学会相处之道，实现更大范围的伙伴教伙伴。

你拍一，我拍一，团结友爱在一起。
你拍二，我拍二，互相关心好伙伴。
你拍三，我拍三，文明礼貌记心间。
你拍四，我拍四，做事不能自顾自。
你拍五，我拍五，不把弱小来欺负。
你拍六，我拍六，骂人打架真害羞。
你拍七，我拍七，诚实守信记心里。
你拍八，我拍八，互相帮助乐哈哈。
你拍九，我拍九，宽容大度手拉手。
你拍十，我拍十，团结友爱要坚持。

## 三、实施效果

伙伴计划实施以来，通过多次案例分析和集体讨论，学生在交往方面确实有了很大进步。

首先，学生明确了人际交往的重要性，开始有意识地去维护人际关系。通过活动体验，孩子们知道了人是不能够离开群体而单独生存的，不仅是现在在学校，未来一生几乎是在与他人交往中度过的。沟通信息、交流思想、协调行为，乃至情感需要，都离不开人际交往。有了意识上的提高，就已经成功了一半，孩子们在交往中渐渐自觉约束自己的行为，希望能得到更多人的接受、认可，收获友情。

其次，学生掌握了一些交往的窍门，同学之间的矛盾明显减少。在平时的学习、活动中，同学们更加开朗、自信了，愿意交流，主动了解、关心同学，乐于帮助他人，并且试着与更多的同学接触，发现不同人身上的闪光点，并且可以适时地发自内心地去赞美。当同学之间出现矛盾时，能够互相谅解，先找出自己身上的问题，从不耿耿于怀。同学间一点一滴的真诚慢慢稳固了友情。更重要的是，学生学会了理性思考和分析问题。

面对人际交往的问题，他们不再是简单的抱怨、委屈、反抗、猜忌、逃避，而是尝试在和伙伴的沟通中去探寻问题的原因，去反思可能的改进之处，在理性中不断优化伙伴关系，在相互学习中成就更好的自己。

（汪　卉）

# 敞开心扉做朋友

## 一、伙伴交往的重要性——来自理论的启示

社会学习理论认为，个体的学习是在认知、行为与环境的交互决定中发展的。建构主义认为，学习者与周围环境的交互作用，对于知识意义的建构起着关键性作用。学生们在教师的组织和引导下一起讨论和交流，共同建立起学习群体并成为其中的一员，在这样的群体中，共同批判地考察各种理论、观点、信仰和假说；进行协商和辩论，先内部协商，然后相互协商。通过这样的协作学习环境，学习者群体（包括教师和每位学生）的思维与智慧就可以被整个群体所共享，即整个学习群体共同完成对所学知识的意义建构，而不是其中的某一位或某几位学生完成意义建构。在思维与智慧碰撞中建构新知，这是伙伴之间关系的重要意义。

综上所述，新时期的伙伴计划是通过真实情境任务中的群体动态建构来促进学生未来关键能力提升的专业性教育方案。这其中，“伙伴”是一种互促共生的积极关系。随着学生的逐渐成熟，伙伴关系将从直接的人与人关系向人与更抽象主体的关系过渡。

## 二、伙伴交往中的问题与对策——来自孩子的思考

我以“我在学习生活中的困惑”为主题召开了一次班会，让学生分小组讨论。先列举自己遇到的人际交往问题，然后大家逐一讨论出解决问题的方法，在各种解决方法基础之上，大家进一步分析，排列出各种对策的优先顺序。上策在前，中策随后，下策保底。经过整理，产生了以下成果（见表2－3）。

表 2-3　伙伴交往中的问题与对策

| 具体问题 | 对策 |
| --- | --- |
| 有同学藏班级公共玩具怎么办 | 对策1：巧妙地请他把玩具拿出来<br>对策2：告知遵守玩耍规则<br>对策3：告诉老师 |
| 和同学发生碰撞怎么办 | 对策1：道歉并主动处理后果<br>对策2：道歉并询问后果<br>对策3：口头道歉 |
| 课间想写作业，好朋友不让写，偏拉着去玩怎么办 | 对策1：解释原因，请朋友理解<br>对策2：写完再玩<br>对策3：各安其事 |
| 同学借我作业看怎么办 | 对策1：询问为什么借，给予必要帮助<br>对策2：要求只看不抄<br>对策3：监督避免抄袭 |
| 好朋友不明原因地疏远自己怎么办 | 对策1：找共同的任务或者话题创造在一起的机会<br>对策2：主动问疏远原因<br>对策3：送对方礼物 |
| 如何在不同朋友间分配礼物 | 对策1：说明不同礼物对于不同人的特殊意义<br>对策2：带一样的礼物<br>对策3：做“手心手背”游戏后再分配 |
| 小组讨论问题，如何选代表发言 | 对策1：投票选举<br>对策2：排序发言<br>对策3：轮流担任 |
| 到后边柜子里取书包时人多拥挤怎么办 | 对策1：定规则<br>对策2：讲道理<br>对策3：阻止 |

如何处理人际关系不再是教师的说教，而是伙伴教伙伴的话题，在这个过程中，每个孩子都是老师，每个孩子也都是学生，他们的主观能动性被极大调动，思维活跃，而教育效果也更能为同学们所接受。这不仅使孩子们的交往能力有所提高，思考的深度和广度也得到了加强。

## 三、伙伴交往秘籍传递——来自教师的设计

为了延伸伙伴教伙伴的效果，我把前期班级同学们提出的交往困惑进一步系列化、典型化、矛盾化，形成了尊重、宽容、关爱、赞美、共情五大主题，以生动的案例故事为载体，通过学生表演、讲述、评议的形式，以升旗仪式、校园广播为途径，向全校同学推广伙伴交往的“秘籍”，传播与分享伙伴间的相处智慧。这个过程虽然老师是主导，但同学们依然发挥了积极的作用，他们将老师的指导提炼转化为更符合学生特点的表达，在表演和评议中也最大限度地融入了个人的情感。可以看到，他们不是在浮华地表演，而是在诚心地向同学们讲述道理，希望大家能够掌握人际交往的方法。

## 四、效果与启示

二年级学生年龄小，缺乏解决问题的方法和经验，同学间的矛盾、冲突不断，是班主任老师最头疼和累心的事情。但通过以上活动，我感受到学生只有自己找到在校园生活中遇到的冲突、烦恼等，才能在伙伴交流中找到解决冲突的方法，得到有益的启示，从而改善人际关系，收获友谊，获得成长，达到共情，并愿意向全校同学传播伙伴相处的好方法，通过强大的舆论使和谐的伙伴关系辐射到全校同学，真正达到伙伴教伙伴的目的。

（郭　红）

# 在游戏中培养学生与人交往的美好品质

## 一、选题原因

小学二年级学生年龄小，活泼好动，渴望与伙伴交往，但交往中又容易产生争抢、互相指责、斤斤计较、缺乏信任、不够宽容和团结等现象，尚未意识到宽容、信任、分享、谦让、团结等品质在伙伴交往中的重要性，不能妥善处理伙伴交往中出现的问题。单纯的口头讲道理很难深入学生内心，也很难收到好的教育效果，而游戏是这个年龄段学生最喜爱的活动。因此，教师可借助寻“宝”游戏，在“蒙眼喂水果”游戏中让学生明白宽容、信任、分享、谦让、合作、团结等品质在伙伴交往中的重要性，从而寓教于玩，在游戏中收获成长。

## 二、研究目标

### （一）认知

学生能够在游戏体验中认识到宽容、信任、分享、谦让、合作、团结等品质在伙伴交往中的重要性。

### （二）情感

学生能够在游戏中产生的快乐、难过等情感体验中明白拥有宽容、信任、分享、谦让、合作、团结等品质，才能拥有更多的快乐。

### （三）行为

学生向往并在接下来的日常交往中能够主动践行宽容、信任、分享、谦让、合作、团结等品质。

## 三、研究过程

### （一）活动准备

1. 前期调研

（1）学生对哪些水果过敏？

（2）学生喜欢吃什么水果？

2. 游戏材料准备

6 碟水果（各有 7 块大小均匀、品种多样的水果）。

1 个哈密瓜；6 个眼罩；叉子若干。

3. 分组

提前将全班分成 6 个小组。

### （二）实施过程

1. 导入

活动伊始，通过寻宝设疑，引出“蒙眼吃水果”的游戏，激发学生参与的热情和迫切要参与游戏的兴趣与好奇心。

2. 展开阶段——选代表

在这一环节，制定了选代表游戏说明。

（1）每个小组只能选出 1 位代表。

（2）只有这 1 位代表能吃到水果。

（3）各组选出代表后，请代表立刻站在自己位置上，其他组员坐在自己位置上。

（4）1 分钟内选不出代表的小组将失去游戏机会。

（5）倒计时开始后才能开始选代表，否则直接失去游戏机会。

学生在明确游戏规则的情况下推选组内代表，教师仔细观察选举过程后以采访的形式挖掘这一过程中伙伴之间交往凸显的品质。

首先，教师采访选代表用时最长的小组，了解用时长的原因（如组内意见不统一等），了解组员分别都有哪些意见，为什么最后又统一意见推选出了代表。在对毫不犹豫推选他人、不得已在集体机会面前退让、当选代表三类组员行为背后的心理和情感的追问中，结合学生日常交往生活体验，让学生明白遵守规则、退让、信任、顾全大局等品质在伙伴交往中的重要价值。其次，教师采访了选举代表用时最短的小组，了解用时短的原因（如大家目标明确，对所选代表的一致信任），让学生明白信任在伙伴交往和团队合作中的重要性。最后，教师通过总结，让学生体会到各小组之所以最终赢得了进入游戏的机会，与大家拥有遵守规则、懂退让、彼此信任、顾全大局等交往品质有密切关系，这些交往品质往往给自己和他人带来了更多快乐。

3. 深入阶段——游戏体验

游戏体验是整个活动的高潮。在这个环节中，只有一个小组最终能赢得教师准备的实体“宝物”，无疑增加了更强烈的竞争意味。在这一环节中，教师同样制定了相关的规则要求。

（1）请各组代表蒙上眼睛。

（2）宣布游戏开始后，组员才能开始用叉子将碟子中的水果喂给蒙眼代表吃。

（3）把碟子中的水果吃完咽下的小组代表举手示意，用时最短的小组获胜。

（4）如出现用手触碰水果，或水果掉在地上、桌子上等未把水果全部吃掉以及水果未咽下就提前举手的现象，该小组将直接被淘汰。

游戏开始后，教师仔细观察每个小组喂水果的方式，有的小组有次序，不慌乱，与吃水果的同学配合默契；有的小组为了快速完成游戏，争先恐后地把水果往吃水果的同学嘴里送，但会顾及吃水果的同学的吞咽节奏和感受；有的小组为了快速完成游戏，争先恐后把水果往吃水果的同学嘴里送，不顾及吃水果的同学的吞咽节奏和感受；更有两三个小组或还没开始比赛就私自拿起了水果叉子，或吃水果过程中用手碰触了水果，或水果还没咽下就着急举手，最终因为违规被淘汰。

游戏结束后，教师宣布获胜小组，在观察学生的表情变化后，进行游戏后的采访环节，挖掘游戏过程中凸显的一些问题。

首先，教师采访了违规被淘汰的三个小组，从中引导学生明白遵守规则的重要性，并结合学生日常课间游戏中遵守与不遵守游戏规则的现象进行启发。其次，教师采访了为了快速完成游戏争先恐后地把水果往吃水果的同学嘴里送的小组，让他们自己说说小组未能胜出的原因，吃水果的同学诉说本是美味的水果但吃起来很痛苦，其他小组成员从自身分析原因。这个过程让学生感受到团队合作、换位思考、有同情心、乐观等交往品质的重要性。最后，教师采访了游戏中胜出的小组，发现这个小组正是具备了交往中的美好品质，最终在小组成员默契的合作中赢得了胜利，并在获得宝物后将“宝物”——哈密瓜与全班同学分享，让学生明白分享能够给更多的人带来快乐。

4. 总结升华

教师通过最后的总结环节，让学生深化认知——拥有宽容、退让、信任、担当、责任、分享、乐观、合作等品质，就能帮助我们赶走消极的情绪，带给我们更多的快乐！

设置问题：“孩子们，今天我们玩了寻宝的游戏，刚才胜出的小组得到了宝物，其他小组真的没有得到宝物吗，或者你找到的宝物仅仅是一个哈密瓜吗?”通过这一设问，引导学生发现交往中的这些美好品质是游戏中寻找到的真正“宝物”！接着，教师联系本班学生日常生活中的点滴，出示照片让学生发现身边拥有这些“宝物”的“宝藏”到处都是：每天早晨，总有同学利用宝贵的早读时间，用勤劳的小手把教室打扫得干干净净；全班同学轮流牺牲珍贵的大课间和午休时间，用自己的双手美化我们的学习环境：让绿植长得更漂亮，把垃圾桶倒得干干净净，给我们干净整洁的教室；每天我们去专业教室上课的时候，总有同学把门窗敞开通风，让我们拥有健康的学习环境；特别爱书的同学，会帮助我们把珍爱的图书整理得整整齐齐；中队长和体育队长用自己的行动让我们的集体变得更加有秩序；勤劳的课代表们总是不辞劳苦，牺牲自己许多的课余玩耍时间为大家服务……

“当然了，我们的生活中还有许许多多这样的‘宝藏’，需要我们用一双善于发现的眼睛去观察。其实，通过这节课的学习，老师也感受到了你们的收获，相信你们会带着今天寻到的这些‘宝物’，走进你平时的生活，让你自己也成为一个闪闪发光的‘宝藏’。为着今天的收获，老师请每一组的同学一起吃水果，我们一起来分享收获的喜悦！这一次可以慢慢品尝了。孩子们，这节课结束了，但生活中，我们的寻宝之旅还在继续，让我们一起携手继续这动人的寻宝之旅吧！”这些鼓励性的话语，激励着学生把美好的交往品质带到自己的日常生活中去。

## 四、研究思考

之所以设置了“吃水果”主题游戏，主要是考虑到小学二年级学生活泼率真，有着对水果本能的喜爱，因此更能考验伙伴交往中的品质。但食品安全也是头等大事，所以在前期准备中先就学生对哪些水果过敏、喜欢吃哪些水果等问题进行了调研，并确保学生吃到的都是当天新鲜的水果。“寻宝”不仅能激发孩子们的好奇心，而且蕴含着两层含义：游戏中最终揭开的实体“宝物”——哈密瓜，和游戏体验感悟到的人际交往中的美好品质。

游戏中，“选代表”体验环节主要是引导学生感悟和理解交往中遵守规则、懂得退让、顾全大局、能信任、有责任、有担当和感恩之心等合作品质；“蒙眼吃水果”体验环节则主要是引导学生感悟和理解交往中懂得换位思考、有同情心、乐于分享等合作品质。两个环节之间密切相关，在较强的因果关系中，学生在寻找到“宝物”哈密瓜的同时，自然而然领悟到自己获得的更宝贵的“宝物”是那些与人交往中的美好品质，从而进一步深化了学生对这些交往品质的感悟和理解。

在总结升华环节，我将一张张记录着孩子们日常生活点滴的照片呈现给孩子们，让孩子们带着游戏体验中的感悟，回到自己的日常生活中去，发现“宝藏”就在身边。只要具备了那些与人交往的美好品质，“宝藏”就可以是你，可以是我，也可以是他。

这节课，孩子们虽然只体验了一个游戏，但在不同的游戏环节我会适时引入学生的日常生活，以期引发共鸣的同时，促进其认知的内化。很难说一个 40 分钟的班会能在孩子成长中发挥多大的作用，但“不积跬步，无以至千里”，育人路上唯有努力不止，探索不息。这个班会是在游戏中培养低年级学生与人交往品质研究的一个开始，随着研究实践的推进，相信一定会有更多有价值的发现。

（高江丽）

# 学生团队合作精神培养的策略研究

## 一、团队合作对于二年级学生的重要性

在竞争激烈的当代社会，学会合作是社会发展的需要、时代的需要，注重培养学生的合作能力是教育必不可少的一项内容，对学生今后的影响也是很大的。合作是指两个或两个以上的人，为了共同完成某一项工作或某一项任务而通过相互之间的配合和协调而实现共同目标的一种行为。对于学生来说，在游戏、学习、生活中，能主动配合、分工合作，协商解决问题、协调关系，从而确保活动顺利进行，同时每个人都从相互配合中实现了目标，这就是合作。

在这个世界上，任何一个人的力量都是渺小的，只有融入团队，只有与团队一起奋斗，才能实现个人价值的最大化，才能成就自己的卓越。团队，是为了实现一个共同的目标而集合起来的一个团体，需要的是心往一处想，劲儿往一处使；需要的是分工协作、优势互补；需要的是团结友爱、关怀帮助；需要的是风雨同舟，甘苦与共。简单来说，团队就是大局意识、协作精神和服务精神的集中体现。队员间真诚交流，团队整体会形成特点，表现出开放的沟通方式、合作与信任、相互接受和理解。团队不再是松散的个人集合，而是更具凝聚力的集体。虽然成员的差异仍然存在，但团队可体现出一种整体感，成员之间更加友善，团队活力得到提高。最后，团队的集体意识开始形成。这时，无论团队要执行什么任务，都会事半功倍，无往而不胜。

## 二、团队合作的策略研究

### （一）发挥主题班会的教育功能

在学校的诸多德育工作形式中，主题班会发挥着重要作用。首先，

通过主题鲜明、内容丰富、形式多样的主题活动，班集体成员可以进行更为广泛的思想交流，形成正确的导向。其次，学生在主题班会上的交流、讨论和对活动的参与，有利于锻炼他们的组织能力、思辨能力、口头表达能力，提高他们的综合能力素质。最后，主题班会可以有效弥补学科素质教育的不足。换句话说，具有较强针对性、经过精心设计及妥善组织实施的主题班会的德育功能优于以说教为主要形式的学科德育课，它具有自身的独特优势和不可替代性。

基于对团队合作重要性的理解及二年级孩子年龄较小的原因，我们召开了“我们这样做朋友”的主题班会，在班会上设计了三个讨论问题。

- 你的好朋友都有谁？想想他们的特点，总结一下你喜欢和什么样的人做朋友？
- 你在什么情况下特别需要小伙伴？
- 请大家想一想，你在和同学说话时，哪些行为是有礼貌的表现？

通过孩子们的热烈讨论，达成了以下几个共识：他们愿意和乐于助人的孩子交朋友，愿意和心中有他人的孩子交朋友；在自己遇到困难时，希望有伙伴伸出援助之手；不喜欢和没有礼貌的孩子交往。我们很清楚地看到孩子们都有很强的是非观，他们知道该和什么样的人做朋友，该如何帮助自己身边的人，同时也明确地表达了自己不喜欢和什么样的人交往。

### （二）在日常生活中引导学生学会交往与合作

1. 为学生提供合作机会

教师可根据学生年龄，设计以合作为主题的活动或者在各种活动中渗透合作的教育，使学生知道什么是友爱、合作，知道许多事情只靠一个人的力量是不够的。

“小讲坛”活动是学生喜欢的活动，一、二年级的孩子，处在人生的启蒙阶段。他们的眼睛里总是充满好奇，他们的嘴里冒出的也总是形形色色的“为什么”。通过老师的引导、伙伴的影响和独立的探索，他们渐渐发展了不同的兴趣爱好：有的孩子喜欢自然和生物，他们能叫出上百种恐龙的名字，对“永生”的灯塔水母异常着迷；有的孩子对传统文化情有独钟，如对百家姓的起源，各种节日、祭祀的由来了然于胸；有的孩子将目光投向了辽阔的宇宙，神奇的生命起源和物质结构让他们悠然神往……基于对低年级孩子求知特点的分析，针对团队合作精神培养而创设的小伙伴讲坛给大家提供了一个恰到好处的交流平台。由有相同兴趣爱好的孩子们自发组成小组，整理他们感兴趣的知识，做成宣讲材料，然后到年级中各班去巡讲、分享，让学生逐步提高合作技能，切身感受到合作是愉快的。

教师还可以把学生合作的培养贯穿在学生活动中，如共同完成值日、升旗、值周、小广播活动，这样不仅可以使学生体验到与人合作中的种种问题，使合作能力提高，还可以让学生从中体验到合作的快乐。

2. 激发学生的合作兴趣

兴趣是推动学生探索和学习的一种最实际的内部动力。那么如何培养学生对合作的兴趣呢？首先，要珍视学生的好奇心，让学生感到与人合作是件有趣的事情，激发学生与人合作的欲望。其次，可以通过文艺作品和身边的事例激发学生兴趣，培养合作意识。我们在语文学习中，孩子比较感兴趣的事情就是表演课本剧。在排演《大头儿子和小头爸爸》时，他们需要有导演、演员、后勤等，大家不分彼此，只要角色需要就努力演好，呈现给大家一次精彩的展示。通过表演课本剧，增进了同学们之间的情谊，让原本不是好朋友的同学都成了自己的朋友。

3. 培养学生掌握合作方法

合作意识和能力不是天生就有的，而是在合作过程中逐渐萌发并得到强化的，而协商的技能直接影响合作的进展与结果。这就需要教师教给学生合作的方法，指导学生怎样进行合作。

（1）让学生学会用语言沟通

指导学生首先用谈话的形式加入同伴的游戏，要求的提出要主动、有礼貌，请求别人同意让自己加入，然后利用游戏的形式让学生学会商量，鼓励学生当众表达自己的意见，学会怎样去容纳他人，怎样去尊重他人的想法和建议，怎样拒绝别人不合理的要求，等等。因此，教师要教给学生合作用语，以促进他们之间的交流。如说“你愿意和我一起吗?”“请你参加我们的游戏，好吗?”“能借我一下吗?”并在活动中鼓励孩子们大胆表达自己的想法，多和同伴交流。久而久之，在一次次的交流中，孩子们就学到了与同伴合作的经验，从而提高了合作技能。

（2）让学生学会自己解决矛盾

学生在合作过程中出现矛盾不善于解决，这就需要老师指导学生学会自己处理问题。如在游戏中应该分工合作，出现矛盾时应商量解决而不是一味“告状”。比如，在“六一”游戏节中，几个孩子都想玩大力水手的游戏，只有一个孩子不想玩，大家就发生了矛盾，导致不想玩的孩子哭鼻子。教师解决这样的问题时就需要采取学生喜欢并乐于接受的方式，不要伤害学生的自尊心，采取大家都赞同的方式来共同商讨解决办法，让他们各自讲一讲自己的道理，想想有没有更好的方案，互相照顾一下，引导孩子在意见不统一时，可以采取少数服从多数的方法。

在班级的日常生活中，处处需要合作。每天小队长要负责分配值日任务，大家齐心协力把班级卫生做好；中午饭后，节粮员要负责检查餐盘，对因身体不舒服导致浪费的同学提出改正的方法（在以后有类似情况时和老师讲明，可以适当少打饭，这样就不会浪费）；对没有原因浪费粮食的孩子提出批评，希望他们尽量吃干净。看似很简单的一些事情，其实孩子在处理时，需要很多技巧，怎样和同学说才能被接受，才能把问题解决了又不产生矛盾，这就需要大家掌握和人沟通的技巧，能够设身处地地为他人着想，得到他人的认可。

（3）让学生学会分享

合作分享是建立良好人际关系最基本的要素，而现在大多数独生子女的家庭结构在一定程度上造成了学生这种品格的缺乏，这对培养学生合作能力和健康人格非常不利。如在“小蚂蚁搬豆豆”一课中，教师通过叙述蚂蚁波波找豆豆，想办法与小伙伴兴兴搬豆豆，以及搬回家请妈妈炒豆豆的过程，为学生塑造了一个心中有他人，愿意与人分享快乐的小蚂蚁波波的形象，从中体验到合作成功的快乐和满足，从而激发孩子进一步合作的兴趣和动力，为进一步合作奠定良好的基础。

一个人若没有合作意识，就很容易变得故步自封，会影响个体自身的发展，容易感受挫折和无奈，从而影响一生的幸福。我们要从小培养孩子的合作意识，激发学生合作兴趣，为学生创造合作机会，指导学生掌握合作的技巧，为学生良好的个性发展奠定扎实的基础，进而使孩子逐步形成一种开放自信的心态，去积极地面对生活，去主动参与交流合作活动，去充分利用各种资源获得幸福的人生。

（杜建萍）

# “我为你点赞”带来的改变

9月一开学，我们就升入二年级，来到了二年级伙伴校区。休整了一个假期，孩子们既期待又兴奋。我也想象着我们班的学生小凯是不是应该长大了，懂事了，能够和小伙伴们融洽地相处了？但就在开学后的第一周，小凯又是状况百出：妈妈中午答应来看他，可来晚了5分钟，他就在教室里大哭大闹；一打下课铃，小凯就跑出教室，牵动了肘关节的擦伤，渗出了血，又在楼道内哭闹不止。接下来的一个月，他因为自己不高兴而不做操；因为自己没带作业本说课代表讨厌；因为自己听广播时玩红领巾被我没收了而愤怒地向全班同学大叫；因为他觉得女生梳的发髻像怪物，就随便扯乱女生的头发……由于小凯每天出现的各种状况，二年级校区里认识他的老师越来越多，他身边的小伙伴却越来越少了……

为了改变小凯的现状，也为了能让更多同学接受这个生病的孩子（小凯被医院诊断为脑白质营养不良，注意力缺陷，交往障碍），我和学校的心理老师商量，在班里召开了“我为你点赞”班会。“点赞”既表示对一件事的认同与赞许，又表示对一个人的支持和认可。孩子在成长的过程中，不仅仅需要老师的教育引导，而且常常会从同伴的眼光、言语的回馈来认识自己、完善自己。

“我为你点赞”的班会也让小凯有了一次与众不同的经历。在这节班会课上，很多同学把手中的大拇指点赞贴送给了班里表现优秀的同学或者自己的好朋友，而此时小凯身上没有一张点赞贴。为此，老师讲了两个小故事：有个留长发的小男孩受到众人的嘲笑，但他留一头长发的目的是为帮助做化疗的病人做假发；一个我们都不愿直视的五官怪异的小姑娘，竟然是一个身患重病的人，她却微笑着自拍，扮作鼓励他人的天使。此时，我看孩子们的目光中满是愧疚和感动……

孩子们纷纷举手发言表达自己的感受。一些怪异的行为和表现背后也许有不得已的苦衷，我们要从不同的角度去观察、了解别人，每一个人都有自己的优点，我们不仅要为班里优秀的同学点赞，更应该关注那些被我们忽视的同学，为每一位同学点赞加油。在给全班同学点赞的环节中，同学们纷纷把目光投向了小凯，孩子们不仅给小凯贴上了一个个大大的点赞贴，更表达了对小凯的认可：“你上课能举手发言了，很棒。”“上次我摔倒了，是你扶我起来的，我一直记着呢，谢谢你”。“你很喜欢交朋友，如果交朋友的方式再温柔点，我们都会和你玩的。”……当同学们为小凯点赞时，我明显感到他的眼睛中散发着光彩。是啊，人人都渴望能得到赞许，因为赞许是一种肯定、一种鼓励、一种鞭策，表达的是一种信任和美好的情感。

当天小凯得到了我们班最多的点赞贴，我还给小凯留了一项特殊的作业，准备一个本子，让他发现同学好的地方，就记录下来，为同学点赞，小凯的妈妈也特意为小凯准备了一个漂亮的小本子，我们共同为其取名为“闪光本”。短短几天，“闪光本”上的名字越来越多，内容越来越丰富，小凯也有了一些变化：“闪光本”上能写一些正面的、赞美的话了，他在班里交到了几个好朋友，在与老师、同学的交往中能看到积极的一面了。虽然小凯只是在与伙伴的交往中向前迈出了一小步，但心向美好，用欣赏、赞美的眼光去看待周围的人、事、物，我相信小凯和我们班的孩子们会越来越好。

赞扬的力量是无穷的，点赞不但可以给别人信心，而且能促使自己做得更好！让我们一起怀着美丽的心情去遇见美好！

（王连茜）

# 伙伴教伙伴　借力共成长

小轩是我班一个较为特殊的孩子。他自理能力差，到了二年级，自己的学具还不能主动收好，总是丢三落四；自控力差，课上注意力不集中、精神涣散；主动性差，不能主动参与课堂讨论、学习；有时被老师提问也一言不发，抵触发言。二年级校区，伙伴校园的教育特色为我班小轩提升自控力、提高主动性提供了良好的纠正氛围。

有一位成功的教育专家曾经说过，孩子的成长 80% 来自同伴的影响。孩子有了自己的小伙伴，不仅可以一起学习、一起玩耍，而且伙伴是一种教育力量，一种老师和家长不可替代的教育力量。为此，我加强对学生的引导，请小伙伴们都来关心、帮助小轩，让他在与伙伴的共处中纠正行为习惯，提高自理、自主能力。

## 一、伙伴关爱助成长

在与小轩进行沟通后，我向他提议要多和身边的小伙伴学习、交流，学会自己的事情自己做，在做一件事的时候，要专注于要做的事情，不要一心二用，不要被周围环境干扰，不断延长自己认真地做一件事情的时间，同时我也把一些自理能力强、自觉守纪的小伙伴安排在他的周围，并请他们帮助小轩，热心地指导他该怎么做。小轩的左右各坐了一位干净利索的女生，当小轩的位置乱了的时候，她们会耐心地帮他整理，手把手地告诉他应该怎样收拾学具、摆放书本；当小轩的学习用品又掉了一地的时候，她们会告诉他赶快把文具捡起来，快把它们送回“家”。在小伙伴的帮助下，小轩的个人卫生越来越好：地面净了、桌椅齐了、学具摆放得整整齐齐了。

## 二、伙伴学习快乐多

在课堂上，我充分发挥学生的主体性，通过两人小组、四人大组共同交流、讨论、展示、汇报等形式，小轩在同组伙伴的影响下，逐步提高学习的积极性，提高了参与课堂的热情。一开始，小轩也不能很快地融入小组学习中。他总是坐在一边，一言不发。这时，我就告诉同组的小伙伴不要着急，当小轩不明白时，你就做小老师，给他讲一讲，让他学一学。你们演一演，让他看一看。慢慢地，小轩看着同学们自我展现时的眼神中流露出了羡慕、渴望的神情，他的小伙伴就马上请他说一说。小轩从一言不发到只言片语，到现在能够主动举手发表自己的意见，他的脸上也露出了成功的喜悦。

## 三、伙伴激励增自信

小轩在课堂听讲、完成作业、参与集体活动等方面的自控力、主动性正在逐步提高。他越来越愿意和小伙伴们一起读书、识字。这和伙伴们给予他的激励是分不开的。还记得，最初在课堂上小轩是从不主动回答问题的，即便被老师叫到，他也是很迟疑地站起来，站在那里一言不发。这时，伙伴们没有催促、厌烦，而是报以掌声，给予鼓劲，让他大胆发言。慢慢地，小轩也会主动举手回答问题了。当他大胆地回答问题时，伙伴们总会向他伸出大拇指，投去赞许的目光。在小伙伴的鼓励下，小轩和大家的距离正在慢慢缩小。伙伴教育所产生的效果，在日常生活中处处显见。

一个学期下来，伙伴学习激发了小轩学习的积极性，提高了他的学习效率，孩子们都带着积极的情绪和情感投入学习活动中，学习的内在潜力得到更自主、更充分的发挥，这就有效地增强了学生学习的独立性与自信心。伙伴教育的价值不仅体现在伙伴之间的彼此影响、互相激励上，而且通过与小伙伴玩耍，孩子还可学会与人交往，与人合作，逐步走向“社会化”。

（霍维东）

# 伙伴校园中学生交往能力的培养

伙伴校园里成长的孩子，应该是善于沟通、善于交往的，因为在当代社会，交往能力已被视为一种生存能力，被纳入未来人才的必备素质之一。小学低年级的孩子正处于心理与行为发展的关键时期，他们每天和同学们朝夕相处，一起上课、活动，交往十分密切。学会更好地交往，有利于他们在学习上互相帮助，取长补短，共同提高；有利于他们交流情感，调节情绪，促进身心的健康发展；有利于他们吸收众多的社会信息，丰富知识，开阔眼界，培养与人合作的能力；有利于培养他们自我管理和自我教育的能力。

我们班学生在交往中经常出现一些这样的镜头。

镜头一：下课了，一群孩子对着一个孩子喊难听的外号，被喊的孩子气得满脸通红。

镜头二：一名学生在卫生间不小心摔倒了，有的学生不但不去扶，还幸灾乐祸地笑话他。

镜头三：做游戏时，一群孩子为怎样玩争论不休，甚至吵闹起来。

镜头四：老师办公室里，不时有学生来报告，“老师，某某同学骂我了”“老师，某某同学拿我东西了”……

总结学生在交往中存在的问题，大概有以下几个方面。

- 交往时表现得不文明，说话不礼貌。
- 不懂得自我控制情绪，自私、任性、霸道、爱发脾气。
- 性格内向，沉默寡言，与同学交往不多。由于与同学接触少，同学关系疏远。
- 不懂得宽厚谦让、友善待人。
- 不能运用多种手段自我处理问题，同学间有一点点矛盾都要找老师解决。

针对孩子们交往中出现的上述问题，老师要使他们成为会沟通、会合作的小伙伴。培养小学生的交往能力，就需要让他们学会一些交往技巧。

## 一、让学生学习一定的礼仪

人与人的交往离不开礼仪，礼仪是尊重自己和别人的表现形式，礼仪其实就是交往艺术，就是待人接物之道。通过早读诵读《弟子规》的相应篇章，引导学生养成使用礼貌用语的习惯和得体的举止。比如，站立时挺胸收腹不摇晃，两臂下垂不摆动，腿部不颤动；与人谈话时，目视对方，不东张西望；动用他人的物品，必须先经他人的允许；不随便打断别人的讲话，妨碍别人时要道歉；在公共场合咳嗽、打喷嚏、吐痰时需要用卫生纸掩住口鼻，不能冲着别人。作为教师，我率先示范，渐渐地孩子们意识到自己的行为要受到社会礼仪规范的约束，也能做得很好了。现在我们班的孩子们，每次接过老师分发的午餐后，会大声道谢；观看同学们的精彩展示后会报以热烈的掌声；小组交流讨论时，能够安静聆听同学的发言，有不同意见会举手示意，经允许后才会发言……

## 二、让学生学会自我控制

我们班的孩子大多是独生子女，他们在家庭中处于核心地位，不论从物质上还是精神上，家长都能满足他们的愿望，渐渐地滋生了孩子们的以我为中心的心理。所以，当他们和同学交往时如果要求不能得到满足，或者遇到矛盾和冲突时，往往会控制不住自己的情绪，和同学闹别扭，甚至动手交恶。结合道法课上讲的调节情绪的课程内容，我组织孩子们开了一次班会，请几位曾经发脾气、闹别扭的同学给大家进行情景再现，请同学们出主意、想办法，看看有没有更好解决问题的办法。孩子们通过交流讨论，模拟情景表演，都认识到自己不是任何人的关注核心，没有人会无原则、无条件地随时为自己服务。当不可能完全消灭自己的不良情绪时，换一种思考模式，找好朋友倾诉、深呼吸、找一个安静的地方静默三分钟，都能有效地转移并调整自己的情绪到最佳状态。慢慢地，孩子们学会了自我控制的方法，在平时的交往中，矛盾和冲突减少了很多。

## 三、让学生学会商量

二年级的孩子活泼好动，在日常学习和活动中，经常会发生争论，比如课间到底是玩什么游戏或是怎样玩，他们可能就会争吵不休。如果他们学会了商量，那么这样的争论就可以避免。为了让学生真正明白与人商量的好处，我利用班会课带着孩子们做了一个“顶气球”游戏。每组四人，用绳子分开两块场地。然后四人共同商量两条比赛规则。接着四人分组比赛。等到进行第二轮比赛时，大家可以重新商量比赛规则，可增加、可修改，再进行第三轮比赛。如果出现争执不休，该组取消游戏资格。在休息时间进行交流：大家在一起玩时，感觉心情怎样？制定游戏规则时，大家意见不一致怎么办？孩子们在游戏结束后，交流感受，一致得出这样的结论：当大家意见不一致时，互相商量容易使大家达成一致意见，可以有效地避免矛盾的产生。最后根据孩子们的发言，我帮他们整理了和别人商量时要做到的要点：态度要诚恳；要把自己的想法跟别人说清楚；要让别人充分发表意见，注意互相取长补短；最重要的是要有礼貌，懂得互相谦让。通过这样的游戏，学生们都明白了该怎样和别人商量，懂得了学会商量就能使原来看似复杂的问题变得容易多了。它能帮助我们解决在人际交往中遇到的一些难题，并能灵活解决学习与生活中遇到的一些问题。

## 四、让学生学会承担

我们班一部分学生在与别人发生不愉快时，总喜欢责怪别人或是找借口，他们以自我为中心，喜欢过高估计自己，片面地看问题，把错误归于别人。对于这样的孩子，我加强了对他们责任意识的培养，帮助他们知道必须对自己所做的事情负责，还要学会如何去承担责任。许多时候，做错事情不是说一句“不小心”或者“对不起”就能解决的。比如，损坏了同学的用具，就应该赔偿；不小心把同学撞伤，要陪同去医务室，放学后要主动联系同学和他的家长，诚恳地表达自己的歉意。孩子们懂得了担当，也结交了更多好朋友。

### 五、让学生学会关心

对于在爸爸妈妈、爷爷奶奶的过度关注下长大的孩子，简单地讲大道理是不行的。我们开展了“班级是我家，我爱我家”一系列活动。比如，“今天我当值日班长”“学做小主人”，孩子们在活动中潜移默化地有了“予人玫瑰，手有余香”的美好体验。语文课上，孩子们学会了写留言条，并经常用这样的沟通方式表达自己对老师、同学、集体的关心。教室的讲台上经常会有孩子们带来的纸巾、洗手液，还有他们精心制作的留言条，简短的话语里凝结着他们的一份爱心；每天大家轮流担任值日班长，都会细心地提醒大家下课先喝水、去洗手间、准备学习用具；看到遗落在地上的纸张，会快速跑过来捡起扔进垃圾桶；看到抱着教具的老师会主动跑过去帮助分担。渐渐地，孩子们的“关心”意识逐步增强，“关心”的品质得到提高，他们能够在得到他人的关心时，体会到他人关心的珍贵，进而也慢慢地给予他人关心。

### 六、让学生学会宽厚谦让

友善待人、宽厚谦让，自古以来就是我国的传统美德，是设身处地为别人着想的表现。

待人宽厚、懂得谦让，不仅有利于个人的身心健康，而且能使人与人之间的关系更加宽松、和谐、亲密。我经常通过给孩子们讲一些故事，使学生明白从小就学会宽厚待人、礼貌谦让，对于他们的成长有利无弊。比如，孔融让梨的故事，学生们都很熟悉，四岁的孔融吃梨的时候谦让哥哥和弟弟，成为美谈。再举一些我们班发生的事例，让学生分析。比如，同学不小心撕坏了自己的本子，或者是泼水弄湿了衣服，或者同时起身碰撞了对方……引导他们换位思考，如果自己发生这样的事情，该怎么办呢？设身处地为别人着想，宽容了别人也就宽容了自己。遇到别人由于误会而冤枉自己或无意伤害了自己时，应当予以谅解，不应得理不让人；在指出同学错误时，态度要诚恳、友善，不要抓住人家的错误不放。

总之，要以一种平等的姿态与同学交往、相处。交往能力是人适应社会生活的一种基本能力，只有具备了良好的交往能力，才能适应飞速发展的社会。在大力提倡素质教育的今天，我们作为教育工作者千万不能忽略了学生人际交往能力的培养。我想，培养学生的交往能力，仅仅是让学生学会以上这些是远远不够的，今后还需要更多的思考和探讨。

（张　滢）

# 博物馆里的伙伴学习

“问渠那得清如许，为有源头活水来。”我和孩子们将语文课堂搬进博物馆，以校区的小伙伴计划为基础，以博物馆浑厚丰富的资源为“活水”，不仅让孩子们汲取鲜活的知识，而且让孩子体会到学习过程中“伙伴”的意义。组织准备的过程更让孩子们明白了“伙伴”的意义。

## 一、博物馆学习与语文学习相结合

对于语文学习来说，博物馆是极好的辅助学习场所，它丰富的资源能够给课堂以多角度补充，加深学生对知识的理解。比如，在学习成语“觥筹交错”的时候，我出示了文物“商后母辛青铜觥”图片，使学生认识到“觥”是一种盛酒器，从而从竹字头关注到相关文物图片，进而认识到“筹”的含义，这样就能顺利地推理出“觥筹交错”的意思是酒杯和酒筹交互错杂，形容许多人聚会喝酒的热闹情景。

与此同时，博物馆学习也面临着挑战。比如，该如何选择学习内容，内容是否与学习目标相匹配；在如此丰富的资源中，又该如何根据语文学习的需要进行取舍并呈现学习结果。方方面面都在考验着学生的自主规划能力，尤其是对于低年级的孩子而言，这样的学习过程靠一己之力是不能完成的，需要孩子们与小伙伴共同配合，以实现既定的学习目标。

为了使孩子们能够真正理解伙伴学习的意义，体会到伙伴间协作的乐趣所在，我将博物馆学习作为语文学习的重要依托，引导孩子们走进博物馆，针对课堂中的相关知识点进行有目的、有深度的探寻。我在孩子能做到的地方尝试放手，在孩子有问题的地方提供支持，并非袖手旁观。通过几次观察发现，二年级的孩子们已经开始具备了较强的同伴学习能力，能够以“合作”为基石，使学习效率最大化。

我将班里能力比较强的八名孩子分别指定为八个组的组长，请他们自行邀请四名组员，并对他们的结组提出了具体要求：在你选择能对你产生帮助的同学的时候，是不是也能想一想，有哪些同学是能在你这里获得帮助？你能不能让他们平时不常发挥的专长在你的小组内起到作用？同时，我也请班里的同学进行自我推荐，主动找到组长应征。在这样的引导下，孩子们的结组就变得顺利了许多，各组的实力也比较均衡。

在确定好本组所要学习的博物馆后，我先请所有的孩子在“零认知”的情况下走进博物馆，在博物馆中选择自己最感兴趣、最不解，或最感新奇的部分，先在同组中进行交流，并尝试着将自己的选择与语文学习内容相结合。有的孩子从“后母辛方鼎”中找到了即将要进行书写的“后”和“母”；有的孩子从佛钟中想到了张继的名作《枫桥夜泊》；有的孩子从“清华简”中看到了文字的演变。即便是针对同一件文物，孩子们也能从不同的角度进行思考，比如，清华大学艺术博物馆的那一整套补子就引发了孩子们一系列的讨论，从“补”字的来历与演变到飞禽走兽的命名，从“衣冠禽兽”的古今异义到神兽原型的溯源。这些都成为孩子们在这样的“大语文课堂”中的实际获得。同时，他们也学会了在观点不同的时候积极查找资料，以进行论证，而非一味地采取小孩子的吵嘴、哭泣等方式处理矛盾。

以“国家典籍博物馆”组为例，活动伊始，大家纷纷感觉无从下手、在一头雾水中，大家明确任务，分头行动。经过商讨，这一小组的孩子们先行走进博物馆学习，确定了了解我国的四大名著这一方向，然后进行集体的参观学习。孩子们表现出了超强的学习能力，默契地按照各自爱好选择其中一部研究起来，在充分的沟通后，再次进行合练，完成了最终的录像任务。孩子在这样高效率的经历中学习成长。

“孔庙和国子监博物馆”组共有五位同学，为了能给同学们呈现精彩的博物馆介绍，同学们克服困难进行了多次的集体排练，大家齐心协力，献计献策。组长优优反复协调组员们的上场顺序与演示动作；

负责播放 PPT 的欣雨不仅要背下自己的内容，还要对其他同学的背诵内容进行熟悉和记忆；排练期间小雷已经高烧几天，因为身体原因特别不愿意开口，同学们不停地鼓励他，欣蔚在他咳嗽时贴心地为他送上水杯，安慰他别着急；特特不断地为大家加油鼓劲。排练是枯燥和辛苦的，但同学之间合理的分工、强烈的团队意识及相互的鼓励与帮助，使整个排练过程既顺利又充满温暖。

同样，佳“作”因“合”而为之。“首都博物馆巡礼宋元”组的五个孩子和他们的爸爸妈妈齐心协力，各展其能，携手出色完成了策划、拍摄、制作、排练等一系列复杂而有趣的任务。组长充分考虑到每个孩子的兴趣特点，群策群力，按组内分工分头准备。孩子们在正式拍摄前为了提高效率都把自己的台词和表演背得滚瓜烂熟，保证了每次彩排和正式拍摄的顺畅。特别是正式拍摄当天，小伙伴们有的帮着整理拍摄装备，有的帮着维持周边秩序，还有的拿出零食随时准备鼓励和慰劳同伴。合作意识在孩子们心中悄悄发芽，当他们手拉起手共同享受集体荣誉时笑得尤为灿烂！

如果你有一个苹果，你的朋友有一个梨，你分一半苹果给你的朋友，你的朋友分一半梨给你，那么你不仅吃到了苹果，也吃到了梨。这就是分享的价值。在古钟博物馆，每个孩子分别去学习礼钟、朝钟、更钟、佛钟背后的历史，并用一句经典古诗词去表现它。这不仅是一个学习的过程，而且是知识分享的过程，让每个孩子体会到分享的意义。学以致用，学会分享，这可能是孩子们走进博物馆的最大收获。

## 二、伙伴教伙伴贯穿博物馆学习中

博物馆学习的目的不仅仅是展示，更是伙伴教伙伴。在自主学习结束后，如何讲给其他同学听，要怎么说才能让别人爱听，并且能听懂、能记住呢？对于孩子们来说，这个题目的难度远远大于博物馆中的学习。讲述的过程是内化的过程，只有他们真正将了解到的内容领悟通透，才能将这些内容给其他同学讲明白。为了这份“明白”，孩子们必然要采取一些手段。在他们的充分准备中，不仅有妙趣横生的表达，而且有精美切题的演示文稿相配合，这样的图文并茂使他们将自己的收获充分传递给了小听众们。

同时，他们也在学习聆听。在每一轮巡讲过后，我都会发现他们在讲解中的改变和进步，而这些改变基本源自他们从其他小组中得到的营养，所谓“耳聪目明”即是如此。聆听是学习的基本能力之一，会聆听并且能活化于内心的孩子将会因此大大受益。当孩子们用聆听的方式来主动学习的时候，这才是小伙伴计划带来的最大收获之一。

语文是一门需要终生学习的科目，也是一门可以用多元化方式进行学习的学科，孩子们在博物馆中的学习只是为他们提供了一种可供今后学习参考的方式，而合作学习将会在今后的学习中成为他们的主题。当下的收获仅仅是明天的阶梯，能够借助阶梯越走越高才是课程真正的目的所在。

（罗　曦）

# 伙伴教伙伴　培养学习好习惯

为了培养学生的人际交往能力、合作意识，充分发挥伙伴对学生成长、发展的影响，我们引入了伙伴计划。本文以伙伴教伙伴板块为依托，重点谈论伙伴间学习对促进学生养成良好的学习习惯的重要作用。

## 一、伙伴教伙伴为习惯教育提供了新思路

伙伴教伙伴的实质是伙伴教育（即同伴教育），其优势是基于人们通常愿意听取年龄相仿、知识背景、兴趣爱好相近的同伴、朋友的意见和建议。同伴教育就是利用学生的趋众倾向，对学生进行教育的方式，其目的主要是在培养学生提出问题、分析问题、解决问题的能力的同时，培养学生的伙伴交往能力。课程实施主要是以生生讨论、师生交流、小剧表演等形式展开。具体到学习习惯，常规的教育方式是教师为学生树立好习惯标准，通过不断的提醒、要求，帮助学生逐渐固化预期的行为。但在此过程中，学生始终处于被动接受的境地，他们对于为什么要养成这些好习惯并没有太多感悟。伙伴课程强调学生的主体作用，倡导通过学生之间的探究活动不断建构学习的结果，形成真正属于学生的学习成果。此举为进行习惯培养提供了新的思路：我们何不尝试让学生自己发现好习惯、认同好习惯、发展好习惯？

## 二、伙伴教伙伴的实施

为了践行“伙伴教伙伴”理念，我们以学习习惯为内容，从以下几个方面设计实施。

### （一）开展学习好习惯大讨论活动

我们主要采取了分学科的讨论形式，英语和科学两门学科分两个

课时来完成，为了保证学科讨论的科学性和针对性，在学生进行学科好习惯大讨论中，由英语老师和科学老师从专业角度进行引领。为了培养学生提出问题、分析问题的能力，我们首先引导学生以小组讨论的形式交流以下三个问题。

- 什么是好的学习习惯？
- 我们应该如何养成良好的学习习惯？
- 我们目前还存在哪些不好的学习习惯？

以问题为导向引导学生交流、归纳什么是好的学习习惯，目前存在哪些不好的学习习惯，在该环节学生主要采用绘画、思维导图的形式进行展示交流。如在英语学习好习惯养成中，以英语书写好习惯为切入点，提出在英语书写中应养成哪些好习惯，学生以小组为单位进行自由讨论，在讨论的基础上小组达成共识进行交流汇报，其他小组进行补充。经过开展“学习好习惯大讨论”活动，学生不仅对在英语和科学学科学习中如何形成良好的学习习惯有了较深入的认识，同时也培养了针对同一目标的小伙伴间共同交流合作完成任务的能力。

### （二）学习好习惯大梳理

俗话说，好记性不如烂笔头。为了引导学生将课堂讨论的成果更直观地呈现出来，我们要求学生在 A4 纸上自由呈现讨论结果。孩子们有的以思维导图的形式呈现，有的以小报的形式呈现。

### （三）以情景小剧的形式引导学生内化行为习惯

二年级学生认知主要还是以具体形象思维为主，为了将学生对以上两门学科好的学习习惯内化为学生行为习惯，我们采取了小剧表演的形式。学生自由编写剧本，内容主要结合学习好习惯的养成。在孩子们的共同努力下，我们排演了《管不住自己我也很忧伤》《难道我只能默默地羡慕?》两个剧目。《管不住自己我也很忧伤》主要是从课堂学习好习惯，如上课玩东西、随便说话等不良习惯出发，再现孩子们真实的课堂形象，引导孩子们在观看小剧中意识到什么样的行为是上课应该有的好习惯，什么样的行为是课堂上不该出现的。《难道我只能默默地羡慕?》主要是从书写习惯方面引导学生养成良好的书写习惯。

（四）实施影子跟随和帮扶活动

影子跟随是指，鉴于班内学生纪律和学习情况的差异性，我们在班级内实行了影子跟随计划，每个同学都在班级找一名自己在纪律和学习上的榜样，以此来约束自己的行为和激励自己努力学习。帮扶是指，为班级内学习有一定困难且自我要求较低的同学分配一名学习上的“小伙伴”，“学习小伙伴”利用自习或课下时间跟被帮扶对象分享自己在学习和书写方面的小秘诀。这样既可以督促学习习惯不太好的学生改正自己的行为，又可以增进小伙伴间互帮互助的友谊，也不耽误学生们的课间休息时间。经过一段时间的实践，我们班学生在课堂习惯和书写习惯方面有了很大进步。

## 三、伙伴教伙伴实施反思

通过一学年的实践活动，伙伴教伙伴在以下几方面对学生的成长具有重要作用。

（一）对小学生学习习惯的养成具有积极作用

《儿童心理学》一书中指出，儿童相互帮助时，有两种情况产生：一是合作学习；二是同伴扮演指导者的角色。另有研究表明，相对于严厉的老师来说，同伴之间的互相学习对儿童具有强烈的吸引力。我们在课程实施过程中所使用的学习好习惯大讨论活动、情景剧表演和影子跟随和帮扶活动充分体现了以上理念。例如，学生通过以上活动在平等交流、讨论中得出什么是好的学习习惯，哪些学习习惯是不受大家欢迎的，通过层层递进的活动将正确的学习习惯认识内化为自己的行为习惯。

（二）为班级管理提供了有益的借鉴

我作为一名班主任兼语文任课教师受益匪浅，小伙伴课程使我认识到伙伴教育对班级管理的重要作用。虽然我们本学年的小伙伴课程主要针对良好的学习习惯的养成，但是该课程的实施对培养学生养成良好的学习习惯方面发挥了重要作用，让我意识到在学生行为习惯养成、人际交往、培养学生自主合作意识方面，或许我们也应该进行尝试，让伙伴教育的光照在学生成长的方方面面。

（卢明文）

# 伙伴教伙伴　师生共成长

伙伴教伙伴中学长讲学习板块旨在有目的、有计划地交流与传递个体学习经验，形成以图文为载体的固化合作成果，使学生学会对自身学习和生活进行检视、分析与总结，并用多种方式创造性地表达出来。按照计划要求，我在课堂上进行了相关活动。活动之后我发现，这不仅仅是一次学生活动，也是教师进一步了解学情的良好契机。

在课堂讨论前，我结合学科的教学，针对学生日常学习数学时可能遇到的问题，启发孩子们进行以下讨论。

- 在准备学科综合展示时，你有什么好方法？
- 还记得乘法口诀表吗？如果现在需要给你的弟弟妹妹讲一讲，你能想到什么好办法让他们记得又快又好？
- 数学课堂评价表真有趣，怎样表现才能得到课堂评价小奖章呢？

课堂讨论之初，我心中也有一些预想，学生可能会结合平时数学课堂中学习到的一些方法来回答，在反馈的整理中确实如我所料，有很多课上我们反复练习、讲解过的学习方法与知识点。但除此之外，还有两方面的内容出乎我的意料，引起大家广泛讨论。

## 一、学生中隐藏着许多新颖、有特色的学习方法

有的学生提出了个性化的学习方法，如查阅数学、历史多学科融合、写数学日记进行积累，通过乐高玩具来帮助学习，等等。拓展了我们平时教学的内容，不仅得到了小组同学的肯定，而且为更多同学开拓了思路，启发了大家对数学学习方法的探索。

## 二、不当的学习方法反映课堂学习状态与家庭教育背景的问题

在讨论中也出现了少数同学很“自信”地与大家分享自己的学习

经验——“口诀死记硬背”、期末展示让家长全权代理制作展示内容等，从孩子分享时的状态来看，他也许真的认为这是一种很不错、值得借鉴的学习方式。但班中很多同学表达了反对的意见，借此机会我们进一步讨论，为什么这样的学习方法不太好呢？孩子通过自己的理解，站在可持续发展的角度提出了更好的建议，比如，学习之初可以通过记背来快速熟悉自己所学的内容，但要真正学会、学懂就要课上认真听，课外查阅资料，理解学习内容，这样才是真的学会了！关于期末展示，很多孩子表示确实需要家长帮忙制作学具，但不能自己不动脑筋，主要的展示内容、思路应该自己想，或是和家长一起想。

本次讨论主要是想让孩子们总结出一些学习数学的好方法，并把这些方法进行整理归纳，为下一届的学生们服务。通过问题引领，学生进行自主思考、分享、总结提升，最终确定了自己在数学学习方面的优势经验。从学生的表现中不难看出，学生虽然都在同一间教室内学习，但学习方法不尽相同，都有各自的学习妙招，当然也反馈出一些学习中存在的问题。在讨论环节，大家对学习方法进行甄选，这一过程对学生总结自身学习方式有很积极的作用，同时也反映了孩子们合作的必要性，避免了个人的局限性，在学习方法的分享中相互补充、拓展思维，获得同伴间的肯定。

作为班主任，我让本次讨论一改平时班会的固定模式，由问题作为课堂引领，把学生讨论的成果进一步进行细化，真正做到从学生中来到学生中去，伙伴教伙伴为我的工作方式打开了新的思路。

（徐愫祺）

# 基于伙伴教伙伴的英语学习方法探究

《小学英语教学与教材编写纲要》指出，兴趣是学好语言的关键，激发学生学习英语的兴趣是小学阶段英语教学的一项重要任务。英语教学要注意结合儿童的心理和生理特点，要有利于引起学生的学习兴趣。我认为，对英语的学习兴趣，一方面表现为对学习内容本身的向往，另一方面则表现为在学习习惯与方法运用过程中获得的美好感受。因此，如何让学生拥有更好的英语学习方法与习惯也是教师应考虑的问题。在以往的教学中习惯与方法总是穿插于课堂教学之中，没有机会受到学生独立的重视。

正值学校推行伙伴计划，其中一个板块是伙伴教伙伴，而该板块中恰有学习习惯大讨论这一主题。在计划框架的指导下，我们进行了实践尝试。

## 一、英语问题大家说

教师根据二年级学生常见的英语学习情况，提出了4个典型的问题，让孩子们开动脑子，思考自己都有哪些好的策略可以解决这些问题。在自由发言后，教师帮助学生将策略进行了整理（见表2－4）。

**表2－4　英语学习问题及对策**

| 具体问题 | 对策 |
| --- | --- |
| 1. 怎样才能很好地完成单词的书写作业，做到书写规范？ | A. 上课专心听要点<br>B. 看书描摹<br>C. 多看多练 |
| 2. 新学年新增了单词听写，你有什么记单词的好方法吗？ | A. 分段记忆<br>B. 读一记一写<br>C. 词语首尾字母接龙<br>D. 音标、自然拼读法<br>E. 构词法 |

续表

| 具体问题 | 对策 |
| --- | --- |
| 3. 新学年的绘本阅读越来越长，越来越难了，你每天是怎样坚持阅读，掌握绘本内容的？ | A. 问题检测<br>B. 分段记<br>C. 攻克难点<br>D. 听读—独立—巩固<br>E. 多听<br>F. 分解记忆，坚持 |
| 4. 如何克服胆小，上课不敢发言的问题？ | A. 不要害怕错误<br>B. 做好预习<br>C. 增加课外学习<br>D. 把错误当作学习机会 |

## 二、把学习方法外化传播

一节课的讨论虽有成效，但各种对策仍然相对比较抽象，不利于理解和迁移。同时，口头语言的交流也不利于好方法的固化和传播。因此，我们进行了第二步实践——借鉴游戏教学理论，把学习方法和生活、游戏场景结合起来，用图画的形式把方法画出来。这样既加深了其他同学对某一方法具体运用的认知，又可以把图画做成专辑让同学传阅，甚至可以形成本届学生英语学习经验成果，让下一届新升入二年级的同学提前学习，分享学长的好经验，借此激发下一届同学更多的学习创意，提升英语学习兴趣。

在自由的氛围中，根据自己的经验和理解，与小伙伴一起绘制英语学习方法图画使得每个学生都兴致勃勃。这种强参与性的创作活动使他们不仅拥有传递经验的责任感，更有参与游戏的愉悦感。小学生活泼好动爱表演，很少害羞，乐于接受新奇、趣味性强的事物。利用游戏轻松愉快的特性，有利于学生形成正确的学习方法和良好的学习习惯，有利于化难为易，有利于减轻学生的负担，符合素质教育的要求。

在伙伴间的通力合作下，好经验与好设计、好图画进行了有机结合，形成了充满童趣的学习方法作品（见图 2－1）。

图 2－1　学生的学习方法作品

## 三、对今后教育教学的启示

### （一）对游戏教学法加以重视

从学生的反馈来看，游戏法是最受欢迎的学习方法，特别是对于二年级的学生来说，在游戏中学习令学习过程充满乐趣。和小伙伴一起做游戏，将枯燥的旧知识换个方法再现于学生面前，变得生动有趣，使记忆内容在学生头脑中留下深刻的痕迹。动员多种感觉器官参加学习和复习活动，让孩子们可以更加投入地进入学习状态，激发了学习的兴趣，促进了学习的效果。因此，课堂教学也应该更多地设计意义明确、形式多样的英语游戏，让孩子在动起来的同时学进去。

### （二）关注学生之间的经验传递

通过此次活动可以发现，虽然教师在课堂讲授着同样的内容，但是不同学生仍然有自己的学习风格以及学习技巧，他们是英语学习的重要资源。二年级学生比较朴实，从不吝啬把自己觉得有益的经验和别人分享，在分享过程中，实际上也强化了本人对于学习方法的坚定性。但是，正式的经验采访会限制学生经验的提取，而任务驱动下，全员讨论、全体创作的氛围能够更好地激发学生的反思与总结。

综上所述，通过伙伴之间的交流学习和游戏教学法的运用，可以使孩子们在英语课堂中，在伙伴学习的基础上，能够更好地参与课堂活动，更好地掌握老师教授的课堂知识。

（潘　璇）

# 伙伴眼中的校园

新学期，一年级学生经过一年启蒙养正的教育，带着养成的良好习惯和对新的学习生活的憧憬，迈进二年级校区，开始新的学习生活。二年级校区的校园文化特色更注重培养学生沟通、交流、分享的能力，希望每名学生在校园中培养小主人翁意识，与身边的伙伴携手，爱校园、布置校园、美化校园。二年级校区作为史家小学旧址，既沿袭了丰厚文化的人文氛围，又通过三年伙伴计划的实施，着力打造深度学习理念。校园环境古朴而又充满现代气息，一楼一屋、一树一花，都体现出和谐氛围。

## 一、“我是史家小导游”

儿童社会适应性是适应小学活动的关键。为了更好地让学生熟悉校区，适应校园生活，在参观校园后，我又引导学生进一步了解校区中各个设施的功能，使用规则，目的是进一步明确学校特定空间的功能，帮助学生接纳环境，利用环境。我们通过“我是史家小导游”活动，引导学生介绍和认识四间书屋、专业教室、小伙伴俱乐部、彩虹小屋、操场及操场上的游乐设施。通过该项活动，学生对学校环境有了一个整体概念，同时通过小导游的形式来介绍校园既能鼓励学生适应环境，树立自信心，又能培养学生分工合作、有效配合的意识，体会分享、平等、互助的乐趣，了解到伙伴的重要，感受到同伴带来的力量。

例如，学生介绍彩虹小屋时，一开始他们只是简单说出有八间小屋，小屋里有玩具、小舞台，还有地图、棋盘，很好玩。看来，在引导学生认识和熟悉校园环境的同时，也应该涉及对学习内容、方法和规则意识的培养。因此，在陪同学生再次参观后，我又组织开展新的讨论，如在引导每个导游小组介绍学校环境时，可以引导学生从多个角度进行介绍。

## 二、“我的班级我做主”

在认识了校园后，我们又将目光投向班级，开展了“我的班级我做主”活动。在班主任老师的策划下，一张小小的“豆腐块”发到每个孩子手中，“我们的教室应该有什么样的作用？你希望它是个什么样子？请你认真思考如何设计自己的教室。把自己的想法与家人商量并修改。将想法变为文字写一写，可以配简图，也可以只写不画”。

2018 年中秋节，16 班的孩子们在与家人共度佳节的同时，也多了与往年不同的话题，不少孩子在与家人赏月的同时，畅谈自己对教室的设计。节日过后，孩子们将精彩的设计上交到老师手中，有的孩子用平面图的形式合理规划教室；有的孩子用具体的叙述设计教室的角落；还有的孩子发挥奇思妙想，说出自己心目中未来的教室。学生们的想法有的不谋而合，有的标新立异，但是都体现出他们对教室的喜爱，愿意作为小主人亲手布置教室，让这个自己每天学习生活的地方更具有实用性与美观性。

## 三、传播教室设计理念

孩子们对于活动的热情是宝贵的财富，也是培养他们成长的良好契机。在老师的号召下，学生以自主报名的形式，组成二年级（16）班广播组，承担校级广播。学生们按照“功能模块”“美观模块”“规划模块”和“创想模块”，以同学们关于教室的设计方案为蓝本，拟定广播主题：“让书籍成为进步的阶梯”“张贴视力表，保护视力”“运动角让同学们健康成长”“心灵信箱”“未来的智能教室”，每个主题内容新颖生动。学生们课间练习，老师指导，为直播做好了充分准备。

10 月 16 日中午，小播音员身着制式装，胸前佩戴鲜艳的红领巾，神采奕奕、满怀信心地走进直播间，站在播音台上开始人生中的第一次节目直播。稚嫩但不失稳重，抑扬顿挫、洪亮的声音响彻校园。

良好的开端是成功的一半，有了第一次成功的尝试，他们露出了满足自信的笑容，可以想见他们心中一定还在酝酿新的想法，要把愿望付诸实施。少年的风帆已经扬起，即将开始下一次远航。

（张牧梓）

# “班级布置我设计”主题活动设计与实施

## 一、课堂活动实施的理论依据

### （一）建构主义理论

建构主义认为，知识不是通过教师传授得到，而是学习者在一定的情境（即社会文化背景）下，在获取知识的过程中借助其他人（包括教师和学习伙伴）的帮助，利用必要的学习资料，通过意义建构的方式获得。由于学习是在一定的情境即社会文化背景下，借助其他人的帮助（即通过人与人之间的协作活动）而实现的意义建构过程，因此建构主义学习理论认为“情境”“协作”“会话”和“意义建构”是学习环境中的四大要素或四大属性。建构主义提倡在教师指导下的以学习者为中心的学习。

### （二）基础教育的新课程理论

新课程改革的基本理念是“为了每一位学生的发展”。一是关注每一位学生，关注的实质是尊重、关心、牵挂；二是关注学生的情绪生活和情绪体验，帮助学生树立学习的自信心；三是关注学习的道德生活和人格养成。

### （三）伙伴教育理念

新时期的伙伴计划是对高阶建构性社会学习活动的专门设计，力图体现“深层思维”“具身认知”“动态建构”的学习特征。它通过层级化、典型化的伙伴活动开发，使师生进行充分群体互动，在具体任务情境中不断进行交流、协作与分享，从而更新认知、提升能力，逐步学会自主学习。

伙伴计划中伙伴教伙伴板块重在关注学生原创成果的生成与运用，使学生在自我价值实现中体现学习与发展的要义。该领域着眼于培养学生的提炼、反思、质疑、创造等多种能力。

## 二、“班级布置我设计”活动实践目标

结合伙伴计划的指导和班级实际，进行活动目标的设定。

第一，激发学生对于班级环境创设的主体责任意识。

第二，将结构－功能与群体兴趣偏好相结合，理性提出教室设计方案，并能动手实践。

第三，提升学生的想象力、设计力和表达力。

通过主题活动使教师的教学方式由“灌输式教学为主”向“启发式教学为主”转变，使学生的学习方式由“接受式学习为主”向“探究式学习为主”转变。

## 三、“班级布置我设计”活动实施

### （一）课前准备

1. 建组选题

学生根据兴趣、条件等因素自行成立小组，自己取名，选择一个小课题，选取班内喜欢的布置角落。

2. 参观学习

在校内（小伙伴俱乐部、彩虹小屋、书屋）进行参观。

### （二）活动过程

1. 谈话导入

（1）我们的班级里现在有哪些布置？（绿植、暑假、展示板、益智游戏……）

（2）（看校园中彩虹小屋、小伙伴俱乐部……的照片）你喜欢这些地方吗？为什么？

（3）我们也可以把自己班的教室布置成你喜欢的样子，那你想怎样布置？

2. 明确行动

（1）讨论准则。

提问：大家觉得班级是什么样的地方？进行布置的时候需要注意什么？

学生指出布置班级的注意点，教师随后总结。

①班级布置必须“简约而不简单”。因为班级是学习的地方，不能杂，更不能乱，否则会分散学生的注意力。

②班级布置必须突出班级的功能。班级是个“传道、授业、解惑”的地方，班级的功能就是育人，布置班级就是布置育人的环境。

③班级布置必须整洁。

④班级布置必须精心选择内容，如学习园地、卫生区、读书角等。

（2）发布任务。教师根据各个小组的不同选择发小组布置任务单。

（3）初步交流。学生小组之间交流本组布置教室的重点、难点。

（4）阐明道理。让学生阐明做每一步的道理。

### （三）讨论设计，汇报方案

1. 分组制订方案

以小组为单位讨论，设计布置教室的方案。

2. 介绍方案

（1）教师组织小组进行设计成果展示。

（2）学生说自己创作的构想。

（3）其他学生对作品进行点评。

（4）教师进行归纳、小结。

### （四）选出最佳方案，动手实践

1. 同学投票

将设计图贴在黑板上，全班同学每人有四枚投票贴，用贴纸进行投票，选出同学们心中班级布置的最佳设计方案。

2. 实地布置

课下师生齐动手，按最佳方案布置教室。

（五）汇报总结，进行教育

学生汇报这次布置教室的收获；教师总结布置教室的方法、技能，同时对学生进行教育。

## 四、课堂实践活动效果

（一）学生对班内的活动分区更加喜爱，班内环境也更加整洁

课下，时常能看到同学们在班级图书角进行阅读，后续班内还开展了图书借阅公约制定的班会活动课。同学们遵守班内共同制定的规则，有序地进行图书的借阅和归还。

（二）学生作为班级的小主人，更加主动关心班级的各项事宜

班内学生主动为绿植浇水，课下帮助整理图书角，看到班内有需要更换的抹布、扫帚，主动向老师提出要帮助班级进行更换。

（三）学生开始向班级提出建设性建议，如板报更换、图书更换，发挥自身的主动性

学生的这些行为也在影响家长，家长也开始为班级建设献计献策，如由家长牵头组织，家委会管理进行中文阅读每日微信群打卡。

伙伴教伙伴的课堂活动丰富了伙伴教育的内涵，通过主题活动不仅提高了学生之间的交往能力，而且让同学们学会了合作，积极探索，勇于创新。

（范欣楠）

# 伙伴教伙伴课堂活动的探索

## 一、伙伴教伙伴课堂活动的意义

伙伴教伙伴课堂活动，在活动中恰当地采用伙伴合作，可以有效地发散学生的思维，提高学生参与活动的积极性，从而有助于提高开展活动的效率。结合我在指导学生活动中的实践，谈谈在伙伴教伙伴课堂活动中的探索。

## 二、设计和呈现更有价值的主题问题

培养学生的自主性和伙伴合作的能力是开展此项活动的主要目标。在进行伙伴合作时，教师要根据学生的学习实际情况与课堂活动的内容，合理地设计问题让学生思考探究，从而有效地开发学生的智力，提高学生的学习能力，培养学生的合作意识。

## 三、组织讨论调动学生的经验回忆，获得更为丰富的答案

### （一）转变观念，加强合作学习

伙伴教伙伴课堂活动为学生开展各项活动带来了生机与活力，在活动中教师也要转变传统的观念，注重学生主体地位的实现，积极引导学生，加强学生的伙伴合作，使伙伴合作的模式在各项活动中发挥其独特的优势与作用。

1. 教师要与学生建立良好的师生关系

对于小学生来说，教师在他们心目中占据重要的地位，无可替代，教师的一言一行都能影响他们。因此，要促使小学生健康发展，教师就要与学生主动沟通交流，积极地鼓励学生，使其对参与活动充满信

心与希望，在伙伴合作的过程中充分展示自己的能力，从而提高教育活动促进学生发展的实效性。

2. 教师要注重培养学生的合作意识

在活动中采用伙伴合作的主要目标不仅仅是让学生通过伙伴间的合作解决问题，更重要的是培养学生伙伴合作的探究精神，使其养成伙伴合作的意识，从而为学生今后的发展奠定良好的基础。

3. 教师要找准自己的定位

在学生开展伙伴合作的过程中，教师不能将问题完全抛给学生，而要随时了解学生的参与情况，适时地帮助学生解决疑惑，使学生更好地进行接下来的活动。在伙伴合作结束后，教师要综合学生的观点，适时地给予引导与点拨，使学生能够认识到自己在活动进行中的得失，进而找到正确的分析思路，得出正确的结论。

（二）优化组合，强化伙伴合作

伙伴合作的基本前提是小组的组成，合理的分组是在活动中开展伙伴合作的基础，科学地、合理地、切合实际地组建伙伴合作的小组是有效开展伙伴合作活动的基本前提。因此，教师必须引导学生科学地进行小组分组。例如，在组建伙伴合作小组前，教师要深入学生当中，认真摸清每一个学生的学习成绩、个性特点、兴趣爱好、主要能力倾向、家庭背景等各方面的情况，并迅速熟悉学生的这些情况，这样组建的伙伴合作小组才更能体现出小组伙伴合作模式的优势。教师在充分掌握情况后，有针对性地指导学生进行分组，每一个学生进行自我介绍，将自身的学习成绩、个性特点、兴趣爱好、主要能力倾向、家庭背景等各方面的情况做介绍，以便学生能够在短时间内互相了解，并根据各自的特长与需求结成伙伴小组。在学生自愿结成小组后，教师要根据学生的学习实际情况以及学生的能力进行合理的调整，争取实现“组内合作互助，组间相互竞争”的目的，从而可以让每一位学生都充分发挥自己的才能，为小组的荣誉增光添彩。小学生都具有很强的好胜心与荣誉感，每个小组的综合水平相当，更会激发学生的求胜欲望，使其全身心地投入活动中。我在指导学生开展“伙伴教伙伴实践研究——伙伴校园欢迎你”时，就将学生大致分成了势均力敌的6个小组。这样的流程设置使学生在开展活动时格外地认真仔细，并且很多学生为了能更好地参与活动，还主动地与组内的成员积极商讨。经过这样的训练，学生参与活动的效率得到了明显提高，开展活动的水平得到了发展，有效地培养了学生的伙伴合作意识。

（三）设计问题，引导合作学习

作为伙伴合作活动的引导者，教师要为学生巧妙地设计问题，引导学生带着问题进行合作探究。教师在设计问题时要考虑学生的认知规律与学习实际情况，不能过于简单，让学生感觉毫无意义，也不能过于复杂，以免降低学生的参与热情。在开展“伙伴教伙伴实践研究——伙伴校园欢迎你”时，由于学生对于活动的流程以及实际操作方法还没有理解与思路，我便设计了一些问题帮助学生开展活动。我先让每个小组的学生讨论：你最喜欢学校什么地方？如果用图画加文字的形式为新来的小伙伴介绍，你要怎样设计与介绍？然后学生分组开始讨论，在讨论结束后每个小组提出自己小组研究后的结论，按照各小组提出的方案确定了组名。最后，按照方案开始设计。

学生带着问题思考探究，经过实际操作与小组成员的出谋划策，很快他们就通过自己的思考与小组成员的讨论探究制定了图画的草图与文字初稿，学生找到了开展活动的思路，有效地增强了学生的学习自信心，提高了伙伴合作的效率。然后学生按组内分工进行绘图和写文稿，顺利地完成了“伙伴校园欢迎你”的任务。

## 四、引领学生开展活动中的深度思考

（一）重视学习小组“领头雁”的培养

学习小组“领头雁”必须具有多方面的素质，学习要优秀，责任心要强，并能管住自己，而且乐于助人，善于倾听别人的意见，有一定的组织能力。在小组选出自制力较强、组织能力较强的同学为小组长后，老师要对小组长进行“岗前培训”，使其清楚小组长的职责，带领小组进入角色，开展合作，增强小组竞争力。组长负责小组的合作交流组织、检查监督、表扬批评等，让学生管理学生，把权力下放，有助于学生之间的交流，有利于小组合作交流的顺利开展。

（二）培养学生掌握社交技能

交往既是人的需要，又是现代社会对人的要求。在当今社会，与人合作的能力是一个人最重要的素质之一，也是我们要注重培养孩子从小具备的能力之一。在倡导探索型主题教育的今天，教师不再仅仅关注学生的智力发展，而更加关注他们综合性的协作能力的发展。因此，在此次伙伴教伙伴课堂活动中，教师要培养他们与人交往，与同伴友好相处，互相关心，互相帮助，培养团结合作的能力，使学生成为顺应时代发展的人。

1. 在伙伴合作中为学生提供讨论和交流的机会

在伙伴教伙伴课堂活动中，学生交流了自己喜欢的学校的地方，在各组确定地点后，孩子们画下来、写下来，然后互相了解彼此的发现。同时，也帮助学生收集讨论时所需要的资料，使学生在讨论时有话题和别人交流。在画画时，孩子们对于怎样画才更能表现出所介绍的地方的特点议论纷纷。有的说要画全景；有的说要画最有特色的；也有的说先拍下来再照着画，看到什么就画什么。我只是在一旁静静地听着孩子们的讨论，没有急着去参与。我想，让孩子们通过讨论来总结更好的方法不是很好吗？按照孩子们提出的方法，各组分别做了尝试，画出的图画都很成功，体现了所选场景的特点。孩子们对自己的尝试，有了信心和新的认识。于是大家又动手对图画进行了精细的加工，最终达到了自己满意的效果。在这个活动中，学生通过自己的主动探索，获得了有关学校场景的许多知识和信息，调整和丰富了对学校场景原有的认识，拓展了自身的思路；通过谈话和讨论，则提高了探索的兴趣，为进一步的伙伴合作活动做了准备。同时在这里，教师以问题为出发点，提出问题：你喜欢学校的哪些地方？为什么喜欢？有什么特点要为小伙伴介绍？将学生推向更热烈、更开放的伙伴合作活动中。

2. 在伙伴合作中为学生提供更多交往和合作的机会

在伙伴教伙伴课堂活动中，学生分组介绍学校场景的联想创作。

首先，各组在组长的带领下，协商讨论制定要做介绍的场景，然后大家分工合作来完成图画的创作。在活动中，老师让学生自选内容，自由地组合，在活动中保持愉快的心情，主动参与活动，进而调动学生的积极性和主动性，在活动中逐渐培养合作交往意识，学会与小伙伴友好交往的技能。在伙伴合作活动过程中，学生遇到问题时，有时自己解决，有时寻求别人帮助，学生的行为是自主的、投入的。他们将自己已获得的经验和技能运用于开放式的活动中，通过仔细观察、反复验证和相互交流，增进了对外部世界的认识，提高了自己的动手操作能力和解决问题的能力，也学会了与人交往和相互合作的技能。

3. 在伙伴合作中为学生提供更多的练习表述和展示的机会

在伙伴教伙伴课堂活动中，老师组织学生交流各组的成果，小组成员共同讨论、协商所要表达的场景及特点，在交流和展示中，让组员分别处于不同位置，承担不同的任务，在介绍场景中辨别、体验、理解、感受他人的情感，分享与别人合作的乐趣。每个学生都能参与和表现，学生在展示时表现各自的才能，在成功体验中建立起自信心，展示才能，体验给别人带来的喜悦之情。

### （三）有效利用分工，明确每个小组成员的责任

在小组合作学习中，建立个人责任是关键环节，也就是在小组合作过程中，要求每个学生都应该承担一定的活动任务，并能够迅速掌握自己分配的任务。在传统的小组活动中，每一个小组成员并没有明确的分工，也就未实现真正意义上的合作。因此，在伙伴教伙伴课堂活动中小组合作一定要明确每一个小组成员的任务和职责。在组建小组后，教师要指导伙伴合作中的每一个成员进行角色分配和设计，并根据合作的任务需要来确定每个成员的分工，如组长的职责就是统筹全组的任务并积极引导小组的活动，记录员的职责就是将小组合作的活动内容认真记录下来。总之，一定要注意让每一个组员都能在合作中尝试担任不同的角色，以此来提高各自的能力。

### （四）科学而灵活地对小组活动进行评价

伙伴合作学习的评价彻底改变了传统的评价模式，使过去那种

“统一标准”“一把尺子”的评价模式成为过去。伙伴合作学习评价将小组成员共同努力的成果作为评价的标准，全面促进小组内合作氛围的构建、互助环境的创设。这种全新的评价模式使学生明白只有小组获得成功，自己才能获得成功。在对小组中的每一个成员进行评价时，不以成绩的高低作为评价的标准，而是针对不同学生的特点、在伙伴合作活动过程中的表现等，通过定量与定性相结合的评价方式，从不同的角度对学生的成绩进行评价。例如，教师应注意将过程性评价与终结性评价结合在一起，给学生一个公正、客观的评价。

## 五、对今后教育教学的启示

综上所述，在伙伴教伙伴课堂活动中，伙伴合作是提高活动效率的主要手段之一。伙伴合作活动模式是一个重要的课题，伙伴合作活动模式的实践不仅能够充分调动学生的学习积极性，更能够有效培养学生的合作能力、人际交往能力。因此，在课堂实践活动中，教师在开展活动时要转变观念，优化伙伴小组合作，巧妙设计问题，引导学生积极地开展伙伴合作，根据实际情况采取积极有效的伙伴合作活动模式，培养学生的合作意识，提高学生的主动性与探究能力，使学生在活动中有效参与，为促进学生能力的发展与提高奠定良好的基础。

（张　彬）

# 第三章

## 基础教学增亮点：思维在伙伴间激活

该部分是伙伴计划中的基础领域。基础领域是对学校已有常态教育教学活动进行的调整与深化，体现关键能力培养的基础性和全面性。这些文章是基础领域中的思维课堂部分。课堂教学是构筑世界、构筑伙伴、构筑自身三个维度交织在一起的过程，是师生、生生互动的问题解决过程中提升思维品质、促进社会化形成的过程。

思维课堂专题将理论转化为可操作的行为，将思维培养整合到日常教学设计中。如将教学设计划分为教学内容分析、学生学习分析、教学目标设计、教学情境创设、教学过程指导、学生的元认知等多个方面，并探索在这些教学设计中如何落实思维品质。史家小学不同学科教师依据伙伴计划进行了研究实践，形成了培养学生思维品质的教学设计文本。该部分将教学设计原样予以呈现。

# 《神州谣》教学设计

| 教学目标（内容框架） |
| --- |
| **教学目标**<br>1. 认识“州、涌”等15个生字，会写“州、民、族”3个生字。<br>2. 朗读课文，初步感受祖国山河的壮美。<br>3. 能在语言环境中初步感受“奔、涌、长、耸”的表达效果。<br>**教学重点**<br>1. 认识“州、涌”等15个生字，会写“州、民、族”3个生字。<br>2. 朗读课文，初步感受祖国山河的壮美。<br>**教学难点**<br>能在语言环境中初步感受“奔、涌、长、耸”的表达效果。 |

| 教学过程（文字描述） | 反思 |
| --- | --- |
| **一、新课导入**<br>1. 孩子们，这节课我们来学习识字，谁来读读课题？<br>指名读。<br><br>2. “谣”是什么意思呀？<br>指名回答：歌谣。<br>“神州”指的是哪里呢？<br>指名回答：神州就是指我们的祖国。<br>《神州谣》就是一首描写咱们祖国的小歌谣。<br>我们一起来读读课题吧。<br><br>3. 请你们打开书，自己读读课文，遇到不认识的字借助拼音来帮忙，努力把字音读准，开始吧。<br>读完的同学，请你标一标小节序号。<br>课文一共有几个小节？<br><br>4. 刚刚课文你们读得都很认真。现在请你和你的小伙伴一起看着拼音，读一读、认一认课后蓝色双横线内的生字，然后一起交流交流：你都认识哪些字，用什么方法认识的？ | |

<table>
<tr><td>
5. 下面我想请4名同学，分小节读一读课文，其他同学，请你们认真听，听听他们是否把字音都读准确了。<br><br>
二、初读课文，识记生字<br><br>
学习第1小节：<br>
1. 孩子们，你们都来读一读这句话。<br>
出示：我神州，称中华，山川美，可入画。<br>
2. 学习“州”字：<br>
出示：州。<br>
①看看这个字，读一读，你们有什么好办法记一记这个字吗？<br>
②你们看看，这两个字长得像不像？州和川之间，到底有什么关系呢？<br>
听听学问猫是怎么说的吧。（播放视频）<br>
③“州”这个字你们记住了吗？再读读。自己读读这些词。<br>
出示：广州、郑州、兰州。<br>
3. 再来读读这句话，看看你们知道了什么？<br>
指名回答：<br>
①我们的祖国，既可以称作“神州”，又可以称作“中华”。<br>
我们的祖国除了被称作“神州”和“中华”外，还能被称作什么呢？<br>
②祖国山川很美，风景如画。<br>
4. 初步感悟祖国美。<br>
①我们的祖国到底有多美？让我们一起欣赏一下吧！<br>
出示：播放图片。<br>
②看到这些景色，你们有什么感受？能用一个四字词语形容一下吗？<br>
预设：风景如画、山川壮美、雄伟壮观。<br>
③对呀，我们的祖国就是风景如画啊！这么美，应该怎么读呢？<br>
指名读，自由读。<br><br>
学习第2小节：<br>
1. 课文的第2小节都向我们介绍了哪些地方？<br>
请你读读这句话，一边读，一边找一找。<br>
指名回答，教师贴图。<br>
预设：（学生）课文为我们介绍了黄河、长江、长城和珠峰。<br>
珠峰指的就是？（珠穆朗玛峰）<br>
2. 那我们再来读读这几个词吧。<br>
出示：词卡，指名读，让学生将词卡贴在相应的图片下面。<br>
3. 那课文中是怎样介绍它们的呢？你们再来读一读。<br>
4. 随文识字，初步感受“奔、涌、长、耸”的表达效果。
</td><td></td></tr>
</table>

| | |
|---|---|
| （1）黄河。<br>你们看，这就是黄河，你们对黄河有什么了解吗？<br>预设：非常壮观、水量大、急、奔腾不息、母亲河、泥沙多等等。<br>黄河到底是什么样子？我们来看看。<br>出示：视频。<br>黄河水有什么特点？给你们什么感觉？<br>课文中哪个词让我们感受到黄河的奔腾向前、一泻千里？<br>你们能读出这种感觉吗？<br>指导朗读词语：黄河奔……<br>（2）长江。<br>长江什么样？你们来读读。<br>长江的水流量特别大，是中国水量最丰富的河流，足足有黄河的20倍！不仅如此，长江水表面虽然平静，但是水下暗流汹涌呢！<br>课文中哪个字告诉我们这个意思了？<br>“涌”：一起读读，你们有好方法记这个字吗？为什么这个字是三点水旁呀？<br>再来读读这一句，读清楚，长江是什么样子？<br>指导朗读词语：长江涌……<br>（3）长城。<br>你们去过长城吗？有什么感受呀？<br>预设：长、高，爬长城很累……<br>难怪长城被称作“万里长城”呢！<br>长城还是世界上独一无二的伟大建筑奇迹。外国友人来到中国，都要到长城来看看呢。有一句话说：不到长城非好汉！<br>你们再来读一读吧。<br>指导朗读词语：长城长……<br>（4）珠峰。<br>珠峰是什么样子？你们来读读。<br>“耸”是什么意思？<br>字典中是这样解释的，读一读，有几个意思？选一选，哪个是课文中的意思？<br>孩子们，以后遇到不懂的字，你们就可以通过查字典来理解字义。<br>来看看图，珠峰就是高耸入云，直插云霄啊！<br>这么高的珠峰，应该怎么读呀？<br>指导朗读词语：珠峰耸……<br>（5）整读第2小节：<br>请你们把这句话连起来读一读，要把每个地方什么样子读清楚。 | |

<table>
<tr><td>点评：听出来了这些地方的特点，谁能像他一样，再来读一读？<br><br>整读第 1、2 小节：<br>请你们把这两句话连起来读一读吧。<br>出示：我神州，称中华，山川美，可入画。<br>黄河奔，长江涌，长城长，珠峰耸。<br>男、女生分别读一两句。<br><br>学习第 3 小节：<br>1. 请同学都来读读这句话。<br>出示：台湾岛，隔海峡，与大陆，是一家。<br>2. 你们知道祖国大陆、台湾岛和台湾海峡都在哪里吗？哪位同学想上来指一指？<br>出示：地图。<br>3. 读词语：大陆、台湾岛、台湾海峡。<br>“陆”，你们能组词吗？<br>小老师带读、齐读、指名读。<br>祖国大陆与台湾之间隔着的，就是台湾海峡。<br>4. 出示：字卡“隔”。<br>看图理解“隔”的意思。<br>你们再来读读这个字，能用“隔”组词吗？<br>5. 出示：字卡“与”。<br>这个字呢？你们有好方法记住它吗？请你带着我们读读这个字吧。<br>6. 虽然祖国大陆与台湾之间隔着海峡，但我们是一家人。再来读读这句话吧，把字音读准确。<br><br>学习第 4 小节：<br>1. “民族”。<br>这是台湾岛上人口最多的民族，你们来读读它们的名字。<br>咱班有少数民族的同学吗？你们还知道哪些民族？<br>你们知道咱们国家有多少个民族吗？<br>再读读这个词，“民族”。<br>2. “谊”。<br>老师这里还有一个词语，你们能读好吗？<br>“情谊”，“谊”的字音很容易读错。<br>再来读读这个词，“友谊”。<br>3. “浓”。</td><td></td></tr>
</table>

情谊怎么样？这个字有什么方法记一记吗？你们知道它的反义词是什么吗？再读读。

我们各个民族之间情谊是非常浓厚的．再来读读这一句，“情谊浓”。

4. “奋发”。

再读读这个词。

5. “繁荣”。

出示图片。

在我们56个民族的奋斗努力下，我们的祖国变得更加繁荣昌盛了，你们看这个词，你们来读读吧！

整读第3、4小节：

出示：台湾岛，隔海峡，与大陆，是一家。

各民族，齐奋发，争朝夕，兴中华。

请你们把这两个小节连起来，读一读吧。

指名读。

**三、整读课文**

这次我们再来读读课文，想一想，你除了能感受到祖国景色美，还能感受到什么？

**四、小游戏：找朋友**

刚刚同学们读得都特别认真，现在我们一起来玩一个“找朋友”的游戏吧。

游戏规则：

1. 老师出示拼音，学生找字。

2. 两人一组，一个同学举字卡，另一个同学快速读生字，然后两人交换。

**五、学写生字**

“州、民、族”。

1. 孩子们，这节课，我们还要学写这3个生字，你们先读读这3个字。能给它们分别组组词吗？

2. “州”这个字刚刚我们已经记过了，这个字在书写时还要注意笔顺呢。伸出小手，和我一起来写。

注意“州”字第一笔是左点，别写错，第二笔撇，第三笔右点，第四笔竖，落于竖中线，第五笔还是右点，第六笔竖。

3. 看看“民”这个字，它是一个独体字，怎么记这个字呢？

伸出手来，我们一起数一数。

<table>
<tr><td>第一笔横折，注意横折写得短一些，扁一些。第二笔横，第三笔竖提，第四笔横，稍稍向右上斜，最后一笔斜勾，写得长一些。<br>4. “族”这个字，你们有好方法住它吗？<br>想把族写漂亮，要注意什么？<br>最后一笔是捺，要写准确。<br>5. 请同学们认真观察，将这 3 个生字各写一遍。<br>6. 点评、修改，再写一个。<br><br>六、总结<br>同学们，这节课我们就先上到这里，下节课我们继续学习《神州谣》。</td><td></td></tr>
</table>

（于　佳）

# “传统节日”教学设计

<table>
<tr><th colspan="2">教学目标（内容框架）</th></tr>
<tr><td colspan="2">教学目标<br>1. 复习巩固已学生字，会写“热”“闹”“团”3个生字。<br>2. 流利地朗读课文，背诵课文。<br>3. 了解我国传统节日，能按时间顺序排列。联系生活说说自己是怎么过节的。<br>教学重点<br>1. 会写“热”“闹”“团”3个生字。<br>2. 流利朗读并背诵课文，能按时间顺序排列我国传统节日。<br>教学难点<br>了解我国传统节日，联系生活，说说自己是怎么过节的。</td></tr>
<tr><th>教学过程（文字描述）</th><th>反思</th></tr>
<tr><td>一、复习词语，回顾课文<br>（一）复习词语，巩固已学生字<br>1. 这节课咱们继续来了解我们国家的传统节日，请大家齐读课题。<br>2. 上节课我们通过各种识字方法认识了不少生字朋友，你还记得它们吗？快来复习一下。<br>（1）元宵、乞巧。（指名带读）<br>（2）祭扫、敬老、赏菊、团圆。（指名带读）<br>（3）贴窗花、赛龙舟、吃月饼。（配图）<br>这里还有3个词语，你能看看图片，把它们读准确吗？这可都是传统节日的风俗习惯。<br>（二）回顾课文，导入新课<br>1. 你还记得课文都向我们介绍了哪些传统节日吗？快打开书读读课文，回忆一下。（自读）<br>2. 谁愿意帮老师把节日名称贴到黑板上？（请你先带大家读，把节日读准确，再贴词条。）<br><br>二、学习课文，了解传统节日<br>我们国家有很多传统节日，每个节日都蕴含丰富的意义。新年伊始，我们最先迎来的就是春节。</td><td></td></tr>
</table>

| | |
|---|---|
| 1. 春节<br>（1）春节是我们中国人最重要的传统节日，也是万家团圆的节日。课文哪句话描写了春节呢？（指名说，第一句和最后一句）快来读读这两句话。<br>（2）读了这两句，你都知道什么了？（出图）<br>（3）是啊，春节时我们有很多有趣的习俗。你是怎么过春节的呢？想不想当个小作家，按照课文的方式，自己编一首小童谣。（和同桌说，指名说。）<br>出示：春节到，人欢笑，<br>______，______。<br>（4）你们编的小童谣，一下子就把我们大家带到了春节的喜庆气氛中，谁能带着自己的感受再把句子读给大家听听？自己读一读。<br>2. 元宵节<br>（1）正月十五闹元宵，我们中国人讲究过了元宵节才算真正地过完年。<br>元宵节最让我们着迷的就是那些绚丽多彩的花灯了，快读一读。<br>（2）“街”和“巷”这两个字你们熟悉吗？在哪里见过？（出示路牌）你们都特别会观察生活，我们常在路边见到这些路牌。<br>（3）再仔细看看，这些是“街”（出图），而这些是“巷”（出图），你发现有什么区别了吗？（街比较宽阔，巷比较狭窄）街巷虽然意思相近，却有着不一样的地方，你们越来越会学习了。<br>（4）而这些大大小小的街道，统称“大街小巷”。（出词）<br>（5）（出示图片）快看，元宵节的晚上，张灯结彩，绚丽的花灯点缀着大街小巷。人们如同潮水一般涌上街头欣赏花灯，到处充满了欢声笑语，多么热闹啊！<br>（6）这就叫作“大街小巷人如潮”。（显示句子）<br>（7）请你再来完整地读读这句话吧。指名读。想象花灯背诵。<br>3. 清明节<br>（1）春节和元宵节可以说是热闹喜庆，而前不久咱们刚刚过完清明节，这个节日的气氛却有些不同，快读读这一句。（出示）<br>（2）清明节的时候，有同学去给故去的亲人扫墓了吗？想来你们的心情也有一丝沉重。<br>（3）这是一个缅怀先人的节日。这是古人书写的“祭”字，左边是肉，右边代表手，而中间的“示”像祭桌。把食物摆在桌上供奉故去的先人，打扫墓碑，以示思念，这就叫“祭扫”。这是我们国家自古以来的传统习俗，不仅是为故去的亲人祭扫，每年清明节，国家领导 | |

人还会到人民英雄纪念碑前敬献花篮，少先队员们也会前去为革命烈士扫墓，表达自己对革命先辈的缅怀之情。

(4）古人还写过关于清明节的诗，你们还记得吗？（集体背诵）

(5）听出了一丝的伤感，请你再来读读这句话吧。

4. 端午节

(1）过完清明节，我们马上要迎来什么节日呢？（端午节）

(2）记得一年级我们还学过一篇关于端午节的课文《端午粽》。那么你对端午节有哪些了解啊？

(3）端午节的设立其实是为了纪念伟大的爱国诗人屈原。人们在这一天要举办很多活动，如吃粽子、悬艾叶，最热闹的要数赛龙舟了。快来看看。（赛龙舟视频）

(4）怎么样？敲锣打鼓，热闹非凡吧！你能读读这句话吗？

5. 乞巧节

(1）小姑娘们知道吗？古人专门为你们这些女孩子设立了一个节日，就是乞巧节。

(2）什么叫作“乞巧”呢？老师给大家带来了一段小资料，快拿出学习单，自己读读。

(3）现在你知道了吧，这一天，少女们都要乞求自己心灵手巧。这个节日背后还藏着一段凄美的传说，是关于谁的故事呢？快读读课文。

(4）就是牛郎织女的故事，感兴趣的同学课下可以去了解一下。小姑娘们，一起再来读读这句话。

6. 中秋节

(1）我们来看一段视频，猜猜这是哪个节日。（中秋节沙画）

(2）谁注意到了，视频一开始画了个传说故事。对，就是大家都非常熟悉的嫦娥奔月。

(3）你发现了吗？其实很多节日背后都有一段小故事，比如我们前面讲到的嫦娥奔月、牛郎织女、屈原投江等等，如果你感兴趣，可以来找我读读这套书（出图），里面都是关于传统节日的小故事，其中也有关于中秋节的嫦娥奔月故事。

(4）那么你还记得自己的中秋佳节是怎么过的吗？能不能说说中秋节你做了什么，又有什么感受。

(5）这么有意思的节日，谁愿意读给大家听听？

7. 重阳节

(1）秋天里还有一个专门为老人设立的节日，就是重阳节。快来读读，重阳节有哪些习俗。我们还学过一首诗，也写到了重阳节的习俗，谁还记得？（指名背诵《九月九日忆山东兄弟》）

| | |
|---|---|
| (2) 敬老是我们中华民族的传统美德，不仅是在节日当天，平时也要敬老爱老。那么你平时是怎么尊敬老人的呢？<br>(3) 你们都是孝顺的好孩子。这又是一个喜庆热闹的节日，谁想读给大家听？自己读一读。<br><br>**三、背诵课文**<br>1. 热闹的节日给我们的生活增添了丰富的色彩，请你再来读读课文，看看能不能按照时间顺序，给这些节日排排队？谁想上来贴一贴？<br>2. 每个节日有什么习俗，你还记得吗？快试着填填。指名填。<br>3. 老师把字去掉，你能试着把课文背下来吗？可以看看板贴的提示。<br>4. 会背的孩子起立，让我们一起拍着小手、欢天喜地、热热闹闹地背一背吧。<br><br>**四、学习生字**<br>1. 这么多的传统节日，敲锣打鼓，举家团圆，可真是太热闹了！“热闹”和“团圆”的“团”是我们今天要学的生字。<br>2. 谁能分别用它们组组词？ （热闹，火热；闹钟，吵闹；团结，团长。）<br>3. 有没有好方法记住它们呢？<br>4. 怎么才能把这几个字写好呢？“热”字不容易写好，请你跟着老师一起写。<br>5. 仔细观察这几个生字，自己在学习单上各写一个。<br>6. 展示评价，自己再写一遍。<br><br>**五、小结**<br>我们国家是个多民族国家，一共有多少个民族呢？课文中向我们介绍的都是汉族的传统节日，谁知道少数民族有哪些传统节日，又有哪些习俗？你们的知识真丰富，感兴趣的同学课下可以收集一些资料，我可以互相交流，更多地了解我们祖国的传统文化。 | |

（王　宁）

# 《我是一只小虫子》教学设计

| 指导思想与理论依据 |
| --- |
| 《义务教育语文课程标准》指出，结合上下文和生活实际了解课文中词句的意思，并能借助读物中的图画阅读。这是低年级段培养学生阅读能力的有效方法。在语文核心素养中，语言建构与运用是语文素养整体结构的基础层面。思维发展与提升也是语文核心素养的另一个重要组成部分。 |
| **教学背景分析** |
| 【对教材的认识与理解】<br>这篇课文以一个孩子的口吻想象自己变成一只虫后的生活，故事内容生动、有趣表现了小孩子神奇的小脑瓜里藏着不为人知、不为人理解的心。<br>教学过程中充分体现童真、童趣，带学生进入想象的世界，鼓励学生畅所欲言、自由表达；用提示、点拨的方法引导学生有所发现、有所感悟，引入课外搜集的资料让学生进行表达练习，拓展学生思维的空间，提高学生的语文学习能力，提升语文素养。<br>【学情分析】<br>这个年龄段的孩子好奇心强，喜欢观察小动物，想象力丰富，因此对课文中所写到的内容学生会感同身受，容易接受、体会。<br>在第一课时中，学生已经完成 16 个认读生字，学会书写 8 个生字，能正确、流利地朗读课文，初步了解了课文内容，共同完成了第 1、2 自然段的学习。<br>技术准备：多媒体课件。 |
| **教学目标（内容框架）** |
| **教学目标**<br>1. 复习“屁、股”等 16 个生字，学写“使、劲 ”两个字 。<br>2. 朗读课文，能就感兴趣的部分和同学交流。<br>3. 培养学生的想象力，提高表达。<br>教学重点：朗读课文，能就感兴趣的部分和同学交流。<br>教学难点：朗读课文，能就感兴趣的部分和同学交流。 |

<table>
<tr><th>教学过程（文字描述）</th><th>反思</th></tr>
<tr><td>
一、复习词语，引入新课<br>
1. 师：同学们这节课我们继续学习《我是一只小虫子》，齐读课题。<br>
2. 当一只虫子到底好不好呢？通过上节课的学习我们已经知道伙伴们和我有不同的想法，下面请你打开课本，自己出声读课文，注意读准字音，把句子读通顺，边读边回忆一下：伙伴们和我分别是怎么说的？<br>
3. 谁来说一说。<br>
伙伴们：一点儿也不好。<br>
我：还真不错。<br>
师：看来课文内容大家掌握得不错！<br>
4. 上节课我们学习了本课的生词，你还记得它们吗？请看大屏幕。<br>
<br>
第1组：<br>
屁股、一泡尿<br>
屁股（注意，第2个字读成轻声）<br>
一泡尿（多音字也读准了）<br>
请观察带电的字，你发现了什么？<br>
<br>
第2组：摇摇晃晃、昏头昏脑、毛茸茸<br>
像这样的好词我们要把它积累下来，并能运用。<br>
<br>
第3组：列车——免费的特快列车<br>
<br>
师导：词语大家掌握得也不错，下面我们把它们送回到课文中。谁愿意读一读课文的第二自然段。<br>
5. 读第2自然段，其他同学边听边回忆一下：伙伴们为什么说当一只虫子一点儿都不好？<br>
（因为当一只虫子不小心屁股会被苍耳刺痛，被小狗撒的一泡尿淹得昏头昏脑，还可能会被小鸟吃掉，所以伙伴们说当一只虫子一点儿也不好。）<br>
师评：你既读懂了伙伴这么说的原因，又能清楚地表达出来，你真棒！
</td><td></td></tr>
</table>

| | |
|---|---|
| **二、学习文章第 3 ~ 7 自然段，感受为什么喜欢做虫子**<br>我和伙伴们的意见完全不同，我为什么觉得当一只小虫子真不错？<br>1. 学习第 3、4 自然段。<br>（1）读第 3、4 自然段，你从哪些句子看出来的？<br>早上醒来，我在摇摇晃晃的草叶儿上伸懒腰，用一颗露珠把脸洗得好干净，把细长的触须也擦得亮亮的。<br>（2）看图说一说。<br>①出示图片（略）。<br>快看，早上醒来，小虫子在做什么？<br>生：伸懒腰。<br>师：让我们一起伸个大大的懒腰吧！<br>师：小虫子你昨晚睡得好吗？<br>预设：<br>生：我昨晚睡得可好了。<br>生：我睡得可好了，还做了美梦！<br>师：哦，在美梦中醒来！<br>生：我睡得特别好，因为我摇摇晃晃的床像摇篮一样。<br>师：看来，这摇摇晃晃的草叶就是小虫子舒服的床。请你快读读这句话，读出：我在什么样的草叶上？做什么？<br>②出示图片，小虫子还做了什么？<br>生：用一颗露珠把脸洗干净，还把细长的触须擦得亮亮的。<br>师：小虫子用露珠洗脸什么感受？<br>预设：可凉爽了！<br>预设：您看着露珠晶莹透亮的，用它洗脸可舒服了。<br>预设：清醒了。<br>师：小虫子不仅用露珠洗脸，还____________。<br>师：小虫子每一天都把自己打扮得漂漂亮亮的。来把这段话完整地读一读。<br>③指名读句子。<br>早上醒来，我在摇摇晃晃的草叶儿上伸懒腰，用一颗露珠把脸洗得好干净，把细长的触须也擦得亮亮的。<br>（3）还从哪看出当一只虫子真不错？<br>如果能小心地跳到狗的身上，我们就可以到好远的地方去旅行。这可是免费的特快列车呀！ | |

①为什么小心地跳到狗的身上？
预设：怕自己摔伤。
预设：怕被小狗发现。
否则免费的列车就搭不上了！来读一读这段话。

> 如果能小心地跳到狗的身上，我们就可以到好远的地方去旅行。这可是免费的特快列车呀！

（4）练习说话：坐上不用花钱的特快列车，我来到____________，看到____________。
①同坐互相说一说。
②指名说一说。
（5）师：看来当一只小虫还真不错，快来读一读第3、4自然段。
师导：小虫子生活不仅丰富多彩，而且有很多特别有意思的伙伴。
2. 学习第5、6自然段。
（1）请你默读课文的第6自然段，圈出课文中都介绍了我的哪些朋友？
指名说，教师出示课件。
（2）指名读屎壳郎的句子，它怎么有意思？
①生：从来不看路，真的是这样吗？放视频。
师：屎壳郎因为不看路，一下子从高坡上滚了下来……真有意思。
②指名读句子。
（3）
①那螳螂、天牛怎么有意思，同桌的两个人一起读一读，互相说一说。
②看，螳螂的肚子……
师：这就是贪吃的结果。
③表演一下，我来当小虫子，你们当一天牛大婶！
天牛大婶真的想顶我吗？
师：这三个伙伴真有意思，请你读一读第5、6自然段。
师：除了这三个以外，我还有哪些有意思的朋友？
（4）出示学习单。
3. 学习第7自然段 。
（1）师：不错，这么多的朋友，所以小虫子说什么？
板书：喜欢。
出示：我喜欢当一只小虫子。当我很快乐的时候，我会使劲儿叫啊叫，所以，如果你在夜晚听见草地里的歌声——你就一定能找到我！
（2）快点，把小虫子高兴的心情表现出来。
（3）揭示答案：你知道我是谁吗？——蟋蟀。

| **三、课文总结**<br>1. 师：学习了这篇课文，你觉得这只小虫子的生活有意思吗？快和你的同桌交流交流吧。<br>2. 指名说一说。<br><br>**四、指导书写“使劲”** | |
| --- | --- |

（翟玉红）

# 《夜宿山寺》教学设计

<table>
<tr><th colspan="2">教学目标（内容框架）</th></tr>
<tr><td colspan="2">教学目标<br>1. 认识“宿、寺、危、辰、恐、惊”6个生字，书写“危、敢、惊”3个字。<br>2. 读出古诗的韵律，背诵古诗。<br>3. 想象画面，大致理解诗句的意思，感受山寺之高。<br>教学重点<br>1. 读出古诗的韵律，背诵古诗。<br>2. 感受人物的心情，注意读出句子语气的变化。<br>教学难点<br>想象画面，大致理解诗句的意思，感受山寺之高。</td></tr>
<tr><th>教学过程（文字描述）</th><th>反思</th></tr>
<tr><td>一、引入课题，初读课文<br>1. 师：今天我们开始学习第18课，齐读课题：18 古诗二首。<br>2. 师：打开课本，自己读读这两首诗，努力读准字音。<br>3. 师：谁来说说这节课要学哪两首古诗？（指名）<br>4. 师：我们这节课先来学习第一首古诗《夜宿山寺》，伸出小手和老师一起书写课题。（教师一边写，一边提示：宿，寺）<br>5. 识记“宿”字。<br>（1）“宿”是我们今天要认识的生字（出自课件《汉字演变500例（第2版）》）。你看图片：“宿”字原来的意思是在一所房子里，一个人正躺在席子上睡觉，后来在甲骨文中把人和席子分开来表示，经过几千年的演变就变成了现在的样子。你能找到现在的“宿”字和甲骨文中字形的联系吗？（指名）<br>（2）谁能用“宿”组个词？“宿”的本义就是“住宿”的意思。<br>（3）诗人夜晚住宿在哪儿啊？（指名）<br>6. 识记“寺”字。<br>师：“寺”也是我们今天要认识的生字，你有什么好方法记住它呢？（指名）</td><td></td></tr>
</table>

7. 了解课题的意思。
（1）师：《夜宿山寺》是什么意思？（指名）夜晚住宿在山上的寺庙中。
（2）师：谁想读一读课题？（指名读，齐读）
（3）谁夜晚住宿在山上的寺庙中？一起回答：李白。
板书：【唐】李白。

**二、初读古诗，读出韵律**

1. 师：那天晚上，李白看到了什么？想到了什么？都被作者写在诗里了。自己先来读一读。努力读准字音，读通诗句。
2. 同桌互相读，相互正音，比一比，谁读得正确、流利。
3. 指名读：其他同学注意听，他的声音是否洪亮，字音是否准确，诗句是否通顺。
4. 读出五言诗的节奏：二三停顿。（指名读，师生配合读）
师：你们已经能读出诗歌的节奏和韵律了。如果能结合诗句的意思来读，一定会读得更好。

**三、学习古诗，体会诗境**

（一）学习前两行
1. 师：我们先来看前两行。（指名读）
2. 随文识字“危”。
（1）师：“危”是我们今天要学的生字，谁认识这个字？你是怎么认识的？（指名）
（2）你能给它组个词吗？
（3）诗句中“危”是什么意思呢？
看字典：在字典中“危”有5个意思，自己读读。
“在危楼高百尺”的“危”是什么意思呢？——“高”。
“危楼”即“高楼”。
3. 体会“楼之高”。
师：再来读读这两行诗，你从哪儿感受到楼很高？（指名）
（1）高百尺。这是夸张的写法，形容楼很高。结合李白其他诗句“桃花水深千尺”“白发三千丈”“飞流直下三千尺”，理解并指导朗读。
（2）摘星辰。
随文识字“辰”。教师讲，辰，是日、月、星的统称。我们一年级还学过“晨”，是早晨的晨，容易混。你有好办法区分吗？（讨论）
晨，清早，太阳出来的时候。

| | |
|---|---|
| 4. 发展想象。<br>（1）师：请一位同学来读一读这两行。其他同学，闭上眼睛。一边听，一边想，在他读诗的时候，你的头脑能想象出怎样的画面？（指名交流）<br>（2）师：我想把你们说的这些画面展示在黑板上，我应该画什么呢？（指名）教师根据学生的发言调整板书，引导学生体会“山寺”的高。<br>（3）师：山高，楼更高，假如是你站在那里，看着满天一闪一闪的星星近在眼前，你会想到什么呢？两个人说说。（指名）<br>5. 指导朗读：作者在深夜的山寺中，站在高高的楼阁之上，仰望满天繁星，不觉吟诵出这样的诗句。（齐读）<br>6. 小结：一伸手就能摘到天上的星辰，这是一种不可能实现的幻想，却形象地表现出了楼之高，多么奇特的想象啊！<br>（二）学习后两行<br>1. 教师引导：“站在这么美妙的地方，李白本该高声吟诵一番，可是他……”教师出示后两行。<br>2. 师：不敢什么？什么叫高声语？为什么不敢高声语？<br>3. 随文识字：“恐、惊”。<br>出示生字卡：你有什么好方法记住这两个字？（指名）<br>教师小结：这两个字都是形声字。<br>恐，害怕，心里慌张不安，所以底下是心字底。<br>惊，也有害怕的意思，所以左边是竖心旁。<br>4. 指导朗读。李白是个很浪漫的诗人，他相信九天之上就是天宫，天宫中住着许多神仙，所以他“不敢高声语，恐惊天上人”。怎么读才不会惊扰到他们呢？<br><br>**四、朗读古诗，背诵古诗**<br>1. 回顾小结：在《夜宿山寺》这首诗中，李白通过眼中所见，借助大胆想象，把一座高百尺的宏伟建筑展现在我们面前，给人身临其境的感觉。<br>2. 借助板书，背诵古诗。<br>师：古诗学完了，你能看着板书，试着背一背这首诗吗？自己背，同桌互相背，指名背，一起背。<br><br>**五、指导写字**<br>1. 出示生字“危、惊、敢”，先自己读字、组词，说说记字方法。<br>2. 指名读字、组词。<br>危：危楼、危机、安危、危险、居安思危。 | |

| 惊：吃惊、惊动、惊恐、惊人、惊弓之鸟。<br>敢：敢于、果敢、敢作敢当。<br>3. 指导书写。<br>敢：记字方法分享，教师范写，学生认真观察并书写。<br>4. 学生书写。<br>5. 反馈评价。 | |
|---|---|

（曹艳昕）

# “多样的动物”教学设计

| 指导思想与理论依据 |
| --- |
| 本课以《青少年法治教育大纲》《义务教育品德与生活课程标准》等为指导思想和理论依据。<br>1.《青少年法治教育大纲》指出：义务教育阶段小学低年级（1~2 年级）初步了解自然，爱护动植物，为节约资源、保护环境做力所能及的事。<br>2.《中国学生发展核心素养》中“责任担当”指出：能明辨是非，具有规则与法治意识，积极履行公民义务；热爱并尊重自然，具有绿色生活方式和可持续发展理念及行动等。<br>3.《义务教育品德与生活课程标准》中提出两点。愉快、积极地生活：亲近自然，喜欢在大自然中活动，感受自然的美。<br>负责任、有爱心地生活：爱护动植物，节约资源，为保护环境做力所能及的事。<br>4. 最近发展区是指儿童实际的发展水平和潜在的发展水平之间的差距。最近发展区影响着儿童发展的内容、水平和速度。 |
| **教学背景分析** |
| **教学内容分析**<br>本课内容选自首都师范大学出版社《道德与法治》二年级下册第三单元“神奇的大自然”中主题二“我们是朋友”的第一课时“多样的动物”。<br>本课主要从学生熟悉的动物入手，通过游戏引出动物的主题；通过分类的活动和观看短片引导学生感受大自然中动物多样的生命形态与神奇；再以“我和小动物的故事”等活动，引导学生萌生与自然中的动物的共存感，懂得爱护动物，学习与动物和谐相处的方法。<br>**学生情况分析**<br>针对本课教学，我对所执教班级进行了学前调查，全班共有 39 人，部分调查结果如下。 |

| 问题 | 数量 | 比例（占全班） |
| --- | --- | --- |
| 你在动物园给小动物喂过食物吗? | A. 喂过 28 人 | 72% |
| | B. 没喂过 11 人 | 28% |
| 你给小动物喂的食物是自己带的食物吗? | A. 是 20 人 | 51% |
| | B. 不是 8 人 | 21% |
| 你认为给小动物投喂自己带的食物，对它们的健康有影响吗? | A. 有影响 30 人 | 77% |
| | B. 没有影响 9 人 | 23% |

通过调查，我发现二年级学生在生活中，大多数都有过与动物友好交流的经历。通过分析调查结果，我发现二年级学生年龄小、生活经验不足，虽然知道带自己的食物投喂动物对它们的健康有影响，但是有的学生出于对动物的喜爱去投喂它们。有的学生说自己先了解了动物的习性，然后去超市买动物能吃的蔬菜投喂它们，这样对它们没有伤害，等等。学生用自己认为“对”的方式对待身边的动物，不一定是真的对动物好。

根据以上分析，我将本课的教学重点设定为：了解大自然中动物多样的生命形态，萌生与动物的共存感；教学难点设定为：能够在生活中爱护动物，学习与动物和谐相处的方法，做动物的真朋友。

**教学方式**

游戏体验式、谈话式等。

**教学手段**

游戏体验、观看短片、探究交流等。

**技术准备**

教师准备：教学课件。

学生准备：自己和动物的照片；调查人们受动物启发的发明。

**教学目标（内容框架）**

**教学目标**

情感、态度、价值观目标：感受动物的多样性，体会大自然的神奇；萌生与动物的共存感，愿意爱护动物，与动物和谐相处。

**能力目标**

通过分析事例等活动，培养学生的观察、分析问题及表达等能力；能够爱护动物，与动物和谐相处，做动物真正的朋友。

**知识目标**

1. 了解大自然中动物多样的生命形态；初步懂得自然界中动物与人类共生共在；
2. 懂得我们要和动物和谐相处，爱护动物。

**教学重点**

了解大自然中动物多样的生命形态，萌生与动物的共在感。

**教学难点**

能够在生活中爱护动物，学习与动物和谐相处的方法，做动物的真朋友。

**教学流程示意**

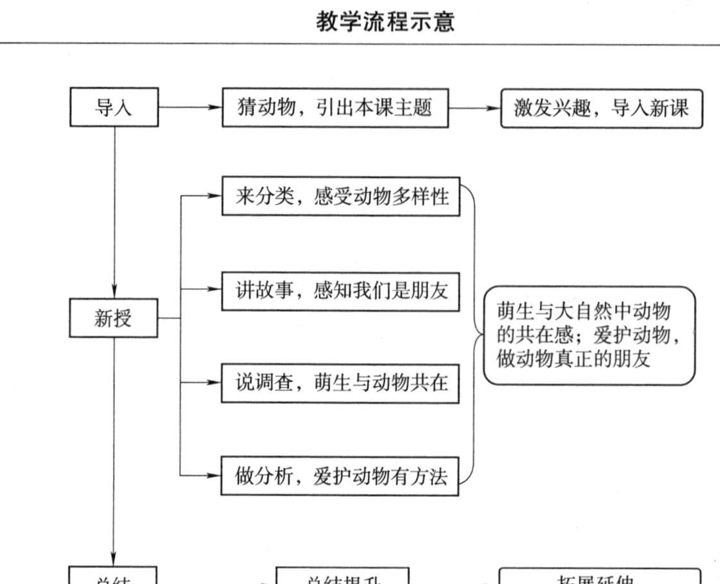


**教学过程（表格描述）**

| 教学阶段 | 教师活动 | 学生活动 | 设置意图 | 技术应用 |
|---|---|---|---|---|
| 导入 | 1. 同学们，我们来玩一个猜一猜的小游戏，出示游戏规则。<br>2. 虽然它们的名字不同，但是它们有一个共同的名字，你们知道是什么吗？<br>3. 今天我们就一起来聊聊关于动物的话题。 | 学生做游戏。<br>学生回答：动物。 | 通过游戏导入新课，激发学生的学习兴趣。 | 课件展示图片。 |

| 教学阶段 | 教师活动 | 学生活动 | 设置意图 | 技术应用 |
|---|---|---|---|---|
| 新授 | （一）来分类，感受动物的多样性<br>1. 目前世界上已知的动物大约有 150 万种。我们请出 3 组动物嘉宾，请同学们根据它们的特点试着给它们分分类，并说说你的分类依据。<br>2. 你是怎样分类的？<br>3. 通过这个活动，你们有什么发现？<br>4. 大自然中的动物是多种多样的。今天我们就一起来学习多样的动物。让我们一起走近它们，了解它们。（教师播放短片）。<br>5. 看到这些，你有什么感受？<br>6. 多样的动物让大自然更加充满神奇色彩。 | 学生给动物分类。<br>学生分享汇报。<br>学生回答。<br>学生观看短片。<br>学生回答。 | 通过分类活动，学生从动物的生长环境、生活习性、外形特征等角度感受大自然中动物生命的多种形态。 | 课件展示图片。<br>课件播放短片。 |
| | （二）讲故事，感知我们是朋友<br>1. 在大自然中，有的动物生活在大海里，有的动物生活在森林中，有的动物就生活在我们身边。打开书第 45 页，读一读绘本故事。想一想：第二年春天，小燕子为什么愿意飞回来？<br>2. 小主人爱护小燕子，把小燕子当成了好朋友。小燕子也觉得这里安全，把这里当成了自己的家。<br>3. 你能和身边的什么动物成为好朋友？<br>4. 你们为什么喜欢和小动物在一起？ | 学生读绘本故事。<br>学生介绍自己和动物的故事。<br>学生回答。 | 通过我和小动物的故事，引导学生萌生与自然中的动物的共存感，感受动物给我们带来的欢乐，萌生喜爱动物朋友的情感。 | |

| 教学阶段 | 教师活动 | 学生活动 | 设置意图 | 技术应用 |
|---|---|---|---|---|
| 新授 | 5. 可爱的动物们和我们生活在一起，给我们带来了快乐，就像是我们的好朋友一样。 | | | |
| | （三）谈调查，萌生与动物的共存感<br>1. 可爱的动物和我们共同生活在地球上，它们不仅是我们的朋友，而且是我们的老师。许多动物有着特殊的本领，这些本领给了人们很多启发，让人类有了许多发明和创造。课前同学们进行了调查，谁愿意来和大家分享你的调查？ | 学生分享交流。 | 通过了解动物给人们生活带来的启发和“普鲁士国王喜欢吃樱桃的故事”，感受人与自然相互共存的关系，初步懂得自然界中动物与人类共生共在。 | 课件展示图片。 |
| | 2. 这些发明和创造给人们的生活带来了什么？ | 学生回答。 | | |
| | 3. 这些发明和创造让人们的生活更加方便、美好。动物对人们和大自然还意味着什么？我们来听个故事。 | 学生听故事。 | | |
| | 4. 听了这个故事，给你什么启示？ | 学生回答。 | | 课件展示文字。 |
| | 5. 动物不仅帮助了人们，而且维持了自然平衡。 | | | |
| | （四）做分析，爱护动物有方法<br>1. 可爱的动物和我们共同生活在地球上，我们是朋友。我们怎样做，才是对它们的爱护呢？我们来看一个事例：有的同学说，他很喜欢动物朋友。在去动物园之前，特意了解了一种动物的习性，还专门从超市买了它 | 学生自由回答。 | | |

| 教学阶段 | 教师活动 | 学生活动 | 设置意图 | 技术应用 |
|---|---|---|---|---|
| 新授 | 爱吃的蔬菜来喂它。你们觉得这个行为是真的对它好吗？<br>2. 我们评判一个行为的好与不好，依据是什么呢？<br>3. 出示“请勿投食”标志和《北京市公园条例》第五十六条规定。<br>4. 依据规定，我们再来看这件事，你们觉得这个行为是真的对它好吗？<br>5. 为什么要制定这样的规定呢？我们来看看背后的故事。<br>6. 听到这些，你们知道制定这些规定的目的是什么吗？<br>7. 投喂动物严重影响了动物的健康。我们怎样做才是对它们的爱护呢？<br>8. 制定规定和法规是我们人类对动物的保护。有些同学还根据自己对动物的了解，依据动物所面临的危机，发起了一个行动“濒危盒子”，有谁参加了这个活动？<br>9. 简单介绍公益行动：“濒危盒子”。<br>10. 通过今天的学习，还有哪些同学想参与这个活动，保护我国的濒危动物？<br>11. 为了保护动物，我们国家制定了《中华人民共和国野生动物保护法》等法律法规。 | 学生回答。<br>学生回答。<br>保护动物等。<br>学生回答。<br>学生举手示意。<br>学生倾听。<br>学生举手示意。<br>学生倾听。 | 通过分析来自学生生活中的真实事例，树立依靠标准进行事物判断的意识；通过制定法规背后的故事，理解看似爱心的行为对动物的严重伤害。学生在真实问题的分析中，发现规定和法规的重要作用，树立法治思维的意识，从而将爱护动物的认知内化于心。<br>通过借助我校二年级学生自己发起的公益项目“濒危盒子” | 课件展示图片。<br>课件展示文字。<br>课件展示图片。 |

| 教学阶段 | 教师活动 | 学生活动 | 设置意图 | 技术应用 |
| --- | --- | --- | --- | --- |
| 新授 | | | 的活动，将爱护动物的行为外化于行，不仅能够关爱身边的动物，而且要关爱大自然中的濒危动物。 | |
| 总结 | 人类与动物共同生活在地球上，我们应该与动物和谐相处。保护动物就是遵循人与自然和谐相处的原则，爱护动物就是爱护人类自己。希望同学们能够与动物成为真朋友，把对动物的爱传递下去、坚持下去。让我们每一个人都成为保护动物的主角。 | 学生倾听。 | 总结提升。 | 拓展延伸。 |

（刘　静）

# “有余数除法”教学设计

<table>
<tr><th>指导思想与理论依据</th></tr>
<tr><td>《义务教育数学课程标准》指出，在数学活动中，让学生动手操作体验数学知识的发生过程，理解数学概念之间的联系十分重要。<br>小学生的思维发展正处于具体运算阶段向形式运算阶段的过渡期，离不开具体事物的支撑。几何直观是《义务教育数学课程标准》提出的十大核心概念之一，因此借助几何直观来促进学生理解用图形来描述和分析问题，通过用图想事、借图促思、按图说理，将抽象思维与形象思维结合起来，把复杂的数学问题变得简明、形象，从而有助于学生思考、探索，突破学习难点，获得对数学知识的过程性理解。</td></tr>
<tr><th>教学背景分析</th></tr>
<tr><td>【对教材的认识与理解】<br>有余数的除法是二年级下册课本第六单元中的内容，是在学生已经初步了解乘除法的意义，学会用乘法口诀求商的基础上进行教学的。例 1 借助平均分物的操作活动，通过与表内除法的对比，使学生理解余数及有余数的除法的含义。例 2 教余数和除数的关系。教材借助逐渐增加小棒的根数摆正方形的活动，达到 3 个目的：一是巩固有余数的除法的含义；二是发现余数和除数的关系；三是为后面试商做好铺垫。<br>有余数的除法是今后继续学习一位数除多位数等除法的重要基础，因为用一位数除、商是一位数的有余数的除法是除法试商的基础，并且这部分内容在日常生活中也有着重要的应用。因此，这部分知识的学习起着承上启下的作用，学好这部分知识对于学生继续学习起着至关重要的作用。<br>【学情分析】<br>儿童很小的时候就有分东西的体验，在生活中积累了有关平均分的经验，知道平均分物时有两种结果：一种是恰好分完的情况；另一种是平均分后还有剩余的情况。<br>那么学生对于学习有余数除法还有哪些经验和知识基础，还存在哪些问题与困惑呢？为全面了解学生，我对二年级（11）班 36 名学生进行了前测。</td></tr>
</table>

前测题目：

按要求先圈一圈，再填空。

🍎🍎🍎🍎🍎🍎🍎🍎

（1）8 个苹果每 2 个一份，可以分成（　　）份。

列式__________

🍎🍎🍎🍎🍎🍎🍎🍎🍎

（2）8 个苹果每 3 个一份，可以分成（　　）份，还剩（　　）个。

还能列出算式吗？__________

前测结果如下。

| 前测试题 | 题目类型 | 解答正确人数 | 正确率/% |
|---|---|---|---|
| 第 1 题 | 圈图 | 36 | 100 |
| | 填空 | 36 | 100 |
| | 列式 | 13 | 36.1 |
| 第 2 题 | 圈图 | 36 | 100 |
| | 填空 | 36 | 100 |
| | 列式 | 13 | 36.1 |

其中学生做第 2 题列式错的情况主要有以下几种情况。

| 错误类别 | 具体表现 |
|---|---|
| 没表示出余数 | 8 ÷ 3 = 2（份） |
| 表示余数的方式错误 | 8 ÷ 3 = 2……余 2 |
| 单位名称不完整 | 8 ÷ 3 = 2……2（个） |
| 连减形式 | 8 − 3 − 3 = 2（个） |

前测分析。从前测结果看，学生对于除法的含义掌握得比较扎实，但对于有剩余的平均分，多数学生能够用除法算式解决，但是在算式表达时，错误较多。看来学生运用表内除法的旧知识能够自主迁移到有余数除法，但是存在的主要问题是无法建立操作直观和符号表达之间的联系，对平均分和除法的认识不够全面和深刻。

【设计思考】

1. 基于学生知识基础，对教材进行整合，让学生充分、深入理解有余数除法含义。
2. 利用学生已有知识经验，引导自主探究。
3. 借助操作活动，沟通不同表征方式间的关系，促进学生对数学概念的真正理解。
4. 设计多次观察对比，沟通知识之间的联系，帮助学生理解有余数除法的含义。

**教学目标（内容框架）**

1. 使学生理解余数及有余数除法的含义，会写、会读有余数除法算式。知道余数一定要比除数小。
2. 通过操作、观察、对比等活动，自主探索除数和余数的大小关系，培养学生的观察、归纳和概括能力。
3. 渗透借助直观研究问题的意识和方法，使学生体验数学知识与现实生活的密切联系。

**教学重点**

理解余数及有余数除法的含义，知道余数一定要比除数小。

**教学难点：**

发现余数一定比除数小的关系。

**教学流程示意（可选项）**

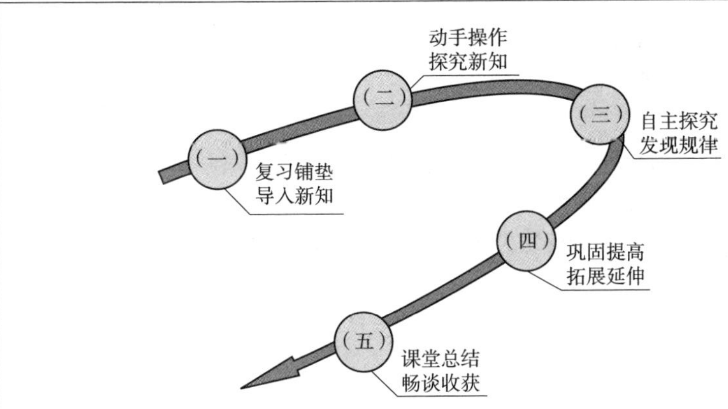


**教学过程（文字描述）**

**一、复习铺垫，导入新知**

（一）谈话引入

同学们，大家看看这些小朋友在做什么呢？（用小棒摆正方形）

如果想摆一个独立的正方形，需要几根小棒？（4 根）

（二）出示问题

有 8 根小棒，每 4 根摆一个正方形，能摆几个？

（三）动手操作

8 根

（四）算式表示

1. 你能把刚才摆的过程用一个算式表示出来吗？8 ÷ 4 = 2（个）

2. 提出问题：为什么用除法计算？

【设计意图：借助操作活动，自然地唤起学生的对平均分的认知，为下面即将学习的有余数除法做好铺垫。】

**二、动手操作，探究新知**

（一）动手操作，初步感知余数的含义

1. 出示问题

有 9 根小棒，每 4 根摆一个正方形，能摆几个？

2. 动手操作

请大家用手中的小棒边说边摆一摆。

3. 设问质疑

（1）剩下的这一根小棒，怎么不摆了？为什么？

（2）交流讨论。

（3）小结过渡：用 9 根小棒，摆了两个独立的正方形，还剩 1 根，这 1 根小棒不够再分一份了，这是剩余的部分。

4. 引导理解

（1）设问：这种有剩余，没有正好分完的情况，还是平均分吗？

（2）总结：虽然有剩余，但也是平均分，也用除法来解决。

（二）算式表征，理解有余数除法含义

1. 自主尝试

你能用一个算式来表示这个平均分的过程吗？在纸上写一写。

2. 交流讨论

预设 1：9 ÷ 4 = 2

预设 2：9 ÷ 4 = 2 余 1

预设 3：9 ÷ 4 = 2……1

预设 4：9 ÷ 4 = 2（个）……1（根）

3. 理解算式

9 ÷ 4 = 2（个）……1（根）

（1）你能结合图说一说 9、4、2、1 各表示什么意思？

（2）说一说这个算式表示什么意思？

4. 认识余数

（1）当剩余的部分不够再分一份时，就把剩余的数叫余数。

（2）谁能完整地介绍一下有余数的除法算式中各部分名称。

5. 修正算式

6. 对比理解

这两道题都是平均分，都用除法解决，那有什么不同吗？

题目1：8根小棒，每4个摆一个正方形，可以摆几个？

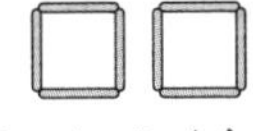

8÷4=2（个）

题目2：9根小棒，每4个摆一个正方形，可以摆几个？还剩几根？

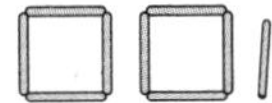

9÷4=2（个）……1（根）

7. 揭示课题：

（1）板书：有余数的除法。

（2）小结：在平均分东西时，分完后会出现两种情况：一种是正好分完，另一种是分完还有剩余，虽然分完的情况不同，但它们都用除法计算。

【设计意图：借助学生已有经验，使学生感知剩余；在操作、对比中逐步引导学生理解有余数除法的含义，并学会正确读、写有余数除法算式。】

**三、自主探究，发现规律**

（一）动手操作，自主尝试体会算式表征

探究步骤：独立完成，用10根、11根、12根小棒摆独立的正方形，并根据摆的过程，在学习单上列出算式，再思考下面的问题。

| **小棒根数** | **算式** |
| --- | --- |
| 8根 | 8÷4=2（个） |
| 9根 | 9÷4=2（个）……1（根） |
| 10根 | |
| 11根 | |
| 12根 | |

仔细观察每个算式，你发现了什么？

思考：13根、14根、15根、16根小棒能摆几个独立正方形？

（二）汇报交流，深化理解有余数除法

10 根 $10 \div 4 = 2$（个）……2（根）

11 根 $11 \div 4 = 2$（个）……3（根）

1. 设问：为什么到 12 根小棒这里就没有余数了呢？

12 根 $12 \div 4 = 3$（个）

2. 汇报用 13 根、14 根、15 根、16 根小棒分别能摆几个独立正方形，并说一说算式。

13 根 $13 \div 4 = 3$（个）……1（根）

14 根 $14 \div 4 = 3$（个）……2（根）

15 根 $15 \div 4 = 3$（个）……3（根）

16 根 $16 \div 4 = 4$（个）

【设计意图：在操作中使学生感受到摆、说的过程与算式表示的意思相同，为抽象的算式建立表象支撑，加深对有余数除法含义的理解。】

（三）交流分享，发现余数与除数的关系

1. 仔细观察每个算式你发现了什么？
2. 总结：余数一定要比除数小。

板书：余数 < 除数

【设计意图：在观察、讨论交流中，学生发现从上到下所用小棒总根数的连续变化情况、直观地看到操作结果以及余数的变化情况，在观察、比较和分析中，总结出余数与除数的关系：余数要比除数小。】

**四、巩固提高，拓展延伸**

1. 用一堆小棒摆 ⬠，如果有剩余，可能会剩几根小棒？
2. 如果用这些小棒摆 △，可能会剩几根小棒？为什么？
3. 在下面算式中，除数是 8 时，余数可能是多少？

$\square \div 8 = \square \cdots\cdots \square$

4. 在下面算式中，余数是 6 时，除数可能是几？

$\square \div \square = \square \cdots\cdots 6$

5. 有一堆小棒，摆了 4 个 ⬠ ，还剩 2 根，这堆小棒一共有（　　）根。

（　）÷5 =4（个）……2（根）

【设计意图：在利用“余数比除数小”的知识解决问题中，深化有余数除法含义的理解以及余数和除数关系的认识，培养学生思维的灵活性。】

**五、课堂总结，畅谈收获**

板书设计：

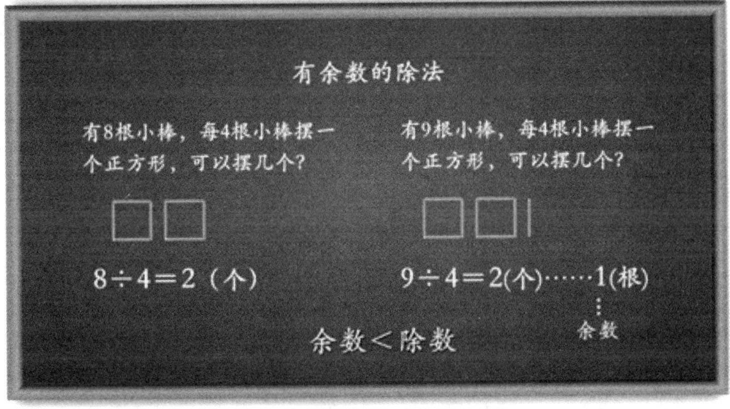


**学习效果评价设计**

**学生评价**

1. 数学书 64 页（1）。
2. 在下面算式中，除数是 6 时，余数可能是多少？

□ ÷6 =□……□

**评价量规**

| 第 1 题、第 2 题全对 | 优 | 理解了有余数除法的含义，知道余数一定要比除数小。 |
|---|---|---|
| 第 1 题正确，第 2 题答案不全面 | 良 | 理解了有余数除法的含义，没有充分理解余数和除数之间的关系。 |
| 第 1 题正确，第 2 题错误 | 合格 | 理解了有余数除法的含义，不理解余数和除数之间的关系。 |
| 两道题全错 | 待合格 | 不理解有余数除法的含义，以及余数和除数之间的关系。 |

| 本教学设计与以往或其他教学设计相比呈现的特点 |
| --- |
| 1. 注重操作，促进学生对“有余数除法”的过程性理解，并建立操作过程、语言表达、符号表征之间的关系，实现学生对数学概念的理解。<br>2. 借助直观，在对比中沟通有余数除法和表内除法的关系，通过迁移类推自主探究有余数除法算式的写法，发现和理解余数与除数的关系，促进有余数除法含义的理解，同时渗透借助直观研究问题的意识和方法。 |

（李焕玲）

# “小小设计师”教学设计

<table>
<tr><th>教学背景分析</th></tr>
<tr><td>教学内容<br>人教版义务教育课程标准实验教科书数学二年级下册的内容。<br>教材分析<br>《义务教育数学课程标准》指出，积累数学活动经验、培养学生应用意识和创新意识是数学课程的重要目标，应贯穿整个数学课程之中。“综合与实践”是实现这些目标的重要和有效的载体。<br>“小小设计师”是人教版数学二年级下册中“综合与实践”主题活动课，此活动是在第三单元“图形的运动”（即认识轴对称、了解平移和旋转现象）之后进行学习的。本课的目的就是让学生结合欣赏与创作图案的过程，进一步明确图形运动的知识，体会其知识在图案中的应用，并能用自己的语言描述图形的运动，逐步发展空间观念，感受生活中的数学美，培养创新精神和实践能力。同时为五年级学习、探索图形旋转的特征和性质、运用所学知识设计图案和解决简单问题打下坚实的基础。</td></tr>
<tr><th>教学目标（内容框架）</th></tr>
<tr><td>教学目标<br>1. 使学生能辨认生活中的一些图案是由一个图形经过轴对称、平移等运动得到的。能在正方形中设计图形，并能用所设计的基本图形通过轴对称、平移等运动创造出自己喜欢的图案。能将多个同样的图案运用图形的运动拼在一起，并会用自己的语言描述图形的运动。<br>2. 让学生经历观察、操作及合作交流的过程，获得对图形的运动设计图案的基本方法，在想象图形运动的过程中发展学生的空间观念。<br>3. 在欣赏图形的运动所创造出的美丽图案的过程中，进一步感受轴对称、平移和旋转在生活中的广泛应用，感受数学的美，体会数学的价值。<br>教学重点<br>根据给定的图案找基本图形，并能运用图形的运动等知识创作图案。<br>教学难点<br>根据给定的图案，正确想象基本图形的运动方式。</td></tr>
</table>

<table>
<tr><th>教学过程（文字描述）</th><th>反思</th></tr>
<tr><td>

**一、欣赏图案揭课题**

同学们，你们都看过《国家宝藏》这个节目吗？

老师在故宫看到了这些展品。你们知道这些是什么吗？（图略）

青花瓷又称白地青花瓷，常简称青花，清朝康熙年间发展到了顶峰，现在故宫博物院保存了一些。

师：你们觉得这些青花瓷漂亮吗？

师：这么漂亮的图案都是怎么设计出来的呢？今天我们就去探究一番，尝试着做一名小小的设计师。

【设计意图：通过欣赏青花瓷的实例，激发学生对生活中的美产生浓厚的兴趣，进而从生活中的美逐步进入数学中美的探究。】

**二、拆解图案明变换**

（一）找一找

每个小组都有三个青花瓷的图案，小组合作研究。

这些图案是由哪一个图形经过什么运动得到的？找一找、画一画、折一折，说一说。

（二）学生汇报

师小结：图形的形状是相同的，只不过图形发生了运动，像这样的一个图形，我们可以把它称为基本图形。

（三）看一看

课件演示运动的过程。

这些图案是怎么设计出来的？

师：在图案中找出基本图形，然后进行平移、旋转、轴对称等图形运动，就得到了一个完整的图案。

【设计意图：采用多种方式让学生对给定图案进行拆分，从而找到基本图案，再用数学语言描述和明确基本图形的运动过程，获得初步的方法体验，在多种感官参与的活动中进一步理解图形运动的知识。】

</td><td></td></tr>
</table>

| | |
|---|---|
| **三、拼接图案有创新**<br>（一）设计图案——个人拼一拼<br>1. 找基本图形，想象进行图形运动。<br>2. 然后剪下来，再按刚才你想象的摆一摆，最后粘在田格纸上。<br>3. 展示交流。<br>你把基本图形进行了怎样的运动？<br>预设拼摆的图案：<br>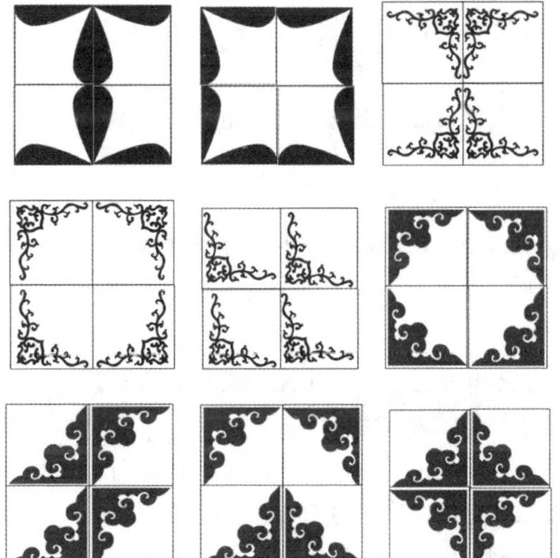<br>变换的是同一种基本图案，为什么会得到不同的图案呢？<br>师：同一个基本图形利用不同的运动方式进行变换，或者变换的次序不同，就会得到不同的图案。<br>你刚才想象的图案和你真正动手运动后的图案一样吗？为什么？<br>师：在图案进行运动时，每一步都要非常认真，要按照平移、旋转、轴对称的运动方式来操作，才能变换出你想要的图案。<br>大家回忆一下设计图案的过程是什么呢？<br>板书：基本图形——图形运动——完整图案。<br>师：通过以上步骤就可以拼出完整的图案了。<br>（二）图案拼接——合作拼接<br>1. 每个图案都是由几个基本图形拼成的？<br>师：想象一下，如果有同样的 4 个小图案拼接在一起是什么样子？<br>学生拼接在黑板上。 | |

师：这个美丽的图案是由4个人拼接起来的，每个人用了几块同样的基本图形？那么这个大图案一共用了几块基本图形？你是怎么知道的？

师：如果我有8幅这样的小图案，能拼出这样的几组图案？你是怎么知道的？

2. 小结。

我们把自己设计的小图案进行了平移运动，并有规则地拼接又得到了新的图案，如果我们把这些图案再按照图形的运动进行拼组就会出现一幅更大的新图案。

像这样在左、右两个方向上不断平移一个基本图形而得到的图案，叫作二方连续图案，这些图案都是二方连续图案。

像这样把一个基本图案向上、下、左、右四个方向上平移得到新图案的方法，叫作四方连续图案。这些图案都是四方连续图案。

课后，我们有同样小图案的同学们可以一起拼出更大的图案。

【设计意图：让学生体会图形运动在图案中的应用，明确设计图案的方法，理解从单个图案过渡到以一幅图案为基本图案，设计出更大的新图案的方法与过程。】

**四、再赏图案有眼光**

1. 今天我们发现了设计图案的方法，再看看这些青花瓷上的图案，你能用数学的眼光去观察、想象，说一说它的基本图形是什么？做了怎样的图形运动设计出来的吗？

2. 生活中的图案。不仅青花瓷上的图案是运用这个方法设计出来的，而且生活中有很多东西的图案设计都可以看作图形的运动得到的。

3. 自创图案。我们探寻了图案设计的小秘密，其实我们自己也能设计出美丽的图案，看看这些同学设计的。

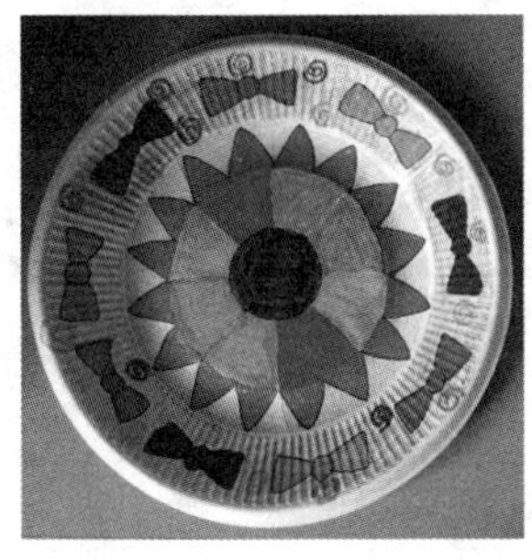
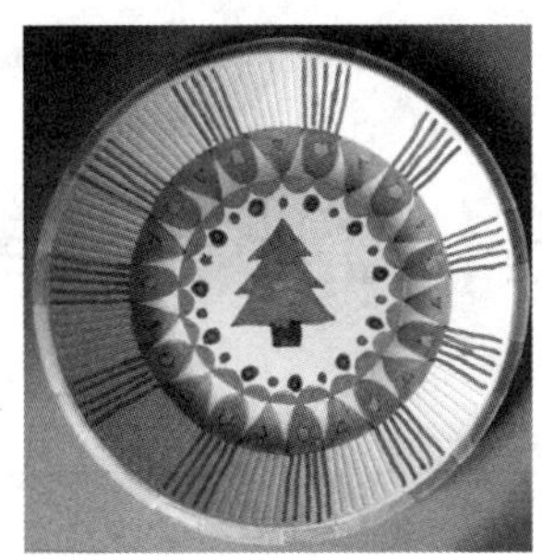

课后你们也设计一个美丽的图案，好吗？

【设计意图：从欣赏图案引入，经历拆解、拼接、创造的过程，使学生感受到图形运动的应用，然后回到之前欣赏的图案，用数学的眼光再次观察，完成从静态到动态的观察过程，这个过程就是在活动中学习的过程，同时也体现了数学来源于生活，又还原于生活的理念。】

**五、联想图案拓空间**

如果把这些数学知识运用在建筑屋顶的木梁装饰上，层层叠加，那么它就是“藻井”，藻井是常见于宫殿、坛庙建筑中的室内顶棚的独特装饰部分。

师：希望同学们有机会亲自去故宫找一找美丽的图案。用数学的眼光去发现生活中的美，发现中国美！

【设计意图：拓展图形运动的应用，开阔学生的眼界，激发学生探寻生活中的美的热情，体会数学的价值。】

（金　晶）

# “中国古代的长度单位”教学设计

<table>
<tr><th>教学目标（内容框架）</th></tr>
<tr><td>教学目标<br>1. 初步了解我国传统的长度单位，以及传统长度单位与国际单位之间的关系。<br>2. 在用尺测量物体长度的过程中，形成1尺、1寸的实际长度表象，建立1尺、1寸的长度观念。<br>3. 通过对我国传统长度单位的了解，认识我国传统文化的智慧结晶。</td></tr>
<tr><th>教学过程（文字描述）</th></tr>
<tr><td>一、展示学生作业<br>同学们，最近我们学习了第一单元“长度单位”，根据这个单元的内容老师给大家留了一项数学长度单位作业。作业的要求是这样的，谁来读一读？<br>咱们年级有很多同学都完成了这项作业，而且完成得非常好。我们一起来看一看。这节课我们就要在我们的伙伴课堂中一起来分享一下，大家互相学习，互相倾听。<br>从同学们的作业中，我发现有的同学找到了一些有关国外长度单位发展的历史资料。<br>让我们来听听小报的作者给大家的分享吧！（在伙伴课程文化的浸润下，学会互相倾听）<br>同学们，听完他的介绍后你有什么感受呢？（愿意表达自己的想法）<br>对于长度单位，还有的同学提出了自己想要了解的一些问题。<br>今天我们就要和同学们聊一聊我们中国古代的长度单位。<br><br>二、走进文化——聚焦数学元素<br>1. 展示作业——中国古代的长度单位（里、丈、尺、寸）<br>关于中国古代长度单位的发展，我们的同学是这样说的。<br>你们都知道哪些呢？（小伙伴之间相互分享，互相补充，共同进步）<br>看来同学们知道的真不少啊，同学们也收集到了很多资料，我们来看看。<br>板书：里、丈、尺、寸。<br>2. 传统长度单位之间的关系<br>关于这些长度单位之间的关系，我们也请同学们来介绍一下。（伙伴文化给每个孩子提供展示的平台，勇敢地展示自己）<br>1 <u>里</u> = 150 <u>丈</u>，</td></tr>
</table>

1 丈 =10 尺，
1 尺 =10 寸。
3. 传统长度单位与国际单位之间的关系
我们可以把它们跟米或者厘米换算一下，大家来看看。
板书：1 寸大约 3 厘米；
1 尺大约 33 厘米；
3 尺大约 1 米；
1 丈大约 3 米。
（1）1 寸大约 3 厘米。
（2）3 尺大约 1 米。
我这把尺子长就是 1 尺，我们来检验一下，3 尺真的大约是 1 米吗？（同学实物操作，请三名同学来，一起合作完成，孩子们体会到团结起来力量大）
（3）既然 3 个 1 尺就是 1 米，那么 1 尺大概有多长呢？
贴：1 尺大约 33 厘米　33 厘米是多长呢？我们一起来找一找。
两个人一组，比一比，一尺的长度。（两个小伙伴一起动手，体会 1 尺大概有多长，加深对 1 尺的感受）
（4）1 丈大约长 3 米，小朋友伸开双臂的长度大约是 1 米，那么 3 米就是——3 个小朋友手拉手。
学生活动。（同学们在这个环节自发地结合成三人小组，说明同学们具有了初步的团队意识，伙伴精神）
（5）思考：1 里大约 500 米（板书）又是多长呢？（500 个小朋友手拉手）
小结：1 里、1 丈、1 尺、1 寸比起来，谁最长？谁第二长？接着是谁和谁？1 寸大概有多长，1 尺呢？
4. 规范读写姿势：我们一年级背过一个歌谣，大家来看看，读一读。
既然我们今天学了 1 尺、1 寸的大概长度，那我们做的就更应该标准了，我们一起边背儿歌边来感受一下 1 尺、1 拳、1 寸吧。

**三、实践体验——感受成语典故中的长度单位**

刚才我们感受了 1 尺、1 寸、1 丈和 1 里。现在我们放松一下，猜个谜语。
1. 手上的长度单位——咫和尺。
（1）出示图：猜字谜。
（图略）
你能猜出来，这是什么字吗？

提示：你觉得这只手的形状像哪个字呢？（谜底：尺）

“尺”的象形之意就是用手测量物体的动作。

（2）出示成语“布手知尺”。

板书：咫、尺。

（3）互相比手。

学生操作：互相伸出手来比一比，你的“1 尺”或“1 咫”有多长？（在两个人甚至多个人的比较过程中，体会“1 尺”或“1 咫”有多长。）

你们在互相比的过程中，感觉你们的 1 尺和 1 咫是相差得特别多吗？看来相差得不太多。

“近在咫尺”这个成语你知道是什么意思吗？

你觉得它们是用来测量什么样的长度的呢？

所以 1 咫和 1 尺也可以说成是我们手上的长度单位。

2. 脚下的长度单位——跬和步。

其实长度单位不光我们的手上有，我们的脚上也有。

（1）出示：《荀子 · 劝学》——“不积跬步，无以至千里”。

（2）这里有没有长度单位呢？（跬和步）

快来听听，什么叫跬？什么叫步？

老师和同学共同感受跬和步。

板书：2 跬 =1 步。

（3）提问：你猜猜跬和步最初是用来测量什么的？

测量土地长度、计算土地面积时用的，丈量比较长的长度时用的。

（4）“不积跬步，无以至千里”这句话又是什么意思呢？（不半步半步地累积，就到达不了千里以外的地方。）

其实，这句话出自我们今后要学习的一篇古文《荀子 · 劝学》，它还有后面几句，我们一起来看看——“不积小流，无以成江海。骐骥一跃，不能十步，驽马十驾，功在不舍”。这几句话都表示同样的意思，鼓励同学们做事要持之以恒，坚持不懈，才有可能成功。也希望同学们做事能够持之以恒，一定可以收获到成功的果实。

**四、拓展感受美德传承**

1. 其实在我们的地名里也藏着一些长度单位，大家来看看。安徽还有六尺巷，在六尺巷名字的背后，还藏着一个有趣的小故事。

（1）播放视频。

(2) 你觉得这个故事告诉我们什么呢？同学之间要友好相处，互相懂得谦让。（小伙伴之间的相处要懂得谦让，通过观看视频，体会中华传统文化中的伙伴文化。）

2. 同学们发现，地名里有长度单位，古文中有长度单位，其实成语知识里也有长度单位。

咱们挑几个一起来读一读吧。

**五、课堂小结**

中国古代的长度单位

里　丈　尺　寸　　　咫　尺　跬　步

1 尺大约 33 厘米

3 尺大约 1 米

1 寸大约 3 厘米

1 丈大约 3 米

2 跬 =1 步

（王　雯）

# “The Double Ninth Festival”教学设计

| 指导思想与理论依据 |
| --- |
| 《义务教育英语课程标准》(2011 版)指出，义务教育阶段的英语课程具有工具性和人文性双重性质。就人文性而言，英语课程承担着提高学生综合人文素养的任务。而其中重要的一点即通过英语课程了解本民族的传统文化，继而培养一种归属感和身份认证。而当下被大家所熟知的“核心素养”更是将我们的教学放在了一个“全人”培养的位置，英语教学在关注学生语言能力的同时，要更关注学生学习能力、思维能力及文化品格的培养。<br>依此，本节课教师从上课伊始便引导学生自主提问，并带着自己的问题解读对话文本，继而以质疑的方式启发学生去思考故事中关键信息背后所隐藏的深厚的文化背景，进而借助补充的阅读资料，引导学生挖掘传统文化中的“趣”，并以小组互助学习来解惑。同时结合思维导图的板书设计，在梳理学习内容的同时，渗透学习方法。最后，以 custom 为落脚点，进行今昔对比，引导学生关心身边的老人，践行自己的重阳行动。 |
| **教学背景分析** |
| **教学内容**<br>本课是北京版小学英语课本 Unit3 的第二课时。本单元主题是节日，继前一课时的中秋节，本节课涉及的是中国另一个重要的传统节日——the Chongyang Festival。<br>**教学内容分析**<br>关于节日的主题，北京版小学英语教材从一年级起，由春节到圣诞节，再到端午节等，每册都有涉及。本课对话文本简洁明了，学生能很快捕捉到 the Chongyang Festival 的几个关键信息，主人公 Mike 的问题也让文本有了可挖掘的契机。但在文化背景方面对话内容略显薄弱，所以教师适时地提供给学生补充性阅读资料，引导学生挖掘重阳习俗背后的文化“趣味”。在了解深厚文化背景的基础上，本课最后将落脚点放到了 the Chongyang Festival 的 Custom 上，结合本课的最后一个板块 Let’s do，让学生以写的方式设计同样能达到传统 Custom 期望达到的美好祝愿，即以自己可以践行的方式表达对老人的关爱。<br>**学生情况**<br>本班学生，接受能力较强，具有较良好的学习习惯和一定的写作能力<br>**我的思考**<br>学生的知识面比较广，但比较容易形成惯性思维，质疑的意识较为薄弱，是否能在本课中调动和挖掘学生潜在能量，同时引导学生学会质疑，是本课努力的一个方向。 |

。

<table>
<tr><td colspan="2">教学方式<br>T－S，SS－SS。<br>教学手段<br>讲授＋讨论。<br>技术准备<br>PPT，worksheet，sticky note。<br>教学目标<br>1. 学生能借助图片，在教师引导下听、说、读并理解下列短语：Chongyang cake，the Double Ninth festival，on the ninth day of the ninth month in the Chinese calendar；<br>2. 学生能带着自己的问题，在教师思维导图引导下解读对话文本；<br>3. 学生能依据补充文本，通过小组讨论及教师引导探索更多重阳节的背景知识，并书写一条自己可以践行的重阳计划；<br>4. 学生能感受传统中国节日重阳节习俗的趣味，意识到在这个节日可以用什么方式向老人表达爱。<br>教学重点<br>通过对话文本及语篇，了解重阳节传统习俗及背景。<br>教学难点<br>激发学生思考、探索重阳习俗由来的欲望。</td></tr>
<tr><th>教学过程（文字描述）</th><th>伙伴文化课堂教学模式的体现</th></tr>
<tr><td>Ⅰ. Warm-up<br>Color Game.<br>以节日的 Symbol 为切入点，用游戏的方式，一步步将学生引入今天的主题，既唤起旧知，又调动学生兴致。<br><br>Ⅱ. Before reading<br>T：Presents two question.<br>Q1：What do you know about Chongyang Festival?<br>T：Records the key information from the students on the board.<br>Q2：What else do you want to know?<br>T：Lists the students' questions on a piece of paper.<br>教师随即引出文本主人公 Mike，他也在询问。我们所关注的问题一样吗？都会被解决吗？<br>【设计意图：以学生为中心——借助学生自己提问的方式，既唤起了学生的旧知，也调动了学生开启主题学习的积极性。】<br><br>Ⅲ. While reading<br>1. Text Learning.<br>a. Watch and find the answer of the questions from the students.<br>Q1：When?</td><td>伙伴间思维的碰撞。启发学生在开展正式学习前对主题进行充分的思考，交流彼此已知的，同时提出自己想知道的。</td></tr>
</table>

<table>
<tr>
<td>
Q2：What...?<br>
Q3：...<br>
Ss：Pick up the question and answer.<br>
*几个重点处理方式：<br>
【Chongyang cake】<br>
Present different kinds of Chongyang cake.<br>
Let the students who ate it before share how it tastes.<br>
Take Chongyang cake as gift for the students.<br>
【设计意图：以学生为中心——卷入学生的体验，将相对陌生的食物拉近学生生活。】<br>
【on the ninth day of the ninth month in Chinese Calendar】<br>
How many ninth here? →Double ninth.<br>
What is the ninth month? →September.<br>
→A simple way to say it：Sep 9 in Chinese Calendar.<br>
→How to read the long sentence? Divide into 3 parts according to the meaning：<br>
On the ninth day, of the ninth month, in the Chinese Calendar.<br>
【设计意图：培养学生学习能力——一方面，将复杂句子学会用意群的方式分解，以便理解和朗读；另一方面，寻求更贴近生活的表达方式，方便真正地表达。】<br>
b. Read and find.<br>
Q：Why does Mike say the double ninth festival sounds like a holiday for the old?<br>
Ss were asked to open the book, read and circle the reason.<br>
【设计意图：培养学生思维能力——为结论寻找依据，并为随后的阅读及最后的产出做铺垫。】<br>
c. Question Time.<br>
T：Is it a holiday for the old?<br>
T：Inspires the students to think and ask more questions about the Chongyang festival.<br>
Such as why we eat Chongyang cake? Why wear Zhuyu? Why...?<br>
【设计意图：激发学生进一步深度思考，激发探索传统节日重阳习俗由来的欲望。】<br>
2. Extra reading.<br>
T：Presents an extra reading.<br>
a. Read individually.<br>
b. Discuss in group.<br>
c. Present what they get from the reading.<br>
Ss：Are supposed to act out or draw or just interpret.
</td>
<td>
伙伴间的合作。通过对话的学习，在老师的启发下，学生们对重阳的习俗产生了更多疑问，于是和对某一点同样产生浓厚兴趣的同学一起研读补充资料，了解更多重阳习俗背后的文化缘由。学生们随后根据所阅读内容，选择自己喜欢
</td>
</tr>
</table>

<table>
<tr><td>T：Picks the key information from the students and adds on to the mind-map on the blackboard with the students.<br>【设计意图：在求知欲望的驱动下，展开有效的小组互助学习。】</td><td>的方式，如表演或绘画方式，以小组为单位展示给全班。</td></tr>
<tr><td>Ⅳ. After - reading.<br>a. 教师利用 mind map 的板书，总结梳理重阳节信息，重点落在 Custom 上。<br>T：We no longer wear Zhuyu to keep healthy or eat Chongyang Cake on that day.<br>So what do we do nowadays? What could we do to get the same spirit?<br>On that day baby will visit his grandparents and bring gift for them.<br>So what will you do on that day?<br>Ss：. . .<br>【设计意图：回归生活，启发学生去想更多简单的却有创意或实在的表达对老人爱的方式，同时为随后的落笔做铺垫。】<br>b. Write on the note.<br>T：Encourages the students to write their plans on the notes and pin them on the board.<br><br>This year, on the double ninth festival.<br>I will ______________________________<br>______________________________________。<br><br>【设计意图：以 notes 的方式表达并张贴，时刻提醒孩子们言出必行，践行对长者的爱。】</td><td>伙伴间行为的影响、带动。通过对重阳节的了解，明白这个节日的内涵，依然有着美好的祝愿，尤其近代将它定为老人节，引导学生在平日的生活中践行对长辈的关爱。</td></tr>
<tr><td>Ⅴ：Homework：<br>1. Practice their plan of Chongyang Festival and share the picture in Wechat.<br>2. Draw their own mind map.<br>3. Go on searching the unanswered question.<br>【设计意图：将课堂延伸到生活中。】</td><td></td></tr>
</table>

（王国玲）

# 第四章

## 专题教研展特色：在反思互动中成长

该部分是伙伴计划中非常重要的支持领域。教师需要在与外界资源、同伴、文本、学生和自我对话中成长。本专题建立了问题解决的伙伴研究模式，基于需求—巧在设计—重在实践—成在后续的过程。这一过程是找到问题—分析问题—提出解决思路—实践中落实—改进跟进的循环往复过程，体现用研究的方法来开展日常教学工作。同时，这一过程也是针对研究问题为主题，教师间突破学科教研组和教师共同体，进行跨界互动合作，在自我反思的元认知中不断超越的过程。

本专题确立了10个核心问题，如：如何前测才能暴露学生思维问题，如何才能有效分析前测结果，如何能创设有效的问题情境，如何引领提升学生的思维等，并给出了操作要点，确立研究流程和提供资源。史家小学不同学科教师依据关键问题和操作要点进行了创造性研究实践，形成了一系列反思案例。

# 在无边界的伙伴互动中提升思维品质

北京教科院提出的伙伴计划是对伙伴文化的深化。小伙伴文化是在二年级落实史家小学“培养和谐的人”目标的重要举措，在课堂教学中我们积极与伙伴文化相对接，在不断的研究与实践中我们经历了三个阶段。

第一阶段：研发在学科教学中体现合作、交流、分享主题的课程。我们利用每周一下午第一节课，全学科老师参与，每人每学期 6 节课，每个学科研发与本学科教学内容相关且体现合作、交流、分享主题的教学内容。

第二阶段：伙伴文化促进课堂教学模式的转变。这个阶段我们把伙伴文化的理念渗透在平时的每一节课中。根据本学科适合的教学内容有意地创设问题情境、设计活动环节，让学生在思考、合作、展示、交流、分享中学习。

第三阶段：是对第二阶段的深化，定位在思维课堂，即在无边界的伙伴互动中提升思维品质，下面重点介绍本阶段内容。

## 一、思路

北京教科院的专家给了我们理论和实践改进两个方面的指导和提升。

### （一）理论层面

构建思维课堂的理念。课堂教学是构筑世界、构筑伙伴、构筑自身三个维度的过程，是师生、生生互动的问题解决过程中促进思维发展、社会化形成的过程。

实现思维课堂的目标。提升问题解决和互动交往的意识和能力，初步感受社会化和思维品质的提升。

在理念和目标的指引下，我们思维课堂研究的问题聚焦于：在发现提出问题中培养思维品质，在分析解决问题中培养思维品质。

（二）实践层面

北京教科院专家帮助我们制订了详细的研究计划和方案。建立了专题研究团队，制定了明确的实施步骤与进展时间表，有明确的预期成果（见表4-1）。

**表4-1　研究计划和方案**

| 时间 | 工作任务 | 具体要求 | 预期成果 | 责任人 |
| --- | --- | --- | --- | --- |
| 1月15—26日 | 确定专题方案 | 召开专家咨询会、学校研讨会，修改方案 | 专题推进方案 | 市项目专家 |
| | 收集教学设计（二年级课本上册） | | | 学科骨干教师 |
| 1月26—2月26日 | 二年级课本下册教学提前备课 | | 教学设计（初稿） | 各学科老师 |
| | 二年级课本上册教学设计分析 | 看教学现状、亮点与改进点 | 课堂教学现状分析 | 市项目专家 |
| 3月1—20日 | 专题会议 | 伙伴课堂现状分析；<br>专题方案介绍；<br>工作机制安排；<br>学校案例主题、框架 | 伙伴课堂方案；工作机制；案例撰写说明 | 市项目专家<br>教学领导<br>学校专题人员 |
| 3月20日—4月20日 | 听课研讨三次，磨合一节伙伴课 | 提前研讨教学设计—共同听课—研讨并修改—上课 | 一个教学设计、一个案例 | 市项目专家<br>教学领导<br>核心专题人员 |
| 4月20日—5月20日 | 培训会<br>（1~2次），<br>以一节课为例让教师明确思路 | 核心教师介绍如何教学设计和案例撰写<br>专题负责人案例分析；<br>教学领导布置课例与案例 | | 市项目专家<br>教学领导<br>学校专题人员 |
| 6—7月 | 教师撰写课例和专题案例 | | 课例初稿，若干案例 | 学校专题人员 |
| 8月 | 课例整理 | 课例按内容类别分类整理 | 课例整理稿，若干案例 | 市项目专家<br>教学领导<br>学校专题人员 |
| 下半年工作同上 | | | | |

## 二、专题开展过程

### （一）提供思路和策略，引领教师将理念融入教学设计中

一是领域划分，将思维整合到日常教学设计中。如教学内容分析是将内容转化为任务，学生学习分析要考虑不同类型与方式，教学过程指导是在探究合作中思维发展，等等。

二是确立关键问题，给出操作要点。如怎样前测才能暴露学生思维要抓住关键问题，重学习过程性分析等。

三是给出新时期思维品质培养可能的点位。如思维灵活性培养，要多角度、多方向提出及解决问题。

### （二）和教师一起备课、听课、研讨，提升思维课堂的设计实施能力

我们打造思维课堂的精品课，为其他老师在课堂上的实践起到引领的作用。北京教科院专家多次跟踪听课，和我们一起打磨思维课堂，并给予老师们理论上的指导。在反复磨课的过程中，老师们经历七八次甚至十多次的教学设计的修改，在这里体现了老师们的成长。

## 三、指导撰写反思案例，提升教师元认知

北京教科院专家指导大家如何撰写思维课堂教学案例。一方面，对案例写作的内容和框架进行了培训，并以一个案例为例进行了解读；另一方面，提供了每一节课案例写作的要点，老师依据理论与操作要点撰写了案例，有些案例进行了几次修改。

## 四、专题研究成效

### （一）教师学生成长，思维水平提升

在专家的指导下，教师关注学生思维，在教学设计中体现引领思维，在课堂中学生思维品质得到提升。

老师们在课前都对学生进行了前测，通过有效分析前测结果了解学生的思维水平和思维差异，然后进行符合学生现实需求的教学设计，

进一步发展学生思维。

在教学设计时，教师还要从学生的年龄、思维特点出发，在课堂上注意调动学生的积极性，让学生主动参与获取知识的全过程。教师在教学中不是把现成的结论直接告诉学生，而是采用精心设计问题和启发思考的操作活动，让学生积极主动地去探究、发现。

如金老师的实践活动课“小小设计师”，在最初的教学设计中有很多动手实践的环节，在初步实践后通过专家的指导和引领，发现有的操作环节只注重学生的操作——拼接图形，而我们的操作应重在“设计”，实现有思维的操作、有思维的设计。

如王老师“平移和旋转”一课，通过观察、表演、实验、转陀螺游戏、小房子搬家游戏，调动学生各种感官，使学生获得多方面的感性认识，在此基础上启发引导学生凭借形象思维来发展初步的逻辑思维。

李老师的课设计了几次对比活动，不断激发学生的学习兴趣，逐步把学生的思维引向深入，既加深了对知识的理解，又发展了学生的思维。

课堂教学中教师应注意语言表达训练，促进学生思维的条理性和深刻性。在数学课的各个环节，给学生提供语言表达机会，让学生讲操作方法、解题的思路、计算的道理、发现规律和形成结论的过程。

在练习中，老师们启发学生思维，既注意同一思维的训练，又注意类比思维、发散思维和创造性思维的训练，帮助学生养成良好的思维习惯。

### （二）伙伴教师的研究模式形成

在打造思维课堂的同时，我们还在伙伴文化背景下不断营造“伙伴教师”的氛围，明确“伙伴教师”方案的理念，即教师需要在文本、同伴、学生和自我对话中共同成长。

研究的内容是：教师在有效互动的校本教研模式（不断磨课）下，经历了基于需求—巧在设计—重在实践—成在后续的过程，这也是初步的校本教研模式。

今后我们将继续深入进行思维课堂的研究与实践，促进学生的成长，同时探讨教师针对专题伙伴互助校本教研机制，促进教师共同成长。

（刘　颖）

# 实现学科有效整合<br>提升课堂实际效率

## ——以“有余数的除法”为例

### 一、学科内容整合的思路

新一轮课程改革要求小学阶段的教育目标是提高小学生的综合素质，实现小学生的全面发展。小学数学教材是以单元为主题，每个主题再细分成各个教学知识点，许多教师在教学中更多的只是关注知识内容本身，容易忽略同一主题知识点间的相互联系与逻辑关系。为了达到教学中真正的“减负增效”，发现学科内知识的逻辑关系，进行学科内有效整合，提升课堂实际效率，是广大数学教师迫切需要解决的问题。

数学学科内的整合就是把学科内知识点进行横向联系和纵向联系，横向联系后可将几课时内容整合在一节课内，纵向联系后可将跨年级的同一领域的知识内容在不同逻辑与思维层次间进行勾连。下面以人教版二年级数学下册六单元“有余数的除法”知识内容为例，具体谈谈我在横向联系整合教学内容后，在提升课堂效率方面的实践与思考。

### 二、整合内容提升思维的做法

在“有余数的除法”单元内容中，例 1 设计了平均分物的操作活动，通过“恰好分完”和“平均分后有剩余”两种分得结果进行对比理解，帮助学生理解除法横式中余数及有余数除法的含义。例 2 设计了用小棒摆正方形的游戏，并逐渐增加小棒的根数，请学生列式并思考各个算式之间的关系，既巩固了有余数的除法的含义，又能发现余数和除数的关系。我迅速找到例 1 和例 2 教学例题间的共性，在结合学生实际前测的情况下，我大胆创新，从传统教材改为灵活用教材，将两个例题合二为一进行了以下设计。

（一）谈话引入

大家看看这些小朋友在做什么呢？（用小棒摆正方形）

如果想摆一个独立的正方形，需要几根小棒？（4 根）

（二）出示问题 1

有 8 根小棒，每 4 根摆一个正方形，能摆几个？（动手操作）

（三）算式表示

你能把刚才摆的过程用一个算式表示出来吗？（8 ÷ 4 = 2（个））

提出问题：为什么用除法计算？

（四）出示问题 2

有 9 根小棒，每 4 根摆一个正方形，能摆几个？（动手操作）

设问质疑：剩下的这一根小棒，怎么不摆了？为什么？（交流讨论）

小结过渡：有 9 根小棒，摆了 2 个独立的正方形，还剩 1 根，这 1 根小棒不够再分一份了，就是剩余的部分。

（五）引导理解

设问：这种有剩余，没有正好分完的情况，还是平均分吗？

总结：虽然有剩余，但也是平均分，也用除法来解决。

## 三、设计思路

在进行教学设计时，我借助分物操作活动共性，把例 1 中的“分草莓”直接替换为例 2“用小棒摆正方形”的教学情境。

首先，在内容呈现上“把 6 个草莓，每 2 个摆一盘”和“有 8 根小棒，每 4 根摆一个正方形”，都是平均分没有剩余的情况；随后“增加 1 个草莓”和“增加 1 根小棒”同样是体现分物有剩余的情况。这样模仿例 1 分物结果的两种情况进行教学，顺利达成例 1 的教学目标，唤起学生对平均分的认知，为有余数除法做好铺垫。这样整合能够切实提升课堂教学效率，合理巧妙地用好课堂上的每一分钟。

其次，在教学形式上我引导学生大胆质疑，学会思考，有条理、逻辑清晰地分析问题，并流畅地表达自己的想法。教学中先用8根小棒，每4根小棒摆一个独立的正方形的过程，复习8÷4=2这一旧知识。接着让学生用9根小棒摆正方形，在拼摆过程中，有的学生露出疑惑的表情，有的学生质疑："这一根小棒放到哪里呢?"由此引发了学生的讨论。学生的这一自主发现，能够激发学生们继续探索新知的欲望，促进了学生主动参与，使学生能够体会到恰好分完和有余数两种情况。

随后，请学生自主尝试"用一个算式来表示用9根小棒摆正方形"的过程。以下是教学环节片段。

（一）交流讨论

生1：9÷4=2

生2：9÷4=2余1

生3：9÷4=2……1

生4：9÷4=2（个）……1（根）

（二）理解算式

9÷4=2（个）……1（根）

你能结合图说一说9、4、2、1各表示什么意思吗?

（三）认识余数

当剩余的部分不够再分一份时，就把剩余的数叫余数。

谁能完整介绍一下有余数的除法算式中各部分的名称?（被除数、除数、商）

（四）修正算式

（五）对比理解

这两道题都是平均分，都用除法解决，有什么不同吗?

（六）揭示课题

有余数的除法。

小结：在平均分物品时，分完后会出现两种情况：一种是正好分完；另一种是还有剩余。虽然分完的情况不同，但它们都用除法计算。

在课堂中放手让学生在有限的时间和空间里，根据自己的学习体验，通过观察、操作、探究、讨论、发现、比较等方式进行自主学习，学生会的就要让他们自己去讲，给他们提供充分展示自己的机会。听同学讲，学生们学习的积极性高，听讲效果好。本节课力求让学生在轻松、愉快的气氛中理解有余数除法的含义，并学会正确读、写有余数除法算式。完成例 1 的教学目标，为学习后续其他有余数的除法奠定了坚实的基础。

同时，学生通过拼摆活动，将拼摆结果图与算式紧密结合，帮助学生完成从直观形象思维向逻辑抽象思维的转化理解，不断提升空间思维水平，实现能力的综合培养。

随后，我出示例 2 中的教学活动要求，在掌握余数概念的基础上，让学生继续用 10 根、11 根、12 根小棒摆正方形，并在学习单中写出算式，同时猜想 13 根、14 根、15 根、16 根小棒能摆几个正方形，还剩余几根，使学生在操作中感受到摆、说的过程与算式表示的意思相同，为抽象的算式建立表象支撑，加深对有余数除法含义的理解，同时让学生通过自主思考与讨论引出除数与余数的关系，培养学生思维的灵活性。

教学设计片段如下。

探究步骤：独立完成，用 10 根、11 根、12 根小棒摆独立的正方形，并根据摆的过程，在学习单上列出算式，再思考下面的问题。

| 小棒根数 | 算式 |
| --- | --- |
| 8 根 | 8 ÷ 4 = 2（个） |
| 9 根 | 9 ÷ 4 = 2（个）……1（根） |
| 10 根 | |
| 11 根 | |
| 12 根 | |
| 仔细观察每个算式，你发现了什么？<br>思考：13 根、14 根、15 根、16 根小棒能摆几个独立正方形？ | |

8 根：□□　　8 ÷ 4 = 2（个）

9 根：□□|　　9 ÷ 4 = 2（个）……1（根）

10 根：□□||　　10 ÷ 4 = 2（个）……2（根）

11 根：□□|||　　11 ÷ 4 = 2（个）……3（根）

12 根：□□□　　12 ÷ 4 = 3（个）

13 根：□□□|　　13 ÷ 4 = 3（个）……1（根）

14 根：□□□||　　14 ÷ 4 = 3（个）……2（根）

15 根：□□□|||　　15 ÷ 4 = 3（个）……3（根）

16 根：□□□□　　16 ÷ 4 = 4（个）

小组讨论：仔细观察每个算式你发现了什么？

生 1：这些算式可以分为两类，一类是正好分完，一类是有余数的。

生 2：我发现从上到下被除数依次多 1，除数是 4，商和余数也随着变化。

生 3：我发现余数都是 1、2、3。

通过用小棒继续摆正方形的活动，把 8 根到 16 根的所有图和算式一一呈现，给予学生宏观的视角，帮助学生从整体出发，观察算式之间的区别和联系，为学生理解余数和除法的关系做好了铺垫。同时，这也在引导孩子们生长出一双善于发现的眼睛，并建立整体观察事物的思维模式。

这样设计的目的是呈现两组余数从小到大的变化规律，使学生在更加充分的操作中体会余数和除数的关系。

在观察、讨论交流中，学生发现了从上到下所用小棒总根数的连续变化情况，直观地看到操作结果以及余数的变化情况。在比较和分析中，深刻地体会到：当余数和除数相等或大于除数时，还可以继续分，直到余数比除数小才不能再分。由此总结出余数与除数的关系：

余数小于除数。

随后请学生猜一猜：如果除数是5，余数最大是几？使学生明白：不管除数是几，余数都比除数小，更进一步加深对“余数”的理解。

## 四、内容整合提升思维实践的成效思考

一是转变传统教学观念，灵活使用教材，恰当融合存在共性的教学情节，同时注重课上操作，使学生对“有余数除法”的过程性理解，并建立操作过程、语言表达、符号表征之间的关系，实现对数学概念的理解，而不是把时间用在反复练习上，切实提升课堂教学效率。

二是转变传统教学方式，变被动式教学为开放式教学。让学生学会质疑，学会思考并解决问题。通过用小棒拼摆正方形出现剩余的过程，引发学生思考与讨论。这一自主发现，能够激发学生们继续探索新知的欲望，调动了学生的主动参与性，使学生能够充分体会到恰好分完和有余数两种情况。

总之，在课堂教学中，密切数学与生活的联系，灵活调整、多元融合，通过直观形象实际操作、自我探究等形式，让学生积极主动参与学习。通过思索发现问题、解决问题，学生有了思维空间与展示自己的机会，在获得成功的过程中树立学习的信心，增强学习的兴趣，并收获更多的知识与经验。

（李焕玲）

# 关注教学前测　找准学习起点

## 一、第一次教学设计的思考与实践：变机械记忆为口诀编写

现代认知心理学明确指出，有意义的学习过程是原有知识同化新知识的过程。学生原有知识状况直接影响新知识的学习，影响知识技能的迁移。也就是说，教学活动必须建立在学生的认知发展水平和已有的知识经验基础之上。

在我们的实际教学中也会发现，有很多孩子，在按顺序背诵乘法口诀时很熟练，但是打乱顺序后就会背错；在实际应用计算的过程中，也会出现错误。

造成这些问题的原因主要是在授课时老师只关注了孩子会不会背诵，而忽略了让孩子经历编制口诀的过程，孩子只是机械记忆，对口诀的含义不理解。所以我认为在学习9的乘法口诀时，一定要重视口诀的编写。

我根据自己对教材的分析和二年级学生的心理特点及认知规律，从知识技能、过程与方法、情感与态度几个方面制定了以下教学目标。

- 借助已有知识和经验编制9的乘法口诀，初步记住9的乘法口诀，并能运用口诀进行准确计算。
- 培养学生初步的知识迁移能力；引导学生有目的地观察，进行初步的归纳总结。
- 将多种记忆口诀的方法归纳总结，渗透数学学习方法。
- 培养学生应用知识解决简单实际问题的能力，初步形成独立思考和主动合作、探究的能力。

第一次教学片段。

片段1：观察情境图，获取信息。

师：从图中你获取了什么信息？

生：图中有9条龙舟在比赛，每条龙舟上有9个人。

片段2：提出问题，引导猜测。

师：根据图中的信息，你能提出什么问题？

生：这几条龙舟上一共有多少人？

师：要想计算这几条龙舟上一共有多少人，你们认为如何计算最简便？

生：用乘法计算。

师：因为每条龙舟上有9人，那么乘法算式一定跟9有关，根据学习2~8的乘法口诀的经验，猜一猜9的乘法口诀有几句？

生：9的乘法口诀有9句。

师：想一想，9的乘法口诀有什么特点。

生：9的乘法口诀和前面学习的乘法口诀应该是一样的，前面两个数字表示几个9，等号后面的数表示几个9的和。

片段3：出示袋鼠图，请同学们根据袋鼠每跳一次在数轴上的数的变化以及龙舟条数和人数之间的关系，小组合作试着编制9的乘法口诀，并填写表格。

片段4：小组合作完成乘法口诀的编制。

| 乘法算式 | 乘法算式 | 乘法口诀 |
|---|---|---|
| 1×9=9 | 9×1=9 | 一九得九 |
| | | |
| | | |
| | | |
| | | |
| | | |
| | | |

设计思路。

9的乘法口诀属于数与代数的范畴，它是在学生掌握了1~8的乘法口诀基础上进行教学的。我认为本节课内容相对简单，而且学生已经具备了推导口诀的能力。本节课学生已会运用已有的方法进行独立的推导，教师应在学生推导口诀的过程中，初步形成开放式教学，培养探索精神，并逐渐形成自主、合作、探究的学习方式。

在进行设计时，我还考虑到要体现新课标的理念：向学生提供充分从事教学活动的机会，帮助他们在自主探究和合作交流的过程中真正理解和掌握基本的知识与技能、思想和方法，获得广泛的活动经验。所以我将本课定位在“经历、自主、合作、探究”，体现在以下几个方面：首先，给孩子提供主题图，让孩子编制口诀，体现自主探究；其次，小组合作编制口诀，体现合作；最后，全班进行汇报，体现交流。

## 二、第二次教学设计的思考与实践：调研分析后关注难点口诀编写

经过几次仔细推敲这个设计，引发了我进一步的思考：这个设计貌似让孩子经历了口诀的编制，也进行了合作交流，但是经过学习，孩子是否真的从思维上进行了自主探究，是否真正实现了思维上的合作交流，是否能真正理解了口诀的含义？

根据我小时候的学习经历以及这些年的教学经验，我深刻体会到，在教学乘法口诀的过程中，必须把口诀教活教透，必须要求学生经历编制口诀的过程，体验乘法口诀的由来，然后熟读口诀，运用口诀进行计算。

对于口诀的学习，是不是所有的学生感到陌生？在口诀学习时老师应该教什么？怎样教？要解决这几个问题，首先要了解：孩子在学习口诀中遇到了什么麻烦？为什么会有麻烦？怎么解决麻烦？如何使学生理解表内乘法口诀的真正含义？通过什么方式才能知道孩子是否理解含义？如何提高孩子学习口诀的兴趣？

为了更好地完成自己的设想。课前我做了一个调研：你能写出9的乘法口诀吗？你认为9的哪句口诀难记？你能说出每句口诀表示的意思吗？

调查结果是：绝大多数同学都正确地写出了9的乘法口诀。多数同学认为五九、六九、七九这三句口诀难记，还有一些同学不能正确

表述口诀表示的意思。

虽然在上课之前多数学生都知道9的乘法口诀是哪9句，但仍有部分学生没有真正明白每句口诀所表示的意思。只有真正理解了9的乘法口诀的意思，背口诀、记口诀才会有方法。学生已有了1～8的口诀的理解和编写经验，许多学生对9的乘法口诀也已经有了一定的了解。如果教师引着学生一句一句从头开始编口诀、说意思则没有必要。为此，本节课我决定改变教学思路，先挑战孩子认为比较难记的这三句乘法口诀。

但是应该采用什么方式、策略，让孩子更好地理解9的口诀的含义?

数学是一门抽象的学科，尤其对于小学生而言，有些数学问题抽象度较高，因此画出图形常有助于问题的解决，通过画图的方式使问题具体化、形象化，进而找出解题的途径。低年级学生的思维发展水平以形象思维为主，对抽象知识的接受和理解能力还比较弱，在学习概念及解决问题过程中需要借助直观图来帮助理解。我决定让孩子们自己画出口诀表示的含义，依靠孩子的经历感悟，而不是空洞的说教。

整个教学过程要采用激励、自主合作、引导发现、归纳总结等教学方法，让孩子结合图来重点讲解“五九、六九、七九”三句口诀。其中自主合作、归纳总结是我要指导学生的学习方法。

根据以上的思考，我重新进行了教学设计，将学习的舞台还给孩子，充分体现伙伴教学，体现孩子的主体地位。

下面是第二次的教学片段。

知识与技能：通过主动探索，了解乘法口诀的来源，加深对口诀意思的理解，通过观察、比较、探究活动，发现9的乘法口诀规律，利用发现的规律熟记9的乘法口诀，并能运用口诀进行准确计算。

过程与方法：通过经历编制9的乘法口诀的过程，培养学生初步的知识迁移能力；引导学生有目的地观察，进行初步的归纳总结。

情感态度与价值观：通过喜闻乐见的《西游记》故事，使学生感受到数学无处不在，在数学学习中感受中国传统文化。

## 一、动画引入，激发兴趣

### （一）用课件演示动画片《西游记》主题歌

师：同学们喜欢看动画片吗？今天我们一起来看一段动画片，不过今天我们要用数学的眼光来观看。

师：动画片看完了，你能从动画片中找到数学信息吗？

师：“九九八十一”是关于几的乘法口诀？今天我们就来学习9的乘法口诀。(板书：9的乘法口诀)

师：9的乘法口诀有几句？

师：唐僧师徒四人经历了九九八十一难终于取得了真经，我们也要克服各种困难，将来才能取得更大的成就。

### （二）9个9个连加

师：谁知道“九九八十一”是什么意思？9个9连加真的是81吗？我们请小袋鼠来帮忙验证一下。

师：你们知道袋鼠一下能跳多远吗？告诉你们，袋鼠一下能跳9米远呢。（板书9）跳一下是1个9，2下是几个9？2个9是多少？(板书18）谁能像老师那样9个9个地加下去？(开火车一个接一个)

## 二、学习新知，自主探究

### （一）挖掘原认知

师：昨天老师让你们自己预习编写9的乘法口诀，你们觉得哪几句比较难？(学生自由发言)

### （二）自主探究

1. 结合图，理解口诀含义（重点讲“五九、六九、七九”)

师：谁来给大家讲讲“五九”这句口诀什么意思？

师：谁愿意讲讲“六九”这句口诀？

师：（课件出示“七九六十三”的图）猜猜看，这个同学编的9的哪句乘法口诀？你是怎么知道的？

师：李同学，老师有个问题想问你，为什么在第一份你画了9根小棒，后面为什么不画了呢？

李同学：因为每份都画 9 根小棒太麻烦了。所以我只在第一份画 9 根小棒，后边就用一条线段代表同样多的 9 根小棒。

师：李同学的想法很好，我们在画图的过程中，如果遇到要画的数很大时，我们就可以用线段来表示。注意画线段时，如果数量同样多，线段长度一定要相等。

2. 联想加法算式，理解口诀含义（重点讲“八九”）

师：“八九七十二”。

师：见到“八九七十二”，你能联想到哪个加法算式？这个算式表示什么意思？

3. 直接看口诀说意义

师：“四九三十六”表示什么意思？

9 的乘法口诀编完了吗？还差哪句？(同学说的同时老师写板书)

## 三、第一次教学设计的思考与实践：变机械记忆为口诀编写

这节课教学设计与以往或其他教学设计相比，具有以下特点。

### （一）提前调查有的放矢，合理把握教学起点

教授某一内容时，教材的逻辑起点和学生的认知起点，教师的主观臆断起点和学生的真实起点往往不一致。学生的起点究竟在哪里？面对不同学生认知起点的多样性和丰富性，为了在教学中做到心中有学生，教学设计有依据，需要我们走到学生中去，了解学生的真实认知情况、思维状态。老师可以通过不同方式对学生进行相关知识预备和相关学习方法的预先测试。通过教学前测，找出前测中的关键问题，针对关键问题，进行有针对性的设计教学活动，并提出相应的课堂教学策略，准确把握学生的数学学习起点，为课堂教学的有效实施做好必要的准备。

通过调查，根据学生的实际，在学习 9 的乘法口诀时，我大胆放手让学生去尝试，把自己认为比较难记的口诀，用画图的形式预先编写。

### （二）变教师的讲解为学生探索和交流

教学前测还可以决定本节课的教学是否可以放手让学生“自主学

习”，或者选择“小组合作学习”“半扶半放——教师引导学习”的教学方式来分解难度，以变化的教学方式，激发学生学习的兴趣，提高学习效率。

一节课中根据预习结果，分层展示、知识迁移、自主学习。一方面，先是直观的圆圈图，再是数形结合的图，最后是线段图的雏形，安排从具体到抽象；另一方面，适时点拨，渗透画图策略。让学生经历编乘法口诀的过程，从本质上改变口诀的教学方式，充分发挥这部分内容的教育价值。

英国教育家斯宾塞曾说过：“应该引导儿童进行探讨，自己去推论，给他们讲得应该尽量少些，而引导他们发现的应该尽量多些。”培养学生的自主学习，就要鼓励学生大胆发言，敢于说出自己的意见，敢于互相争论。学生讨论交流画图，大胆地上台展示和交流；学生通过动手、动脑、动口等多种感官参与学习活动，不但掌握学习数学的方法，而且能加深理解，学以致用。通过编制 9 的乘法口诀的过程，培养学生初步的知识迁移能力和自主学习的精神。

（三）伙伴教学伴随整个学习过程

伙伴教学可以让学生在真实学习情境中学会全身心投入，彼此点拨解释思路，彼此发现展示异同，彼此取长补短，彼此肯定价值，彼此满足心理需求；让学生在交流反馈中，对学习的过程、方法、结果等进行及时反思与提升，在伙伴悦纳中从个人主体教育走向类主体和谐发展教育。

《义务教育课程方案和课程标准》指出，“课堂教学是教学活动的教学，是师生之间、学生之间交往互动与共同发展的过程。教学活动必须建立在学生的认知发展水平和已有的知识经验基础之上，教师应激发学生的学习积极性”。通过认真思考和修改案例，我对这段语有了深刻理解。

（徐　虹）

# 以繁代简　在探究学习中体悟除法的意义

## 一、第一次设计变化：力图体现思维过程中的难点

“除法的初步认识”是人教版义务教育课程标准实验教科书数学第四册第二单元“表内除法（一）”的教学内容，是学生学习除法的开始。在具体情境中通过实践操作明确平均分的含义，在头脑中形成平均分的表象，进而让学生体会除法运算的意义。可见平均分在理解除法的意义中起着很重要的作用。

其实，除法这个概念对于二年级的学生来说并不陌生，他们在生活中通过各种渠道或多或少知道一点，所以刚开始学习除法的时候，学生的热情特别高涨，表现欲强烈，恨不得把自己知道的有关除法的所有内容都展示出来，但真的动手平均分的时候，他们往往更重视结果而轻过程。因为乘法口诀在学生的头脑中有了根深蒂固的印象，在学习了除法的初步认识之后，有的同学暴露出了一些问题，平均分的方法不太明确，乘法口诀写出的两个除法算式任意使用不能与题目要求对应。为了突破除法的意义这一难点，我设计了以下教学环节。

师：多莉要过生日了，准备邀请朋友们来参加她的生日聚会，但是在为大家分配食物的时候犯了难。听说大家刚刚学习了除法的知识，想请大家帮帮忙，你们愿意帮帮她吗？

【活动规则】

（1）同桌2人一组，其中一人作为多莉，另一人作为多莉的小助手帮助多莉梳理平均分的过程。

（2）每轮活动，多莉对食物进行平均分，小助手根据平均分的过程说清多莉是怎样平均分的，并能列出对应的除法算式。

(3) 活动进行1轮后，2人互换角色，共进行2轮。

师：我们先来看看多莉为大家准备了什么好吃的呢？

生：6个苹果。

师：又大又红的苹果多诱人呀！多莉可以怎样平均分呢？你们有想法了吗？同桌2人分工合作，快去帮帮她吧！

学生活动、交流分享。

师：哪个小组愿意展示你们平均分的过程？

(生1动手操作)

生2：他把6个苹果平均分成3份，每份有2个。

(列出的算式是6÷3=2)

师：你是怎么看出他是平均分成3份的呢？

生2：因为他在平均分的时候先摆出了3个盘子。

师：像这样平均分成几份的时候，我们可以先摆盘子，再一个一个地分或几个几个地分。(边小结边梳理板书)

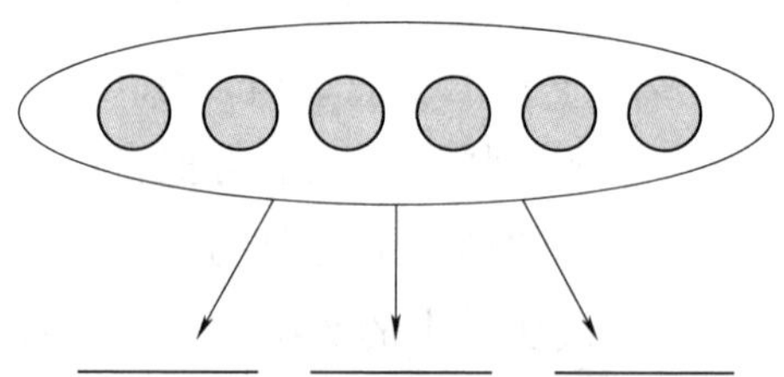

师：有跟他分法一样的同学吗？你们真棒！这确实是平均分的一种方法。

(生2动手操作)

生1：他把这6个苹果，每2个一份，能分3份。

(列出的算式是6÷2=3)

师：你是怎么看出他是每2个一份的呢？

生1：因为他在平均分的时候每次都拿出2个苹果，这是在一份一份地分。

师：像这样每几个一份的时候，我们就可以一份一份地分。(边小结边梳理板书)

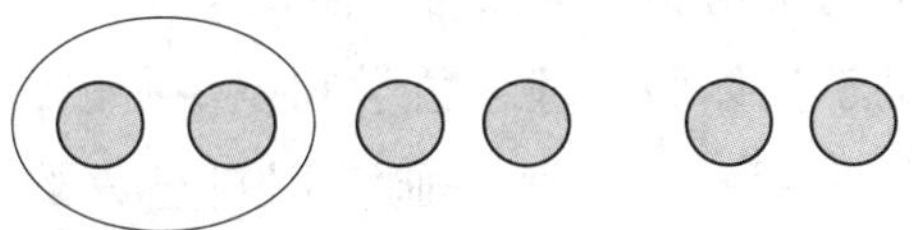

师：有像这样平均分的同学吗？在平均分的时候我们可以先确定平均分成几份，再一个一个地分，还可以每几个一份，一份一份地分。

师：谢谢你们帮助多莉把这些苹果平均分完了。快看看她的小伙伴们来了，加上多莉一共5个人，你能帮帮她们把这16块美味的蛋糕分给他们吗？

学生自主探究平均分会有剩余的情况。

师：在帮助多莉为小伙伴们分配食物的活动过程中，你们有什么感受或者收获与大家分享吗？

## 二、第一次设计变化：挑战性问题中挖掘学生多元思维方式

喜欢动手操作是孩子的天性，具体形象思维是他们认知的特点。所以本节课在学完除法的基础上继续为学生提供学具，强迫他们再次经历平均分的过程，希望在动手实践过程中，引发学生思考，感受到除法就是在平均分。通过学生动手分，用语言描述过程，再转化为用符号语言表示这三个层次，层层递进，提升学生的思维水平。可是效果甚微，考虑到操作学具可能会忙中出乱，避免造成干扰，数量不宜太多。即使这么少的数量，学生仍存在“偷懒”心理，觉得可以口算出结果，何必再动手去分呢？所以在要求平均分的时候都觉得没有分的必要了。那么除法的意义学生真的理解了吗？他们的思维水平到底停留在哪？

通过教学实践和课后练习，我大胆设想：能不能直接挑战一道他们不会的除法题？不能用乘法口诀直接解决的，把需要平均分的总数替换成更繁杂、更大的数，看看能不能唤醒他们平均分的意识。

针对以上这些问题，我调整了本节课的教学目标，通过学生在问题情境下的自主探究，帮助学生理解除法运算的意义，运用不同的表征方式表示平均分的过程，并能用平均分的方法解决问题。

在数学活动中的实物操作虽然可以激发学生参与数学活动的兴趣，但更重要的是帮助学生体验、理解数学知识。所以，我调整了学具的使用，让学生在纸上写一写、画一画，用自己喜欢的方式表示思考过程。

基于此，我对之前的教学环节进行了调整。

教学片段。

师：今天是多莉的生日，她一大早就在家门口看到了小伙伴们秘密为她准备的生日礼物，你们想知道里面是什么礼物吗？

师：多莉也特别想知道！可是，打不开呀！这是一个密码箱，这可难住了多莉，怎么办呢？

生：算出上面算式的得数就能打开密码箱了。

师：你们真会观察，那我们帮帮多莉，好吗？一起来解锁密码箱。（板书）

【活动规则】

（1）计算正确就能顺利打开密码箱。

师：怎样才能打开密码箱呢？42 除以 3 等于几呢？

（2）你打算怎样解决？把你的思考过程用喜欢的方式表示出来。

师：先思考一下，你想怎样解决？

师：现在你有想法了吗？可以在课前发的纸上写一写、画一画，表示你的思考过程。

学生活动。

师：完成的同学可以跟同桌交流一下，把你的想法讲一讲，看看你的同桌能听懂并看懂你的想法吗？

小组交流、全班分享。

师：老师刚才在巡视的过程中，看到同学们运用了好多方法计算，我们一起来看看。

生 1：画 42 个，每 3 个一份，看能分成几份。

师：那你就是通过实际分一分的方式在找 42 里面有几个 3。

师小结：谁跟他的想法一样？你们真棒，这就是我们刚开始学习平均分的方法，遇到不会计算的时候可以用这样平均分的方法实际分一分。

师：还有的同学是这样表示的，你们能看懂他的表示方法吗？看不出来他是怎么分的，我们让他来说一说他的思考过程。

生 2：把 42 平均分成 3 份，求每份有几个。

师：这 3 个大圈是什么意思呢？

生 2：平均分成 3 份。

师：有跟他想法一样的同学吗？有谁虽然没用这种画的方法，但是也会做？其实这也是在平均分，怎么平均分的？

师小结：在计算 42 除以 3 等于几的时候都是在平均分（对比摆出 2 种），可以找找 42 里面有几个 3，像这样每 3 个一份，能分成 14 份；也可以把 42 平均分成 3 份，每份得到 14 个。

师：还有的同学想到了连加、连减的方法。

生 3：连加 $3+3+3+3+3+3+3+3+3+3+3+3+3+3=42$

连减 $42-3-3-3-3-3-3-3-3-3-3-3-3-3-3=0$

师小结：实际上是在用计算的方法得到 42 里面有几个 3，也是在平均分。

师：还有的同学想到了用小棒来帮助思考，他是怎么想的呢？

生 4：把 4 捆小棒平均分成 3 份，每份 1 个十还余 1 捆，1 个十和 2 个一合起来是 12，再继续把 12 平均分成 3 份，每份 4 个一，所以把 42 平均分成 3 份，每份是 14。

师小结：我们就这样先分整捆的，再分单根的，用小棒清晰地把 42 平均分成 3 份。

师：这个又是什么意思？这是谁的思考过程？来讲讲。

生 5：$3\times9=27$；$42-27=15$；$15\div3=5$；$9+5=14$。

师小结：看来 42 这个数比较大，我们可以把它拆成 27 和 15，42 里面有 9 个 3，15 里有 5 个 3，通过拆成小一点的数也是在找它们里面分别有几个 3，再合起来。

师总结：你们真会思考！刚才我们用了这么多方法帮助多莉解决了这个难题，这些方法有什么共同的地方？

生：都是在平均分。

师：不管用了哪种平均分的方法，我们都得到了42除以3的结果，42÷3=14，那我现在要开始按密码了，我按完你们说“开”，咱们试试。

师：恭喜你们，也谢谢你们帮助多莉拿到了生日礼物，是什么呀？（水晶球）

师：在大家的共同努力下我们又巩固了平均分的方法，并会用平均分的方法来解决像这样口诀之外的除法。老师真为你们感到骄傲！在开始遇到困难的时候我们不轻言放弃，能用已学的知识解决新的问题。特别欣赏你们这种勇于探索的精神！

## 三、效果分析与思考：课堂中实现深度探究

经过这次调整后，游戏情节更具有趣味性，经历的过程更具挑战性，虽然摒弃了学具的操作，但是学生的兴趣明显提高了，自主探究气氛浓厚了。在遇到没法解决的除法问题时，同学们都在努力地想办法，不管哪种方法都是在平均分，同学们都进一步理解了除法运算的含义。我们在课堂中主要突出了实际进行平均分的方法，让学生能够掌握这最基本的两种平均分方法。也有一些孩子已经具备了一定的抽象概括能力，能想到其他表示平均分的方法，我们也积极地给予肯定。这时候虽然用到平均分的两种方法，但实际上学生已经逐步把除法的意义迁移过来。基于两次调整，学生思维发展的层次性更加突出，而且在思维过程中想到多种表征方式解决问题。

以繁代简，在操作中探索规律、建立概念，这样做可以将兴趣激发、思维训练、能力培养融为一体，使知识充满内在活力，让学生在整个活动过程中不仅有方法的提升，还能够体验自主探究、勇于探索的过程，收获到成功的喜悦。

（董　祎）

# 多种活动提升学生思维深度

## ——“角的初步认识”案例

### 一、背景介绍

本节课的教学内容是“角的初步认识”，这节课是学生在学习了长方形、正方形等平面图形的基础上，继续认识平面图形。教材分两个阶段编排“角的认识”。第一阶段在二年级上册，结合生活情境及操作活动，学生初步认识角和直角，知道角的各部分名称，会用尺子画角，会用三角板判断直角、锐角、钝角。第二阶段在四年级上册，学生进一步学习角的度量。

为了调查学生已有的认知水平，我对班中40名学生进行了问卷调查，题目如下。

- 生活中，你在哪里见过“角”？
- 你认为数学上的“角”是什么样的？请你写一写、画一画。
- 下面的图形各有几个角？

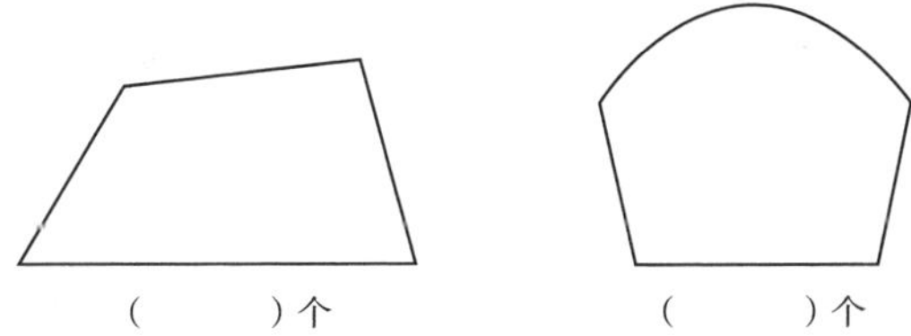


通过前测发现，大多数学生对角的认知停留在生活中的各种“角”，比如，剪子尖、铅笔尖；或者是学过的图形上的角，比如，三角形上尖尖的地方就是角。通过访谈追问发现，学生对“角”并不陌生，但是对于生活中的角和数学中的角并不能很好地区分。学生对于数学中角的组成和特征很模糊，90% 的学生认为角就是“尖”，但不知道角的边是直直的。对于影响角的大小的因素学生也不清楚，只是停留在视觉上进行判断。

基于对教材和学生的了解，再结合二年级学生的年龄特点引发了我的思考。我认为应当为学生创设一个生动有趣的情境，结合学生的生活经验，通过问题引导学生进行自主探究以及合作交流，使学生将生活经验转化为数学知识，再用数学知识解决生活中的问题。在掌握知识的同时，培养学生良好的学习习惯，为后续学习奠定坚实的基础。

本节课的教学重点是使学生初步认识角，会辨认角，知道角各部分的名称，初步学会用直尺画角。教学难点是明确角的大小与角两边张开大小有关，与角两边长短无关。本案例所选的教学片段就是学生在认识角以后对角的大小进行探究的环节。

## 二、第一次教学片段

师：请你认真观察这个活动角，它再怎么变？（慢慢张开角的两边）

生：边张开了，角变大了。

师：又发生什么变化了？（慢慢合上角的两边）

生：边慢慢合上，角变小了。

师：观察活动角的大小发生变化，你有什么发现吗？

生：角的大小与角两边张开大小有关。

师：请拿出你的活动角，试着把你的活动角变大或变小。

学生活动。

师：在这个过程中，你发现了什么？

生：两边张开越大，角越大；两边张开越小，角越小。

出示两个同学做的角。

师：这两个角大小一样吗？你会比较两个角的大小吗？

生：顶点和其中一条边重合，看另一条边的位置。

出示两个大小相同但边长不同的两个角。

师：这两个角哪个大？哪个小？

生1：边长长的角大。

生2：两个角一样大。

师：有什么好方法来证明吗？

生：用重合法。

课件演示，重合两个角，并延长边长短的角的边。

师：角的大小与边的长短无关。

## 三、教学反思

学生在判断角的大小时，思维仅仅停留在视觉上，并没有把重点放在影响角的大小的因素，也就是角两边张开的大小上，因此在判断时经常受到视觉干扰，认为边长越长角越大。因此引发我的思考：如何帮助学生提升思维深度，绕过视觉对学生产生的消极干扰。

通过大量查阅资料以及教学实践发现：低年级学生思维具有直观性，他们喜欢用自己眼睛看到的、手摸到的作为自己的判断依据。因此，在实际教学中，应当注重根据学生的年龄和心理发展特点设置教学环节，并在整个过程中注重有意识地培养学生的思维能力。

首先，根据思维水平，调整教学目标。结合课标和教参中对第一学段学生的要求，我调整了本节课的教学目标，让学生对“角的大小与两边张开大小有关，与两边的长短无关”这一知识的理解达到知道的程度。

其次，想要提升学生的思维能力，还要着眼于教学活动。我认为，在课堂上为学生创设一个有趣的探究情境或是设计一个趣味性的探究活动极为必要，这样不仅能激发学生的学习兴趣，促使学生自觉自主地探索知识，而且能取得以趣激思、提高思维能力的教学效果。

再次，低年级学生以直观思维为主，那么在课堂上就要有效地利用直观来帮助学生认识角的特征，同时也要利用直观操作让学生对角的大小有进一步的认识。

最后，还要注重对学生语言表达能力的培养。语言是思维的外壳，课堂上学生把心中所想用语言表达出来，实际上就是思维的提升。本节课是一节概念课，其中涉及了许多需要学生发现、总结的内容。在这样的环节中，我认为教师可以适当引导学生独立概括，帮助学生规整语言，使学生的话更具有科学性和严谨性。

## 四、第二次教学片段

基于以上思考，我对教学环节进行了调整，具体如下。

师：请你认真观察这个活动角，它发生什么变化了？（把活动角两边张开）

生：活动角变大了。

师：怎么就变大了？

生：两边张开的大了。

师：看来，两边张开了角就变大了。请你继续观察，活动角又怎么样了？（把活动角两边合上一些）

生：活动角变小了。

师：怎么就变小了？

生：角的两边张开得小了，角就变小了。

师：看来，角的大小和两边张开的大小有关。

师：请拿起你的活动角，先把活动角张开到和老师手里的差不多大，我们来做一个游戏。请你们听口令：把活动角变大，变大，再变小，变小。在这个过程中，你发现什么了？

生：角的两边张开越大，角就越大；两边张开越小，角就越小。

师：老师这有三个活动角，你知道它们哪个最大？哪个最小吗？

生：红色最大，绿色最小。

师：你是怎么判断出来的？

生：看角的两边张开大小来判断。绿色角两边张开最小，红色角两边张开最大。

师：你特别善于学习，利用到了刚才学习到的知识，有同学有不同的想法吗？

生：黄色角最大，绿色角最小。

师：你是怎么判断出来的？

生：我也是直接看角两边张开大小判断的。

师：看来大家都对最小的角是绿色角没有异议，就像同学们说的，用眼睛直接观察两边张开大小就可以直接判断出来。那最大的角是黄色角还是红色角呢？这次直接观察好像有些不好判断了，你有什么好办法来判断吗？

生：可以把两个角重合起来比一比。

师：你真爱动脑筋。像这样把角的顶点和其中一条边重合起来，看另一条边张开的大小的方法叫作重合法，重合法也可以判断角的大小。

师：请你用这个方法和你的同桌比一比你们活动角的大小。

出示两个大小一样但边长不同的角。

师：你能判断这两个角的大小吗？

生：两个角一样大。

师：你们有什么方法来验证吗？

生：可以用重合法，把两个角的顶点和其中一条边重合，看另一条边张开的大小。

课件演示两角重合比较大小，发现两角的边张开大小一样。

师：看来，角的大小和边的长短无关。

## 五、教学反思

这次的调整以游戏的形式增加了学生活动，让学生在玩活动角时的目的更加明确，在用眼睛看和用手玩的过程中，体会角的大小与两边张开大小有关，并进一步感受到了两边张开越大角越大，两边张开越小角越小，同时通过问题“你发现了什么”，引发学生思考，让学生尝试用自己的语言来总结角的大小与两边张开大小有关。在实践过程中发现，调整教学目标后，学生的学习兴趣更高，并且用眼睛看、动手玩和嘴巴说等多种直观形式来帮助学生认识角的大小，加深了学生的认识，也达到了更好的教学效果。

在认识角的大小教学中，除了要让学生知道角的大小与两边张开大小有关，还要让学生知道角的大小与两边长短无关。在教学设计调整前，部分学生由于视觉干扰而对于这一点并不认可。调整后的教学设计，将这一知识与重合法比较两角大小分开，分散了学生学习的难点。在这一环节安排了两个层次。第一层次是让学生知道角的大小与两边张开大小有关。在这个过程中，不断利用动手、动口等直观操作，强调和巩固“角的大小与两边张开大小有关，两边张开越大角越大，两边张开越小角越小”知识，加深学生对影响角大小因素的认识，深化学生思维。然后在第二层次再让学生感受角的大小与边长的关系，引发学生的认知冲突，让学生进一步深刻感受角的大小由两边张开大小决定，与两边长短无关。因此，在调整后的教学中，学生更能自主地理解这一知识，并能用自己的语言叙述，这不正是学生思维能力提升的外化表现吗？

（才燕雯）

# 问题引领学生探究　自主建构数学概念

## ——以“平均分”教学为例

新课程倡导“以学生发展为本”的教学理念，“问题引领式”的课堂教学模式就是在这种教学理念的指导下，通过充分发挥教师主导作用，创设平等、和谐、民主的课堂氛围，把学习置于问题之中，让学生在问题驱动下自主地感受问题、发现问题、探究问题，为学生充分提供自由表达、质疑、探究、讨论问题的机会，使学生通过个人、小组、集体等多种解难释疑的尝试活动，实现知识的意义建构，促进学生认知、技能、情感全面发展的一种有效教学模式。

在运用问题引领教学模式的课堂中，学生学习的主动性大大提高，对问题产生深度思考，思维优化发展，能够更深刻地理解和掌握所学内容。现就以人教版小学数学二年级下册第二单元“表内除法（一）”第一课时“平均分”一课为例，具体阐述运用问题引领模式进行教学的实践和思考。

### 一、教学方法

学生要认识除法，必先认识平均分，认识平均分是学习除法的开始，也是今后继续学习除法、认识分数等相关内容的基础。教材中“除法的初步认识”的教学立足于除法概念本质的建立，在小学第一学段，对除法概念本质的理解就是“平均分”，要突破除法学习的难点，关键是理解“分”，尤其是“平均分”。学生只有充分经历平均分物的过程，明确平均分的含义，并在头脑中形成平均分的表象，才能为认识除法建立基础。因此教学“平均分”一课对学生学习数学而言具有重要的意义。

教材中首先通过主题图展现了学生在一起分东西的情境，突出了本单元的教学是以学生动手操作活动为基础的。例1在对比中，从分完物体的结果角度认识平均分。例2是“等分”的情况，教材关注了平均分的过程，让学生体会平均分过程与方法的多样化。例3是平均分的另一种情况“包含”，同样重视平均分的过程与方法，突出平均分的结果。

学生在生活中经常接触到分东西、平均分东西的情况，这是以他们的生活经验为基础的。经过提前访谈我了解到，在课外，有同学已经认识了一些有关除法的知识，他们往往希望通过计算“一步到位”一下子就知道平均分的结果，不再愿意动手去平均分东西。从年龄和心理特点来看，小学二年级学生的思维以具体形象为主，他们的学习需要通过大量的操作活动或其他数学活动，使所学新知识不断内化到已有的认知结构中。

结合教材和学生情况，我设计了以下的教学环节（见图4－1）。

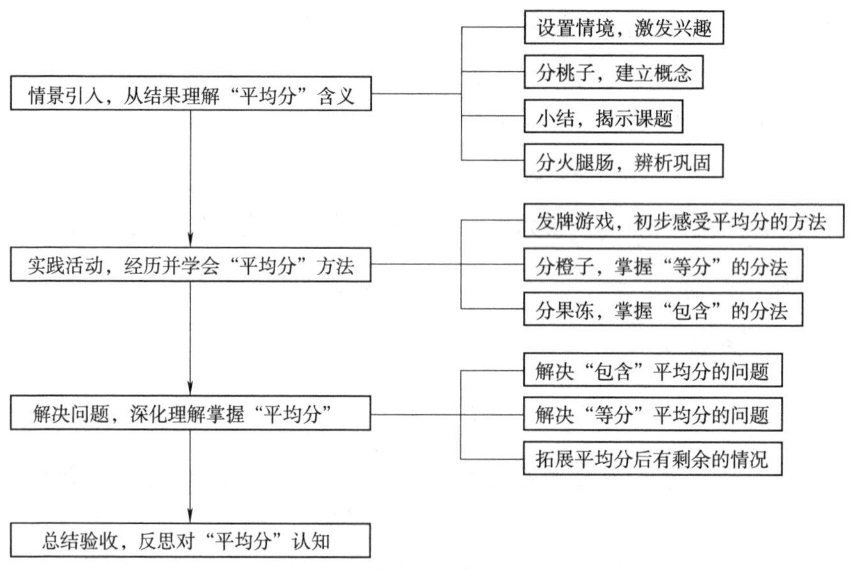


**图4－1　教学环节**

在实施每一个教学环节时，分别提出不同的核心问题以及相应的辅助问题，使学生在“问题”的引领下主动探索、认真思考、积极交流，从而获得对“平均分”过程和结果的统一认知。

上课伊始，创设了有效的问题情境，有助于学生理解数学内容的学习意义。在创设的去科技馆之前分食品的情境中，依次出示四个小组分桃子的情况（见图4－2），通过核心问题“哪组分完的结果能让组员都满意？为什么？”引发学生思考和讨论，在探索问题的过程中暴露学生思维过程，提出辅助问题1：“怎么分才是公平的？公平体现在哪里？”“你头脑中认为的平均是什么样？”引导学生得出要使组员都满意就要做到“每份分得同样多”的结论。学生对其中不公平的分法进行调整后，教师提出辅助问题2：“这样调整之后，四个小组都做到了什么？”使学生反复巩固对“每份分得同样多”的感知。接下来揭示课题，“每份分得同样多”是“分”出来的，我们把这种分法就叫作“平均分”。

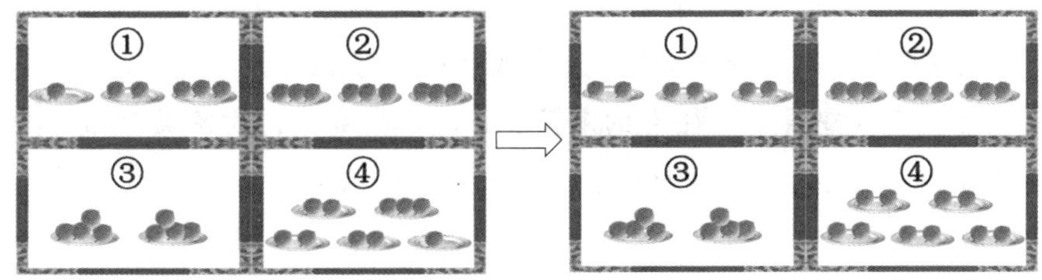


图4－2　分桃子问题情境

学生通过对核心问题以及相应辅助问题的思考、交流、讨论，从分完东西的“结果”角度，认识了“平均分”的含义。

对“平均分”有了结果性的认知后，马上进行辨析，使学生巩固理解平均分，同时培养认真审题、按要求做事的好习惯。以把8根火腿肠平均分给4个小朋友为例（见图4－3）。

把8根火腿肠平均分给4个小朋友。

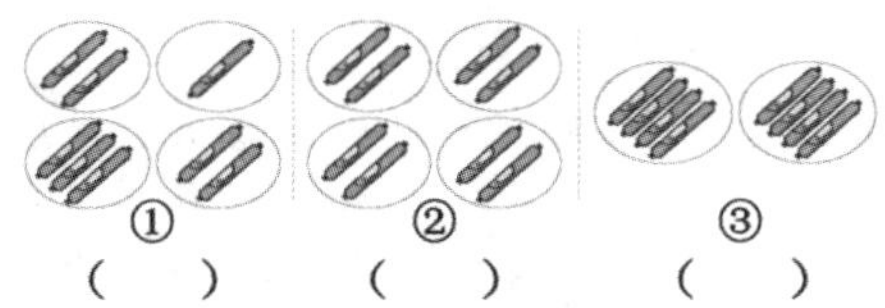


哪种分法对？对的在括号里画“√”。

图4－3　分火腿肠问题情境

随后，我设计了三项实践操作活动，目的是突破平均分的重点难点，使学生形成对平均分“过程性”的认知。首先通过分扑克牌的游戏，使学生体验生活中平均分物的几种不同过程，以下是教学片段。

教师提出核心问题：刚才通过分好吃的，我们知道了什么是平均分，那么让你自己来分东西，能做到平均分吗？

1. 师：同学们都玩过扑克牌吗？今天我们来玩一个发扑克牌的游戏。

师：这里有一些扑克牌，想请你们平均分给4位同学（请4位同学上讲台），先想一想你打算怎样分？再和伙伴说一说你的想法。

在学生思考、交流的过程中，教师行间巡视，听取学生的想法，有一些同学问：“老师，一共有多少张牌？”我都不告诉总数，而是顺势引导：“不知道总数，你能不能把这些牌平均分给4人？”

生1：我1张1张地分。（上前演示分的过程）

师：看他按照从左往右的顺序，1张1张地分，大家帮他数着分了几轮（分完后）。正好分完，每人数数自己分得几张？每人分得3张，是不是做到了平均分？

2. 师：老师换一把牌，明显比刚才多了很多，还是要求平均分给4位同学，是不是还可以1张1张地分呢？的确可以。那如果想分得快一些，可以怎么分？

生2：我想2张2张地分。

生3：我想3张3张地分。

生4：我想4张4张地分。（上前演示分的过程）

师：看他分完第一轮后，手里剩下的牌很少了，还能不能4张4张地分？那么你想怎么分？对，下一轮调整成1张1张或2张2张地分。每人分得6张牌，也做到了平均分。

3. 师：老师又换了一把牌，又多了，还是平均分给4位同学，你们打算怎样分？

生5：我想1张1张地分。

师：可不可以？可以，1张1张地分是我们平均分的基本方法。如果想分得快一些，怎么分？

生6：我想5张5张地分。

师：可以吗？可以。再大胆一些。

生7：我想10张10张地分。（上前演示分的过程）这10张给第一位同学，这10张给第二位同学，这10张给第三位同学，还剩6张，不够了。

师：发现不够了，怎么办？大家一起帮帮他。

生7：我从前三位同学手里分别拿出1张，和这6张一起给第四位同学，每人分得9张牌。

生8：还可以把前三个人的牌都收回来，重新发牌。

师：如果重新发牌，每人发的牌应该比10张要多一些还是少一些？

生：少一些。

师：通过分扑克牌，看来大家会平均分东西了。

数学问题情境应该来源于现实生活，对于学生来说是真实可感的，才能让他们感受到学习的必要性。教材的例题都给了平均分的总数，而且数量都比较小，学生根据已有经验很容易就利用乘法口诀或除法计算得到结果，有快捷的方法自然就不会选择动手一个一个或几个几个地分了。因此，教师设计的数学学习活动必须建立在学生的认知发展水平和已有经验的基础上，要让学生感受到学习平均分方法的必要性。孩子们在生活中大多玩过扑克牌，发牌这个现实情境正是借助了学生的生活经验，同时又避开了需要数出总数再平均分的情况，通过核心问题“如果让你们自己动手分东西，你们能做到平均分吗”，以任务驱动形式促使学生产生思考。在每一小项活动之前分别设置辅助问题，如“（第一把牌）要想平均分给四位同学，你打算怎么分？”“（第二把牌）是不是还可以1张1张地分？怎样能快一些？”“（第三把牌）更多了，你想怎样分？”让学生亲历平均分扑克牌的过程，初步学会平均分的几种不同方法。

“平均分”从分的过程角度可以分为两种情况——“等分”和“包含”。新教材对“等分”和“包含”不是从两种分法的角度进行教学，而是以“平均分”为基础，对两种分法进行整合，让学生从整体上认识平均分，在此基础上建立除法的概念。延续分扑克牌之前的核心问题“如果让你们自己动手分东西，你们能做到平均分吗?”组织学生分橙子、分果冻，都不告诉水果的总数，而是出示学具后，直接提出辅助问题“这里有一些好吃的橙子，想把这些橙子平均分成6份，你打算怎么分?”“有一些果冻，每两个一份，可以分几份?”学生在动手平均分物的过程中体验、感悟、发现“等分”情况可以1个1个地分，也可以几个几个地分，“包含”情况就要1份1份地分。教学片段如下。

（一）分橙子，掌握“等分”的分法

1. 师：这里有一些好吃的橙子，想把这些橙子平均分成6份，你打算怎么分？拿出学具，自己动手分一分（板贴18个橙子、6个盘子）。

2. 师：哪位同学愿意来展示你平均分的过程？

生1：我是1个1个地分的（动手演示分的过程）。分完的结果是每份3个橙子。

师：1个1个地分是平均分最基本的方法，还可以怎样平均分？

生2：我是2个2个地分的（动手演示分的过程）。分完第一轮，还剩6个橙子，再变成1个1个地分，分完的结果是每份3个橙子。

生3：我是直接3个3个地分的，正好每份3个橙子。

3. 师：无论1个1个地分，还是几个几个地分，结果都做到了什么？

生：每份分得同样多。

师：对，所以1个1个地分、几个几个地分都是平均分的方法。

（二）分果冻，掌握“包含”的分法

1. 师：这里有一些果冻（板贴8个果冻），这次想这样平均分（板书：每2个分一份，能分几份?）拿出学具，动手分一分。

2. 师：谁来展示你是怎样分的？

生4：我是2个2个地分的，这2个分一份，这2个分一份，这2个分一份，这2个分一份，一共分成了4份。

师：还有谁也是像他这样2个2个地分的？（全班都举手）

3. 师：大家都是这样分的，为什么这次没有人1个1个地分？或者好几个好几个地分？

生5：因为这次要求“每2个分一份”，所以一份就是2个，就是要2个2个地分。

师：看来这次大家都是1份1份地分的，像这样1份1份地分，结果也做到了什么？

生：每份分得同样多。

师：说明1份1份地分也做到了平均分。

激发学生创新意识，培养创新型人才，这是当今教育的重要课题。教师在多大程度上让学生成为学习活动的主人，也就能够在多大程度上实现教育的目标。三项操作活动都从学生的学习兴趣、生活经验和认知水平出发，在问题引领下，让学生通过思考、体验、实践、合作、交流等学习方式，积极主动地分析问题、解释问题、沟通交流，最终解决问题。

在动手实际分物的过程中，学生经历并理解了平均分的过程性意义。每次分完物品后，教师提问“这样分结果做到了什么”，学生再次回顾“每份分得同样多”，实现了平均分过程性和结果性相统一的自我理解建构。

在反馈拓展环节，教师提出核心问题：“大家现在对平均分都已经理解得特别好了，那么请你们来帮小熊解决问题，可以吗？”通过帮助小熊解决3次分蜂蜜的问题，学生在核心问题的引领下，通过思考、尝试解决每一个辅助问题，由浅入深，由表及里，不断深化对“平均分”的认知，促进思维的深度发展，提升对“平均分”意义和方法的理解与掌握，达到对知识的更深层次的理解，从而提高学习效率。

## 二、教学思考

### （一）遵循学生思维的层次性，帮助他们理解并掌握“平均分”的概念

创设分东西的生活情境，唤醒学生已有生活经验，帮助学生从

“分完的结果”角度认识“平均分”；接下来，根据“操作感知—建立表象—形成概念”认知规律，引导学生分扑克牌、分水果和分果冻，经历从感性认识到抽象认识的过程，从“分的过程”角度使学生加深对“平均分”的理解；引导学生在对比反思中，逐步完善并深化“平均分”概念的认知结构，使学生形成对“平均分”的个性化理解，获得“结果”上和“过程”上的统一认知，使其思维更加清晰。

### （二）倡导“平均分”过程中的方法多样，使学生深刻理解“平均分”

在引导学生动手平均分物的过程中，首先组织他们玩分扑克牌的游戏，牌少的时候可以 1 张 1 张地分，牌多的时候几张几张地分更快捷；分完一轮还有剩余时再继续分，不够分一轮时要进行调整，学生初步体会了“平均分”的过程与方法的多样性。接下来在具体分橙子、分果冻的操作活动中，学生再次深刻感受并理解“平均分”的过程与方法，体会到不论是一个一个地分、几个几个地分，还是一份一份地分，每一轮分完的结果都是做到了“每份分得同样多”，从而保证整体分完最终的结果是“每份分得同样多”。

### （三）“问题引领”教学模式促进学生的思维优化发展

问题是学习的动力，以问题为载体，可以激发学生的探究欲望；问题是思维的引擎，以问题为平台，可以发展学生的思维能力。教师在实施问题引领的数学课堂教学时要具有创新精神，根据数学教学内容与学生情况，精心设计核心问题以及相应的辅助问题，真正发挥问题的载体作用，让学生的学习围绕“问题”展开，并在学习过程中自主地发现问题、探究问题、解决问题，从而达到对知识的深层次理解和掌握，更加突出学生的主体地位，促进其思维优化发展，提升教师与学生的有效互动，打造高效课堂，使数学课堂因问题而精彩。

（王园园）

# 综合实践中加强设计体验创作美

## ——以“小小设计师”一课为例

“小小设计师”是人教版二年级数学下册中“综合与实践”的主题活动课。“综合与实践”是《义务教育数学课程标准》（以下简称《标准》）规定的四个学习领域之一，是学生在教师指导下，综合已有的知识和经验，经过自主探索和合作交流等学习活动，解决日常生活和社会实践中具有一定挑战性和综合性的实际问题的学习活动。

《标准》将第一学段综合与实践的目标定位在通过实践活动，获得初步的数学活动经验，感受数学在日常生活中的作用，体验运用所学的知识和方法解决简单问题的过程，使学生在经历实践操作的过程，进一步理解所学的内容。

## 一、实施及第一次设计

### （一）教学准备

1. 教材和学情分析

第三单元“图形的运动”的数学目标是认识轴对称，了解平移和旋转现象。“小小设计师”是在之后进行学习的。

设计前我进行了前测——对 6 名同学进行了抽样访谈，调查访谈内容及结果如下。

访谈题目。

（1）先观察下图是否是轴对称图形，再找一找，这些图案是由哪一个图形经过运动得到的？（图略）

（2）先想一想，再说一说，这个图形是通过怎样的运动得到现在的这些图案的？

访谈结果。

6 人中有 1 人没有找到其中一幅图的基本图形，还有 1 人以一行图案为基本图形。

6 人都说出基本图形是通过平移或旋转得到的图案。

通过访谈，我了解到学生能直观地找到基本图形并辨析图形运动的现象，但同时我也发现学生观察的角度比较单一，一组图案作为基本图形得到新图案学生还是不理解。

依据以上分析，制定了本课教学目标。

（1）使学生能辨认生活中的一些图案是由一个图形经过轴对称、平移等运动得到的；能在正方形中设计图形，并能用所设计的基本图形通过轴对称、平移等运动创造出自己喜欢的图案，能将多个同样的图案运用图形的运动拼接在一起，并会用自己的语言描述图形的运动。

（2）让学生经历观察、操作及合作交流的过程，获得对图形的运动图案设计的基本方法，在想象图形运动的过程中发展空间观念。

（3）在欣赏图形的运动创造出美丽图案的过程中，进一步感受轴对称、平移和旋转在生活中的广泛应用，感受数学的美，体会数学的价值。

教学重点：根据给定的图案找基本图形，能运用图形的运动等知识创作图案。

教学难点：根据给定的图案，正确想象基本图形的运动方式。

2. 素材准备

实践课程离不开素材与活动，那么思维也有两个要素，即思维材料和思维方法。思维材料是指语言（概念）、符号、表象，思维方法是指大脑加工的方法。那么对语言（概念）、符号的加工就是抽象思维，对表象的加工就是形象思维。本课是在图形的运动学习基础上进行活动，所以本课是培养两种思维——抽象思维与形象思维的契机。在素材准备上我突出了两个方面。

（1）提供给学生具有中国元素的素材进行研究。

结合中国特色挖掘中国元素，为学生提供青花瓷的图案进行探究学习。提供这样的中国元素能让学生更深入地感受中国魅力，并与我校提倡的“家国情怀”的德育教育相吻合，同时体现了书本教材边界的打破和知识与现实边界的打破。数学不仅是在课本上的，更是在生活中的，还在文化中，我们可以足不出户就能了解中国。

（2）展示的教具具有可操作性。

本课难点是想象图形运动，即看到一幅静止的图案，学生能在脑中想象出这幅图案是由哪个基本图形进行了什么图形运动而得到的，这个过程就是发展学生空间观念的过程。为了更好地帮助学生建立空间观念，教师要想办法把思维外化，就要用到教具。这里我用到的教具具有可操作性，可以从图案中把基本图形拆解下来，使学生明确基本图形是什么。基本图形拆解下来的学生可以用作运动，这样就把学生脑中想象的图形运动外化在同学们眼前，有利于表达与交流（见图4－4）。

**图4－4 “图形运动”课堂**

（二）教学实施及分析

结合课前分析，确定本课的活动目的是让学生结合欣赏与创作图案的过程，进一步明确图形运动的知识，体会其在图案设计中的应用，并能用自己的语言描述图形的运动，逐步发展空间观念，感受生活中的数学美，培养创新精神和实践能力。

设计时通过欣赏图案揭课题、拆解图案明变换、拼接图案有创新、再赏图案有眼光、联想图案拓空间五个环节开展活动。

导入时，直接从学生已有的知识进入，然后出示青花瓷的图案，让学生通过合作共同进行观察，运用多种方式让学生对给定图案进行拆分，经过操作与交流找到基本图形，继而得出图案是由基本图形通过图形运动而得到的结论，并能用自己的语言描述其运动方式。

再通过课件演示进一步明确基本图形的运动过程，获得初步的方法体验，在动手、动脑、动口参与的探讨活动中深入理解图形运动的知识。

拼接图案有创新环节的主要目的是让学生体会图形运动在图案中的应用。先找到基本图形，重点是运用想象把基本图形在脑中进行运动变换，最后通过摆一摆拼组成新的图案，之后把脑中想象的图案与实际图案进行比较，进一步明确设计图案的过程。

学生通过回忆活动过程明确设计图案的方法，即先找出基本图形，然后进行图形运动，最后拼组出完整的图案。

在创作热情很高的时候，让全班合作拼接出很多漂亮的图案，理解从单个图案为基本图形过渡到从一幅图案为基本图形的图形运动，从而设计出更大的新图案。在拼接的过程中对比有规则拼接和无规则拼接的图案，体会有规则的图案是美的，并与乘除法相联系，突出数学的价值性。

## 二、效果反思及第二次设计

活动设计层次很清楚，但也存在以下几个问题。

“综合与实践”在教学中应强调问题情境与学生所学的知识和生活经验相结合，使学生经历发现和提出问题、分析和解决问题的全过程。这个特性在这个设计中不突出，教师引领的痕迹太多，放手不够。

本课“综合与实践”内容为“小小设计师”，没有充分突出“设计”主题追溯图案的设计经过。要更突出数学性，在创作图案时可以更突出设计性，培养学生的创造能力。

在实践探究中要多给学生探索和交流的时间，鼓励和培养用数学语言表达图案形成的过程。

依据以上分析的问题进行第二次教学设计（本书节选部分片段）。

## 一、个人设计图案

教学片段

教师：你们想不想运用这些基本图形自己设计一个新的小图案？怎么设计呢？

(1) 剪出基本图形。

(2) 想象进行图形运动。

(3) 设计出新的图案。

学生自主设计。

展示交流。

边展示边说一说。你是怎么设计出这个图案的？

预设拼摆的图案。

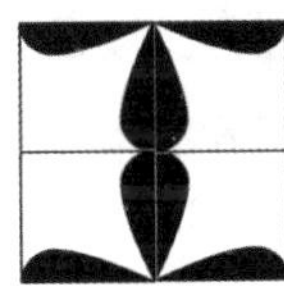
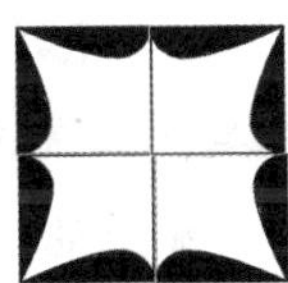

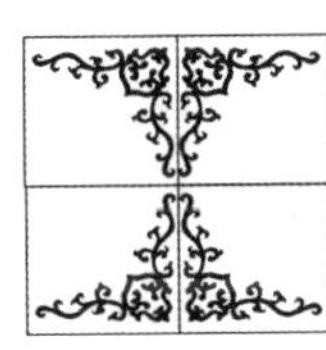
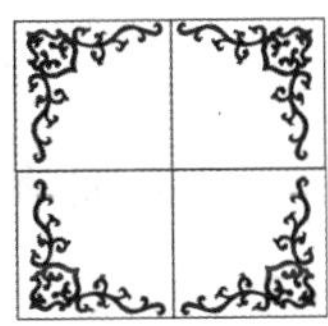
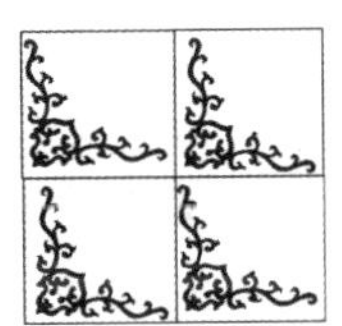

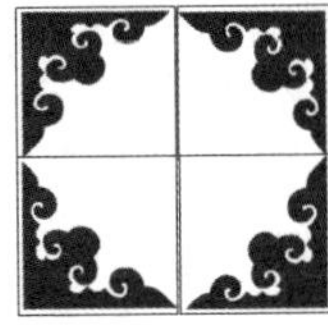
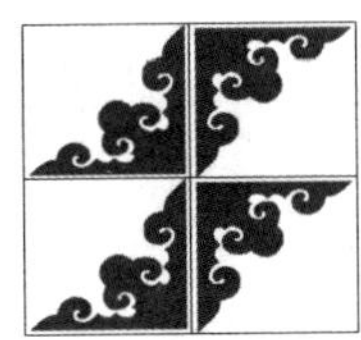

提出问题：当我们用同一种基本图形设计时，为什么得到了不同的图案呢？

小结：同一个基本图形运用不同的运动方式就会得到不同的图案。

你刚才想象的图案和你真正动手运动后得到的图案一样吗？为什么？

小结：在图案进行运动时，每一步都要非常认真，要按照你想的运动方式来操作，才能设计出你想要的图案。

大家回忆一下这些图案是怎么设计出来的？

板书：基本图形——图形运动——形成图案。

师：通过以上步骤就可以设计出完整的图案了。

## 二、设计组合图案

想象一下，如果有同样的 4 个小图案组合在一起是什么样子？

学生合作设计组合图案。

预设。

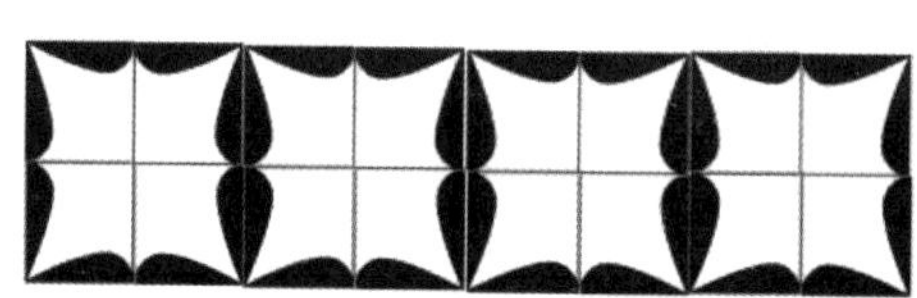

师：4 个同样的小图案组成一组新图案，如果我有 8 个这样的小图案，能设计出几组这样的图案？你是怎么知道的？

图案知识拓展。

教师介绍：刚才我们经历了把基本图形进行图形运动设计出小图案，然后把小图案进行图形运动形成了一幅更大的新图案。

像这样只在左右或只在上下两个方向上不断平移一个基本图形而得到的图案，叫作二方连续图案。

像这样把一个基本图案向上下左右四个方向上平移得到新图案的方法，叫作四方连续图案。

## 三、两次设计比较效果分析

### （一）在与生活结合的实践中积累数学活动经验

本节课是在“图形的运动”的学习基础上进行的综合实践活动，属于“图形与几何”内容。“图形与几何”主要研究现实世界中的物体、几何体和平面图形的形状、大小、位置关系及其变换。数学来源于生活，又运用于生活，所以教学要从生活出发。

通过观看青花瓷，体会中国美的同时让学生提出问题，依据问题引发学生思考，探究青花瓷图案的设计过程，达到观察与想象相结合。然后运用探究发现结果进行创作设计，使操作与体验相结合，整个活动过程都是通过观察、空间想象等思维活动完成动与静的结合，在学生获得相关知识与技能的同时，老师积累数学活动经验，最终建立空间观念，使课堂不仅停留在教授知识上，而且体现了数学知识从生活中来，又到生活中去的理念，在探究与创造的过程中更加激发了学生的思维，体现了教育价值。

（二）用设计代替图形的操作，提升思维层次性

本课的实践活动重心在“设计”，活动都是围绕“设计”进行实践的，改变了教师的教学观念，不是拼接图形，而是设计图案，从较高的层次上提取教学活动主线进行活动。

探究发现图案设计的方法后，让学生自主进行创作，是对知识理解的再提升，是发挥学生想象力的好时机（见图4－5）。空间想象力是小学数学中三种主要能力之一。二年级学生的空间想象力正处在萌芽状态，想象的有序性、完整性、深刻性都有待提高。在之前探究图案形成的过程就是初步培养学生进行想象的过程。然后在自主设计图案时，就能清晰地看到学生操作的步骤，这是思维过程的外化，说明学生确实是一边进行思维与想象、一边进行操作的，教学过程成功地将知识、思维、操作融合起来，体现了学思要联系、知行要统一的理念，更加提升了学生的思维能力与想象能力。

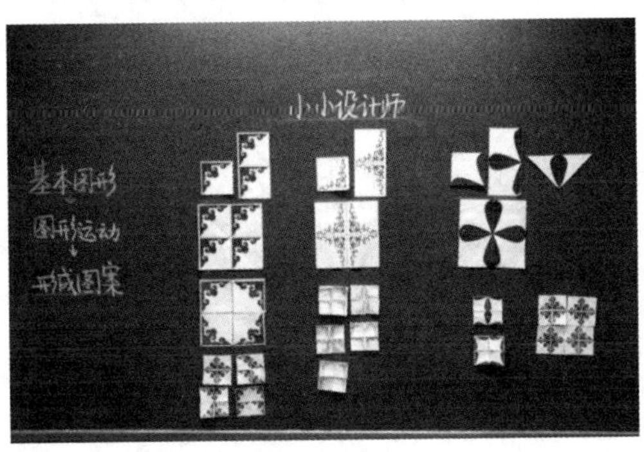


**图4－5　学生自主设计图案**

（三）运用问题引领激发学生探究

教师的引导性问题可以帮助学生生成问题、扩展问题、聚焦问题和解决问题，并最终形成问题系统。本节课教师只在关键点进行了问题引领。

你们看到这么漂亮的青花瓷图案想了解什么？

这么漂亮的图案是怎么设计出来的呢？

观察这三个青花瓷图案，你发现了什么？

你是怎么设计出这个图案的？

当我们用同一种基本图形设计时，为什么得到了不同的图案呢？

运用问题串激发学生的探究欲望，并给予充分的时间和空间去思考与探究，给予学生合作探索图案构成的时间的同时，鼓励学生与伙伴进行交流，并用数学语言描述图案形成的过程，培养学生的表达能力。通过互动与对话构筑世界、构筑伙伴、构筑自身，体现学生是学习的主体，激发学生探索未知世界的欲望。

虽然本课的基础是图形的运动，但是里面蕴含着数与代数、简单推理等知识，把这些数学知识适当地体现出来，使学生感悟知识不是孤立的，而是有联系的。

（四）探究中体会数学的美

教学也体现了数学与其他学科之间的联系，比如，设计中的二方连续和四方连续体现的就是美术方面的知识，此设计打破了知识与知识之间的边界，为学生搭建整体成长的平台。本课是对平面图形运动的实践活动，但在建筑学中也应用到了图形的运动，我为同学们介绍故宫中的“藻井”，更加开阔了学生的眼界，不局限于平面，而是可以把美丽的图案层层叠加设计成立体的图案，成为实用、美观的建筑结构，使学生感受到学习数学的价值，体会到身边处处有数学，感受美的教育。

总之，“综合与实践”活动不仅仅是一堂课的内容，更是应用意识和能力的提升，所以我在课后让学生进行图案设计，为学生展示自己创作能力提供了平台。学生在纸盘、帽子、衣服的纹样等方面进行了自己的创作，真的非常棒！本课程使数学知识应用得更为广泛，达到了提升思维能力与创造能力的目的（见图4－6）。

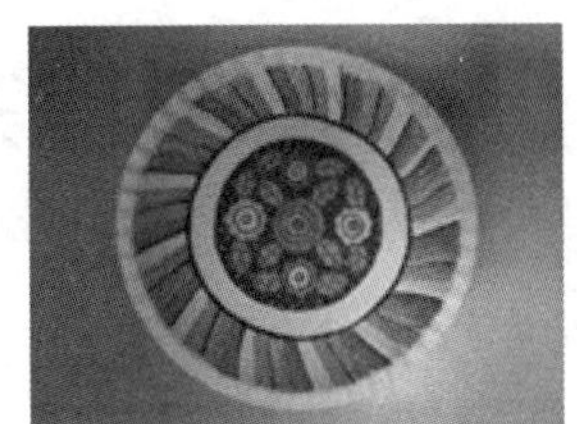

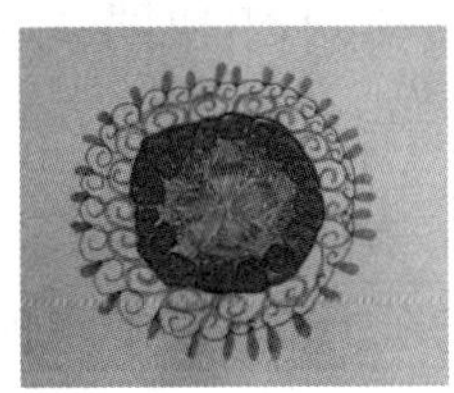

**图4－6　学生图案设计展示**

本课程在具有中国特色的背景下设计整个活动，力求让学生经历“学习—模仿—创造—再创造”的过程，对学生动手操作、观察分析、空间想象等能力进行训练，提高鉴赏能力和创造能力，并与我校的国博课程内容相联系，帮助学生在中国器物与建筑上感受数学美、中国美、创作美，感受数学学习的价值。

（金　晶）

# 伙伴共读提升思维水平

## ——以读书社为例

### 一、背景介绍

学校的“表达课程”基于学生的发展需求和语文教学特点，以阅读为载体，以表达为路径，力图在小组协同学习中提高学生的文化表达能力和沟通交往能力。这与二年级“伙伴”文化课程的培养目标，即“自信表达会沟通、同伴配合能合作、悦纳伙伴懂分享”十分契合。因此，我们二年级的表达课程努力将两者融合在一起，采取“阅读+表达”的方式，以学生喜爱的阅读活动为载体，以小组协同学习的“读书社”为组织形式，以丰富多彩的表达为外显内容。

二年级开始，学生进入自我意识发展的关键期。学生更加渴求与同伴交流、展示自我；在集体中表达、分享自我；在团队合作中，提升自我。因此，我们的课堂按照“书目选择—角色分配—课下阅读—课上小组讨论—交流汇报”的基本流程实施，每个班分成8个读书社，每个读书社成员进行五六次的课下阅读，课后承担不同的角色，如社长、小记者、朗诵家、摘要员、小画家等。我们通过这样的课堂组织形式，为所有学生构建公平的课堂共同体，给学生思考和交流的机会，让每个学生都参与阅读与表达、合作与分享，让每个人都能自信表达，精彩绽放。因此，无论是读书社的名字、每个人的分工，还是汇报的形式与内容，都是伙伴们沟通交流的结果。

### 二、实践过程

根据二年级学生的年龄特点，我们结合阅读书目设计了学习单，每周课后，各个读书社都会以小组为单位共同完成学习任务。在寻找内容、确定展现主题、表现形式等多个维度进行讨论、研究、交流、制作、呈现，充分调动孩子们相互之间的支持和配合，甚至调动冲突和优化，展现孩子们的智慧和团队的合作，用文学的素材搭建“沟通、合作、分享”的舞台。

虽然我们的设想很好，但是真正实施起来还是有一定困难的。由于孩子的年龄小，小组学习开展起来有一定困难。上学期我们的学习单上设计的问题也只是停留在小组学习的初级阶段，和小伙伴文化的目标还有一定差距。与教科院专家团队沟通交流之后，伙伴计划项目组专家给我们提出了非常有效的二年级阅读输出建议，它表明了阅读背后反映的思维层次，并提供了思维可视化的操作策略（见表4－2）。

**表4－2　阅读输出建议**

<table>
<tr><td rowspan="6">再现水平</td><td rowspan="2">识记</td><td>记一记</td><td>摘录好词好句</td></tr>
<tr><td>讲一讲</td><td>1. 我最喜欢的段落；2. 复述故事</td></tr>
<tr><td rowspan="3">理解</td><td>画一画</td><td>画外貌，场景，情节，故事</td></tr>
<tr><td>演一演</td><td>可以只演，也可以有人念原文有人演；可以是片段，也可以是全文</td></tr>
<tr><td>猜一猜</td><td>通过表演或描述情节猜故事中出现的词语——形容词或动词</td></tr>
<tr><td>运用</td><td>学一学</td><td>仿写或造句</td></tr>
<tr><td rowspan="6">深思水平</td><td rowspan="3">分析</td><td>排一排</td><td>按发展顺序做流程图</td></tr>
<tr><td>找一找</td><td>按人物特点做气泡图</td></tr>
<tr><td>比一比</td><td>为不同人物或人物的前后变化做对比表</td></tr>
<tr><td rowspan="3">评价</td><td>辨一辨</td><td>对书中人物做出评价</td></tr>
<tr><td>议一议</td><td>分析作者写作意图</td></tr>
<tr><td>问一问</td><td>对文章质疑并讨论</td></tr>
<tr><td rowspan="2">创新水平</td><td rowspan="2">创新</td><td>编一编</td><td>故事扩写、续写、改写</td></tr>
<tr><td>换一换</td><td>如果我是……</td></tr>
</table>

表格中灰色部分的内容更适合伙伴一起学习，能够帮助学生深入

地思考，更有合作学习的价值，也更能体现我们教学努力的方向——思维课堂。因此，在本学期的读书社课程中，我们没有再给学生提供设计好的学习单，而是由学生自己来撰写角色日志。在孩子们小组学习和展示汇报中，加入了更多的理解、分析和评价方面的内容，对学生的小组学习加以引领，以便更好地开展伙伴之间的学习，突出伙伴文化的特色。在老师们的努力下，二年级的孩子也开始画思维导图，按故事发展顺序做流程图，按人物特点做气泡图，对书中的人物做出评价，等等。虽然他们现在的作品还很稚嫩，不是那么完美，但是如果我们能够坚持下去，孩子们一定会受益匪浅。希望孩子们在读书社的各种角色中培育责任心；在组内互动和组间互动中讲规则，学会倾听与合作，真正实现“自信表达会沟通、同伴配合能合作、悦纳伙伴懂分享”的伙伴课程价值。

（闫　欣）

# 抓住特征有效识字　深刻领悟文字内涵

## ——《神州谣》教学案例分析

### 一、背景介绍

部编版教材的总特点是遵循语文学习的基本规律，所以我以学生的已知认识为出发点，结合他们认识事物、感受事物的特点采用适合低年级学生的教学策略。在课堂中我引导学生通过读、想、忆等形式自读自悟，自学探究，自主识记生字，初步感悟课文内容，逐渐突破教学重难点，提升学生基本的语文能力，培养了学生良好的学习习惯。

《义务教育语文课程标准》积极倡导自主合作的学习方式，重视学生在自主的参与和学习中加深理解和体验，受到情感熏陶。因此，在本课的教学中，我采用以结合语境、联系生活、朗读感悟为主的教学方法，同时借助多媒体辅助教学，随文识字，感悟课文，使学生加深对文本的理解，并引导学生使用自主、合作、探究的学习方法，把课堂的主动权真正交给学生。

### 二、实践过程

《神州谣》是部编版小学语文二年级下册识字单元的第一篇课文。本单元围绕“传统文化”编排了 4 篇课文，意在通过引导学生在不同的语境中识字学词，激发学生的识字兴趣，感受中华优秀传统文化。

识字写字是本单元、本课的教学重点。在本课教学中要让学生在充分朗读中突破生字“音”和“形”的难点，继续引导学生运用形声字的构字规律识字，不断发现汉字的奥秘，感受识字的乐趣，在识字的同时，引导学生了解传统文化，激发学生对中华传统文化的热爱。

本班学生经过一年半的学习，初步具备自主识字的能力，掌握了一些识字的基本方法，对形声字的构字规律有了一定的了解。他们对事物充满着强烈的好奇心和求知欲，想象力丰富、思维活跃，容易接受新知识，但识字和理解能力有待提高。针对这一特点，我为学生提供了广阔的思维空间，让每一位学生结合生活，小组合作，识字生字，感悟课文内容。

片段1：利用学生感兴趣的视频识字，激发学习兴趣。

学习“州”字。

出示：州。

师：看看这个字，读一读。你有什么好办法记一记这个字吗？

生：我有好方法记“州”这个字，我的方法是加一加，一个“川”加三个点，就念州。

师：你用我们学过的旧字，来记忆新字，真是个巧妙的好办法。

师：你们看看，这两个字长得像不像？

生：像。

师：“州”和“川”之间，到底有什么关系呢？听听学问猫是怎么说的吧！

生：看视频。

师：“州”这个字你们记住了吗？自己读读这些词。

出示：广州、郑州、兰州。

结合教材，以学定教，顺学而导，促情感升华。依据课标，我在认真钻研教材，正确理解、把握教材内容的基础上，创造性地使用教材，引导学生运用形声字的构字规律识字，帮助学生建立生字音、形、义之间的联系，通过孩子们感兴趣的识字动画视频，引导学生不断发现汉字的奥秘，感受识字的乐趣。在识字的同时结合生活实际和图片视频，欣赏祖国的壮美山川，在识字的同时，引导学生了解传统文化，激发对中华传统文化的热爱。

片段2：随文识字，初步感受“奔、涌、长、耸”的表达效果。

（1）黄河。

师：你们看，这就是黄河，你们对黄河有什么了解吗？

生：非常壮观、水量大、急、奔腾不息、母亲河、泥沙多等。

师：黄河到底什么样？我们来看看。

出示：视频。

师：黄河水有什么特点？给你什么感觉？课文中哪个词让我们感受到黄河的奔腾向前，一泻千里？

生：奔。

师：你能读出这种感觉吗？指导朗读词语：黄河奔。

（2）长江。

师：长江什么样？你们来读读。

师：长江的水流量特别大。是中国水量最丰富的河流，足足有黄河的20倍！不仅如此，长江水表面虽然平静，但是水下暗流汹涌呢！课文中哪个字告诉我们这个意思了？

生："涌"。

师：我们一起读读，想一想你有好方法记这个字吗？为什么这个字是三点水旁呢？

生：因为"涌"和水流有关，所以是三点水旁的。

师：再来读读这一句，读清楚，长江什么样？

（3）长城（略）。

（4）珠峰。

师：珠峰什么样？你们来读读。

生：珠峰"耸"。

师："耸"是什么意思？字典中是这样解释的，读一读，有几个意思？选一选，哪个是课文中的意思？

生："耸"在这里应该选第一个意思：高起、直立。

师：孩子们，以后遇到不懂的字，你们就可以通过查字典来理解字义。

来看看图，珠峰就是高耸入云，直插云霄啊！这么高的珠峰，应该怎么读呢？

生：珠峰耸。

这一段是本课的教学重点和难点，识字写字教学也是贯穿一、二年级的语文教学重点。所以在教学时，我采用了多种形式，引导学生自主识字。孩子们在记忆和理解“奔、涌、长、耸”时都会遇到困难。因此我依据课标，创造性地使用教材，突出识字教学的鲜明特点，能够通过课后习题备课，培养学生的能力，把文本作用发挥到最大。结合课后习题，让学生通过看图、看视频、联系生活经验说感受等方式，理解字义，将生字的音、形、义结合起来，方便识记。

在课后的复习总结阶段，我创设了符合二年级学生年龄段特点的小游戏，寓教于乐，让孩子们用喜欢的方式识字，在情境中学，突破学习的重难点。低年级的识字教学，我特别注意学生的笔顺，在课堂上多次强调，落实重点到位。

（于　佳）

# 追根溯源中识字　对比中提升思维

## ——《传统节日》教学案例分析

### 一、背景介绍

识字写字能力是一项重要学习能力，它不仅是阅读和写作的基础，而且是文化素质养成和提高的第一步，特别是低年级学生的识字写字能力还关系到开发儿童的智慧潜能，关系到创新精神和创造能力的提高，这就决定了识字教学是小学低年级语文教学的重点。我将围绕部编版小学语文二年级下册第三单元的第二课《传统节日》，简要叙述如何在这一课的教学中落实识字写字教学。

《传统节日》是一篇以我国传统佳节为题材的韵文。课文按照时间顺序介绍了中华民族的传统节日以及相应的节日习俗，表达了对中华传统文化的热爱。课文语言活泼，富有童趣，激发学生探讨中国传统节日的兴趣，培养学生传承民族的文化，弘扬民族精神。

### 二、实践过程

《义务教育语文课程标准》中关于识字写字的教学建议指出：识字写字是一、二年级的教学重点，要充分利用儿童的生活经验，教给识字方法，力求识用结合，运用多种识字教学方法和形象直观的教学手段，创设丰富多彩的教学情境，提高识字教学效率。经过一年多的学习，我班学生的阅读量不断增加，有了一定的自主识字能力，也掌握了一些常用的识字方法，如利用熟字加减换偏旁识字，利用字典识字，编儿歌识字，等等，但对于一些不常用的识字方法，字理识字、联系上下文识字等识字方法还不太熟悉，同时在重点字词的理解、形近字词的区分方面也有一些困难。

低年级最重要的教学任务就是识字写字。本课是一节识字课，我便将识字和写字作为重点教学内容，使二者相互结合，帮助学生更好地掌握字词的学习，并学习到更多识字方法，培养学生自主阅读能力。

在第一课时学习过程中，学生已经运用一些识字方法认识了一些生字。但对于一些不常用或不易理解的字，自主识字还存在一定的困难。于是在本课时的教学中，我将更多的识字方法贯穿教学始终。

片段1：利用字源识字。

讲到“赛龙舟”的“舟”字，学生都理解舟就是船的意思，但说到识记，就只想到了数笔画的方法。我便引导孩子利用字源进行识字。

师：你们知道这个字是怎么来的吗?

生：我猜是古人创造出来的。

师：对了，古人和我们现在写法不一样。快看看，这是甲骨文的“舟”，你们觉得它像什么呢?

生：简直太像一只船了!

师：是啊，两边像船帮，中间三条线代表船头、船舱和船尾。古人就是这样表示“舟”的。而随着人类文明的进步，它慢慢演变成我们现在看到的样子。

师：再看看这个字。这是古人书写的“祭”字，左边表示一块肉，右边表示一只手，而中间像示的部分代表供桌，用手把食物放在供桌上供奉先人，这就是祭。

就这样，孩子们牢牢记住了“舟”字和“祭”字，也学习了一种新的识字方法。尤其是“祭”这个字平时不常用，学生感到陌生，而听了对字源的分析，学生对这个字的理解变得更为深刻。在此基础上，我让学生联系生活理解了“祭扫”这个词，再把词语放回语境中，联系课文中的句子“清明节，雨纷纷，先人墓前去祭扫”，帮助学生从生活中理解祭扫的含义。

片段2：联系生活识字，识记书写相融合

师：“街”和“巷”是这节课的生字。这两个字你们熟悉吗？在哪见过？

生1：我和妈妈去王府井逛街的时候，在路边见到过王府井大街的牌子，上面有街字。

师：你观察得可真仔细。

生2：我在南锣鼓巷的路牌上见过巷字。

师：你们都特别会观察生活，我们常在路边见到这些路牌。快试着读读。

师：街和巷有什么不一样呢？快看，这是“街”（出图），而这是“巷”（出图），你有什么发现？

生：街比较宽阔，巷比较狭窄。

师：没错，街、巷虽然意思相近，却有不一样的地方。这些大大小小的街道，统称“大街小巷”。

师：其实像这样的词还有很多，比如……（生齐读）

出示：街头巷尾、前街后巷。

师：从古至今，人们都认为，四通八达的道路叫作街。你看，这是古时候的街字，纵横相交，很像我们现在的街道，相信你能更好地记住它了。那怎么才能把这个字写好呢？谁来说说？

生：街是左中右结构的字，左中高，右边低，三个部分写紧凑，中间土字的竖压在竖中线上，第二个土字的横要变成提。

师：你提示得特别好。那请大家认真看王老师写一个“街”字。

联系生活识字也是学生识字的重要途径，而将识记与书写相融合，能够更好地帮助学生加深对生字的理解，使学生学以致用。因此在指导学生写“街”这个生字的时候，我便将识记与书写结合在一起进行教学。在这个教学环节中，我先从“街、巷”这两个生字入手，让学生说说生活中在哪见过这两个字，再通过身边这些常见的路牌，了解了什么是街，什么是巷，同时结合课文中“大街小巷”这个词进行词语拓展，又积累了“街头巷尾”“前街后巷”这样的词语。“街”是要求会写的字，因此我接下来就指导学生书写“街”字。这样，识字和写字融合在一起，扎实地进行识字写字教学，也很自然地让学生对

“大街小巷”这个词有了更深的认识。

识字写字教学是一项重要而持久的教学任务，更是一门丰富多彩的教学艺术。作为一名一线教师，我更需要遵循规律，大胆探索，让孩子们在轻松愉悦的氛围中学习，落实好识字写字，为自主阅读奠定良好的基础，提高自身人文素养。

（王　宁）

# 引发认知冲突　在辨析中深化文字理解

## ——《夜宿山寺》教学案例分析

### 一、背景介绍

语言是思维的外壳，在语文课的教学中，思维和语言是相互促进、相得益彰的。我们二年级的伙伴项目中有一项就是在教科院老师的指导下研究在师生、生生互动中促进思维发展，在分析解决问题中培养思维品质。

我是一名二年级语文教师。二年级语文教学中，识字写字内容占有很大比重。在《义务教育语文课程标准》中对识字写字有以下要求：学习独立识字，能借助汉语拼音认读汉字，学会用音序检字法和部首检字法查字典。在实际教学中我发现：许多学生只有在阅读和写作时遇到不认识的字才会想到查字典。其实字典不仅能帮助我们识字认字，还能帮助我们理解字义，提高汉字的辨析、运用能力，从而更好地理解祖国的语言文字，感悟文字之美，发展学生的思维。

下面，就以我执教的语文古诗阅读课《夜宿山寺》中的随文识字环节为例，来谈谈我的教学设计中是如何帮助学生运用字典辨析字义，最终理解“危楼”在诗句中的意思是高楼的意思，在学习语言的同时来发展思维的。

《夜宿山寺》是统编教材小学语文二年级上册的内容。这是唐代大诗人李白的一首佳作。诗人站在山巅的寺庙中，仰望星空，将自己大胆的想象，用夸张传神的语言表达出来，历经千年仍能让读者体会作者所要传达的情感。体会山寺之高，是感受作者心境的一个重要突破点。诗句中“危楼”的“危”字，既是我们本节课要认识的生字，又是理解的重点，所以我采取了以下教学设计。

## 二、两次设计的实践过程

第一次教学设计：随文识字“危”。

师：危，是我们今天要学的生字，它是什么意思？看字典，从而理解诗中“危”的意思是“高”，“危楼”即“高楼”。

在这次教学设计的实施后，我感觉：虽然安排了让学生动手查字典环节，从表面上看也达到了让学生根据字典意思辨识字义的目标，可是，作为教学环节实施者，我深深地感到：学生的学习是一种被动接受形式的学习。为什么查字典？因为老师让查字典。整个环节感觉出现得有些突兀，学生的反应有些被动。怎样能让学生的思维真正活起来？产生查字典的愿望？我们备课组进行了第二次教学设计。

第二次教学设计：引发认知冲突。

- 师：“危”，是我们今天要学的生字，谁认识这个字？你是怎么认识的？（指名）
- 你能给它组个词吗？（指名）
- 诗句中“危”是什么意思呢？

看字典：在字典中“危”有5个意思，自己读读。

“在危楼高百尺”的“危”是什么意思呢？——“高”。

“危楼”即“高楼”。

在这次经过修改的教学设计中，我们首先请认识这个字的学生说说，你是怎么认识这个字的？在学生实际回答过程中，有的说看到有“危险”字样的指示牌；有的说“有电危险，请勿靠近”“水深危险”；也有同学说见到过“危楼请勿靠近”的提示牌。可见，学生对这个“危”字是很熟悉的，在他们的生活中经常出现，而且字义都含有“危险、不安全”的意思。老师抓住学生此时的兴奋点，适时地提出一个问题：在“危楼高百尺”这句诗里，“危”字的意思和我们平时理解的一样吗？这个问题就像鲇鱼一样，搅动了学生的思维。有的学生觉得是，也有的学生觉得不是。好！在学生产生这样的矛盾冲突的时候，教师引导学生通过查字典，读解释，结合诗句等方式理解到：在诗句中的

“危”是高的、陡的意思。那么“危楼”就是“高楼”的意思。

## 三、效果反思

子曰：“不愤不启，不悱不发。”在第一次教学设计中，学生没有想弄清楚“危”字在诗中是什么意思的意愿，教师一定要让学生查字典，那么就只能流于形式。在第二次教学设计中，从学生的生活入手，引起了学生自己与前认知的冲突、学生与学生之间不同观点的冲突，引发了学生的思维互动。学生有一种迫切的想法：想弄明白这个“危”字到底是什么意思。在他想说又说不出的时候，教师适时引导学生利用字典来解决问题。此时学生参与的积极性特别高，他们通过查字典辨析字义的方法来印证一下自己刚才的猜测，思维是积极而活跃的。

布鲁姆教育目标分类理论把人的认知思维过程从低级到高级分为六个层次，包括记忆、理解、应用、分析、评价和创造。高阶思维，超越简单的记忆和信息检索，是一种以高层次认知水平为主的综合性能力。如批判性地评价信息、自主学习、问题解决能力等。从中我们不难看出：此时学生能结合自己的原认知，进行批判性的分析与思考，最终得出正确的判断，已经达到了思维的高阶水平。

真正的教学，是利用学生的认知冲突，唤起学生解决问题的愿望。在实际分析和解决问题的过程中，发展学生的思维。

（曹艳昕）

# 联系生活巧妙理解寓意

## ——《坐井观天》教学案例分析

### 一、背景介绍

很多孩子对《坐井观天》这则寓言故事耳熟能详，整个故事简单短小，对话生动且传神，故事的寓意深刻有趣。如何通过巧妙的教学设计环节，引导学生从简短的对话中知道青蛙和小鸟说法不一致的原因，体会故事深刻的寓意，对于小学二年级的学生来说还有一定难度。

如何突破这一教学重难点，让学生更好地理解这则寓言故事的寓意呢？

### 二、为什么这样设计

《义务教育语文课程标准》（2011 年版）指出："阅读教学应引导学生钻研文本，在主动积极的思维和情感活动中，加深理解和体验，有所感悟和思考，受到情感熏陶，获得思想启迪，享受审美乐趣。"

钻研文本是理解课文的前提。所以，备课伊始，为了帮助学生更好地理解《坐井观天》这则寓言故事的寓意，我主要借助文本和课文插图来帮助学生突破这一学习难点。

### 三、我是怎样做的

为了帮助学生更好地钻研文本，理解寓言故事，我主要从以下几方面展开教学。

（一）联系上下文，理解对话中的一些关键词句

1. 一百多里

一百多里地到底有多远？这个概念离学生实际生活较远，很难说

清。我通过联系学生都熟悉的乘坐公交车的生活体验，告诉学生公交车每走一站地的距离大概就是一里地，一百多里也就相当于公交车走了一百多站地。学生联系生活体验后，对“一百多里”有了较清晰的感悟，也就能够理解小鸟确实飞了很远的路程，为故事的展开做好铺垫。

2. 大话

青蛙认为小鸟在说大话。“说大话”是什么意思？学生结合生活经验，很容易就理解了说大话指的就是吹牛。课文中的“大话”指的是什么？为什么青蛙认为小鸟在说大话？小鸟又是怎么反驳青蛙观点的呢？在这些问题的引导下，学生初步明白了青蛙和小鸟各自不同的观点。

（二）借助课文插图，理解青蛙和小鸟完全不同的观点

课文插图生动形象，有较强的代入感，能够帮助学生想象坐在井底的青蛙，一抬头只能看到井口那么大的天空，所以青蛙会认为“天只有井口那么大”。而站在井沿上的小鸟站得高，看得远，视野开阔，自然会得出“天无边无际”的结论。

（三）分角色读好对话，在情感体验中更好理解寓意

在理解的基础上，我进一步引导学生悟情。为了使学生能够有感情地分角色朗读对话，在情感体验中更好地理解寓意，我主要从借助标点符号读出人物说话的语气、借助提示语想象人物的神态和表情两方面指导学生有语气地分角色表演。

正是通过以上由局部到整体，由浅入深的理解和感悟，学生在清楚了小鸟和青蛙各自的观点基础上，对寓言的意思有了完整的理解。

## 四、效果分析与改进

然而，上完课后，总觉得这一则寓言的寓意没讲透，学生对寓言寓意的理解也不够深刻，更多停留在知识层面，没有与生活经验相结合，更谈不上用所学指导自己的实际生活。

于是，同组的老师们就这一问题探讨后，对接下来的教学设计做了改进。

增加了动手实验的环节，即在学生明白了青蛙和小鸟各自的观点后，我让学生用这一节课的学习单（一张 A4 纸）卷成一个纸筒，放在自己眼前，眼睛透过纸筒看看身边的老师、同学、教室环境等，然后让学生说说都看到什么了。他们的答案分别是："我只看见了老师的头。""我只看见了同桌的耳朵。""我只看见了教室天花板的一小片。"……老师总结："看来你们不能看到事物的整体，而是只看见了事物的一部分。"，并追问"为什么会这样"。学生很自然地说出因为自己的视线受到了纸筒的限制。学生也就很容易理解，坐在井底的青蛙因为受到井的限制，只能看到一小片天空，而不是整片天空，进而明白青蛙只有跳出局限，才能够看得更远，才会更有见识。

## 五、完善后的效果分析

通过这一生活中很简单的小实验，学生一下子把离自己较远的寓言故事拉近了，原来这样的寓言道理就在我们身边，学生对寓言的理解也会更加深刻。

高高在上的知识很难深入人心，高高在上的讲解也很难打动人，只有走进生活的学习才会更有生命力。课堂学习如果能调动学生更多的生活体验，并能指导学生的生活实践，引发更多的共鸣，这样的课堂无疑是有魅力的，也是成功的。在《坐井观天》备课过程中，给我最大的感触就是课堂要联系生活体验，巧妙地引导学生理解了抽象的寓意，举重若轻，很好地突破了教学的重难点。

（高江丽）

# 多种方式激发创意表达

## ——《我是一只小虫子》教学案例分析

小学一、二年级是孩子记忆力的黄金季节，也是口头语言与书面语言进行相互衔接转换的最佳时期。学生的语言表达能力是观察、分析、表达、概括等多种能力的综合体现。所以，多渠道、多层次地提高学生的语言表达能力，在小学语文教学中尤为重要。下面以《我是一只小虫子》为例来谈谈我的具体做法。

### 一、制作课文插图，激发对话热情

在认真研读《我是一只小虫子》这篇课文时，我认识到要想充分调动学生的学习兴趣，就要把他们一个个引入神奇的昆虫世界，去感受、去领悟作为小虫子的美好。在教学课文第 3 自然段这句话时：

> 早上醒来，我在摇摇晃晃的草叶儿上伸懒腰，用一颗露珠把脸洗得好干净，把细长的触须也擦得亮亮的。
>
> 我把课文利用电教手段制成连环画的形式。

以下是当时的课堂实录。

师：快看，早上醒来，小虫子在做什么？

生：伸一个大大的懒腰。

师：孩子们，你们也快来伸一个大大的懒腰！

师：小虫子你昨晚睡得好吗？

生：我睡得可好了，还做了一个甜甜的梦呢！

生：我睡得也可好了，神清气爽！

生：我睡得也可好了，这摇摇晃晃的草叶就是我舒服的床！

……

师：快来读一读这句话吧！

出示：早上醒来，我在摇摇晃晃的草叶儿上伸懒腰。

课堂上，师生共同与文本对话，使学生真正参与到学习过程中，学生才有了灵性的闪动、个性的飞扬。教学中我遵循学生的认知规律，最终达到读中—理解，理解中—再读，最终读出感情，读出语感，读出遣词、造句、谋篇、布局的妙处，读到“其言皆出吾口”“其意皆出吾心”为止，而好的朗读就是一种很好的表达。

师：小虫子还做了什么？

生：用一颗露珠把脸洗干净。

师：小虫子，用露珠洗脸什么感受？

生：用露珠洗脸可舒服了！

生：用露珠洗脸可凉爽了！

生：在炎炎夏日，我用晶莹剔透的露珠洗脸真是太凉快了，你也来试试吧！

师：请你们带着自己的感受再来读一读这段话吧！

在整个过程中，我借助画面，一步步地把学生引入教学过程中，学生的学习情绪自然很高涨，思维也相当活跃，学生的注意力集中到教师的意境引导之中，使他们在轻松愉快的氛围中学到知识，使学生和文本之间产生巨大的“磁场”，唤醒他们真切的感触。例如，最后那位同学在对话中使用“炎炎夏日、晶莹剔透”词语，同时在灵动的对话中，入文、入境、入情，顺利地走进课文所呈现的美好故事，并在这样的情境中发展他的想象力和创造力，沟通了语文与生活的联系，最终感受到作为一只小虫子还真不错。这个过程使学生的表达能力得以锻炼、得以提高，思维得以激活。

## 二、抓住文本“空白点”进行创意表达

李吉林老师说过：“言语的发源地是具体的情境，在一定情境中产生语言的动机，提供语言的材料，从而促进语言的发展。”文本作

为师生共同研究的对象，作为交往的载体，对课堂交往能否很好地进行，起到十分关键的作用。利用教材训练学生的口语表达能力是行之有效的办法。在一篇篇课文之中，有些课文写得含蓄、简练，留有悬念，让学生有了想象、延伸的空间。我抓住课文的这个特点让学生进行说话、写作练习。

在教学本课第 3 自然段这句话时：

> 如果能小心地跳到狗的身上，我们就可以到好远的地方去旅行。这可是免费的特快列车呀！

让孩子们把自己当成小虫子，进行想象说话：坐上免费的特快列车，我来到______，看到______。孩子们真是触景生情，他们的表现让人诧异，他们的想象能力也令我这个大人折服。

有的说："坐上免费的特快列车，我来到了菜园，看到了又红又大的西红柿、又细又长的茄子、又大又圆的土豆。"

有的说："坐上免费的特快列车，我来到了草地上，看到了五颜六色的野花、绿油油的小草和一群玩耍的小朋友，快乐极了！"

有的说："坐上免费的特快列车，我来到了游乐场，看到了一群小朋友在玩摩天轮，还有一群小朋友在玩小火车，他们玩得可开心了！"

有的说："坐上免费的特快列车，我来到了美丽的花园，看到了漂亮的蝴蝶在翩翩起舞，五颜六色的花朵对我微笑，当一只虫子真好！"

有的说："坐上免费的特快列车，我来到了果园里，看到了黄澄澄的梨、粉红的桃子，还有紫紫的葡萄，紫得透明！"

有的说："坐上免费的特快列车，我来到了山上，看到了碧绿的草坪、蓝蓝的天空，好美呀！几个超级大的'棉花糖'在天空中飘浮，五彩缤纷的野花在对我微笑，我喜欢当一只虫子！"

有的说："坐上免费的特快列车，我来到了公园，看到了快乐的小朋友，在树下乘凉的老人，美丽的蝴蝶。五颜六色的花真是美极了！小虫子看呆了，等离开这里回去以后，小虫子给小伙伴讲讲这里的一切！"

……

这样的设计再一次让我感到文本的深度、高度、广度，亦即文本的丰富内涵，往往蕴含在空白之中。因为是空白，便有多种填充的可能，不同的生活经验便会填充出不同的世界；因为是空白，面对空白，不同的学生会有不同的感受体验；因为是空白，学生的个性体验有了呈现、发展的空间和领地；因为是空白，课堂教学便极生动，不会像一潭死水，各种情感体验在一起碰撞交流，极易激发学生的创造性思维与感悟，这也是培养学生表达能力最佳时期。

在这个环节的教学中通过抓住文本“空白点”，为孩子提供了想象的机会，让学生借助文字进行再造想象，再加入修饰性语言，如坐上免费的特快列车，孩子在没有文字依托的情况下完全发挥了自己的想象。特别令人吃惊的是，我们班的一个男孩课下把这个练习创编成一个故事。

作为一个二年级的孩子，可能他的创作很稚嫩，也不一定很合理，但是孩子们在再造想象的基础上，已经过渡到创造想象。他们把想象变为有声的事物，赋予静止的文字以生命。通过多方位、多层次、多角度进行表达，展现出“百花齐放”的风采，从中发挥其主体作用，把求异思维和发散思维推向更高的层次。

## 三、通过小组合作，围绕主题发言

三年级以后，学生必须能够结合提示，围绕主题进行发言。为了平稳地过渡到三年级，二年级的一些课后题就为中年级的说话做了很好的铺垫！例如本课的课后习题：

| 小虫子的生活有意思吗？和同学交流你感兴趣的部分。 |
| --- |

当课文讲授完以后，在学生知晓小虫子就是蟋蟀时，我出示这个问题，让孩子们进行小组讨论。

讨论前我进行了两点提示：一是请你结合课文内容来说一说；二是小虫子生活的有意思之处体现在哪里？之所以这样做是帮助学生梳理说话的层次、说话的重点，能做到言之有序、言之有理，所说的话是围绕题目要求展开的。

接着孩子们围绕“怎么有意思”这一问题，通过小组合作选择文中素材讨论，最后的结果是孩子说的角度多样，大家各抒己见。

有的说：我觉得小虫子的生活很有意思，它有那么多的有意思的伙伴，如果我是它我会觉得生活太美好了！

有的说：我觉得小虫子的生活很有意思，它们的生活真悠闲！睡在摇摇晃晃的草叶上，每天早晨能够用晶莹的露珠洗脸、擦胡须！

有的说：我觉得小虫子的生活很有意思，它们坐在小狗的身上去四处旅游，还不用花钱，我好羡慕它们呀！

……

这种合作交流是一种平等、民主、充满爱心的多向交流。在交流中，有输出、有吸收；有肯定、有否定；有再现、有创造。学生在交流中，有触发、有体验、有感动、有领悟、有思索……在交流中，学生提高了交流、沟通的语言表达能力，完善了自己的人格，潜移默化地落实课文的人文主题，乐观地对待生活。通过这样的训练，可以促进学生的迁移想象能力、培养迁移思维能力。

语言的表达对学生的发展至关重要。所以教师要处处留心，有效开发、利用各类学习资源，努力营造和谐、互动的交际氛围，创设真实的生活化的交际情境，创造性地开展教学的实践活动，努力拓宽提高学生语言表达的训练途径，让学生在实际的体验、操作中积累经验，培养小学生语言表达的能力，发掘学生的潜能，培养学生形象思维、直觉思维和发散思维，不断提高学生的创新思维能力，为他们成功地进入高阶段的学习奠定坚实的基础。

（翟玉红）

# 伙伴读书会：小学低年级语文深度阅读模式研究

## 一、选题原因

苏霍姆林斯基说：“孩子提出的问题越多，在童年早期认识周围的东西也就越多，才能变得越聪明，眼睛越敏锐，记忆力越敏捷。要培养孩子的智力，那就教给他们思考。”

由美国新媒体联盟发布的《2017 地平线报告（基础教育版）》指出，追求“深度学习”已成为驱动未来学校发展的重要趋势。深度学习，一般认为具有 3D（Deep）特征：学习参与的深度，外在表现为学生从识记、理解到思维、创造的提升；学习方法的深度，表现为在知识传授的基础上解决复杂的问题；学习结果的深度，最终实现认知的高阶能力发展。

社会心理学研究发现，青少年时期的同伴交往尤其重要。青少年时期是儿童发展的一个重要时期，同龄的伙伴们面临着同样的问题，有着更多的共同语言和兴趣；另外，青少年想从同伴、集体对自己的反应中发现自己、认识自己，进而完善自己。

综上所述，本研究认为二年级学生在经过一年级的入校规范训练后，从“适应”阶段进入“学习”阶段，可以利用群体合作阅读展示的方法，结合同学们喜欢的读书方式，开展伙伴分享展示交流活动，从活动入手引导学习者对知识进行主动的、批判性获取，激发思维的深度，锻炼深度学习能力，提升学习品质。

## 二、研究目标

认知上，借助小组合作阅读展示，能够用信息整合、批判理解、建构反思的方式进行深度学习。

情感上，在活动中感受到乐趣，愿意借助小组合作阅读展示，能够用信息整合、批判理解、建构反思的方式进行深度学习。

行为上，学生接受并在接下来的阅读中借助小组合作阅读展示，能够用信息整合、批判理解、建构反思的方式进行深度学习。

## 三、研究过程

### （一）活动准备

1. 前期调研

（1）学生的基本阅读水平如何？

（2）学生喜欢读什么类型图书？

2. 活动材料准备

每人一份读书单。

每个学习小组提前选好一份要阅读的书目。

3. 分组

按照能力与兴趣 3 ~6 人组成一个阅读小组。

### （二）实施过程

1. 导入

活动伊始，我设置“伙伴一起来读书”活动，号召全班同学积极参加。活动以“趣味性”与“实际获得”为前提，通过“积累”“展示”“交流”三个方面完成，每周进行一期，激发起学生参与的热情和迫切要投入活动的兴趣与好奇心。

2. 积累阶段——完成学习单

在这一环节，以小组为单位制订学习计划，组员按计划共读一本书，并按照学习单的提示完成学习单。

教师在课堂之初要有效地进行提问，让学生们进行独立思考，这是开展小组合作学习的基础。独立思考在小学低年级阅读教学中是很重要的，如果学生们在进行阅读之前没有独立思考，那么开展小组合作学习时，很大一部分学生将会是小组合作学习的听客，进而也就失去个人自我发展以及成长进步的机会。小组合作学习之间的进步很大一部分就是思维的碰撞，但是碰撞产生的原因就是每个人都要有自己独立的思考，所以在小学低年级阅读教学中采取小组合作学习。

3. 交流阶段

在这一环节，教师制定了合作要求。

（1）以小组为单位进行课本剧展示。小组同学讨论、合作准备相应的剧本、动作、语言和道具。

（2）抓住语言和动作，情节要完整。

（3）体会语气和神态，想象要到位。

（4）细节增设和创编，给创造力插上翅膀。

随后，小组进行合作，教师依次进入组内，参与小组合作讨论。首先，在同组同学对内容熟悉的情况下，快速地进行角色分配，并标画人物对话，圈画描写人物动作、心情的词语，然后各自进行准备。其次，在排练后，小组成员就“语言和动作”“语气和神态”“细节与创编”这三方面的完成情况进行讨论探究。最后，进行整合排练。

书中看上去简简单单的一个词语，在表演中体现出来可把同学们难坏了。比如，《西游记》中白骨精变成小姑娘，这个“摇身一变”应该怎么演呢？小组里你一言我一语展开了热烈的讨论。

最后，他们还是准确地体现了这个动作，创造性安排了这一幕：在白骨精与孙悟空打斗时，饰演小姑娘的女生悄悄贴上去，站在背后，两人背靠背原地转一圈，小姑娘出现，白骨精蹲下，白骨精就变成了小姑娘，白骨精千变万化就是这么表现出来的。整个课本剧浑然天成，构思巧妙，充分体现出学生们立足于文本，抓住描写动作的词语，相互启发后的智力创造。

“语气和神态”在表演中也很重要。孙悟空的聪明可爱应该怎么演出来？小组同学借助书上的图片进行模仿，还有同学继续补充了自己的理解，“孙悟空说话应该快一些，因为他是一只聪明又急性子的猴子”，最终创造出小组理解的“孙悟空”。

关注“细节与创编”引导学生主动深入文本，关注重点词语，拓展想象的空间，为文章增添个性化的解读。一位同学提议给牛伯伯这个角色加一句“哞”的台词和慢吞吞的语气以体现老牛憨厚稳重的性格。有的同学抓住文本中的“卖力”这一词，增添了“擦汗”的动作。还有的同学结合故事的内容自制了简单的道具……

在此环节中，通过教师对“语言和动作”“语气和神态”“细节与创编”的引导，同学们更加关注到了对重点词、句的深入理解；再通过小组成员相互探讨和论证的方式进行更加深层的知识迁移、整合与创造；最后以“读书—讨论—再创造”的方式，鼓励他们在广泛阅读、深入讨论、小组协作、展开想象的基础上，将小组所有成员对故事的理解、角色的把握、动作的设计、呈现的角度等思考，展现在老师和全班同学面前。基于此，同学们体会到了阅读与生活是一体的，只要肯读书、立足文本、抓住重点词语发挥想象力，小伙伴一起学习讨论，阅读也可以如此有趣。

4. 深入阶段——展示评议

展示活动是整个活动的高潮。在这个环节中，每个组都憋足了劲儿想将自己最精彩的内容展示出来。同学们都跃跃欲试，觉得自己的小组一定是最棒的。

在这一环节中，教师同样制定了相关的规则要求。

- 小组轮流进行展示；
- 展示后请本组同学先来评价自己展示；
- 由观众对展示内容进行评价，可以赞赏，可以质疑，也可以提建议；
- 评议精彩的组可以优先进行展示。

展示开始了，教师和同学们认真观看每个小组的展示，有的小组将人物的语言和动作完整演绎出来，还加上一些想象和创造，活灵活现；有的小组成员抓住了人物的语言和动作，但是并不同步协调，总觉得有点儿别扭；还有一个学习小组，只是在读书，缺少理解和创造，效果不佳。

展示的要求与准备的要求是一致的，都是围绕“语言和动作”“语气和神态”“细节与创编”三个方面进行评议。一个组的展示结束后，先由展示成员对自己的表演围绕以上三个方面进行评价。

在老师的追问下，小演员会对自己的表演进行评价和反思。是否完整完成三个部分？是否深入读书了？是否理解故事内容？是否将人物动作语言神态整合为自己的表演了？在这个过程中，你觉得哪儿表演得好？为什么？你的问题是什么？通过这样的反思追问，帮助学生发现问题，并寻找解决方法。

到了同学评议的环节，同样也是围绕以上三个问题进行评议，在老师的引导下，一名同学回答不了的问题可以由其他人继续补充。同学们的关注点五花八门，互动带来的思想碰撞也更加精彩，评议的方式主要由赞扬、质疑和补充三种方式进行。

观看完《西游记》后，一名同学便对“唐僧念经”的表演产生了质疑。念经时应该是嘴巴轻张，不断地念着阿弥陀佛……这时，教师借机问他：应该怎么演？你是怎么知道的？同伴之间相互启发着、提醒着、补充着，在这个过程中，深化了学习方法，强化了学习能力，学生知道了书上的文字也可以变成生动有趣的表演，深入了对文字的理解，也更喜欢用合作表演的方式去读书了。

5. 总结升华

教师通过最后的总结环节，让学生深化认知——可以用这么有趣的方式读书，读书这么有趣！书是人类进步的阶梯，图书可以跨域时间和空间的限制，会读书的孩子相当于掌握了一把万能钥匙，可以开启思想中穿梭时空的旅行。如何读书呢？总结一下，先用心地读一读，耐心地理一理故事线索，细心地找一找关键词、关键句，和小伙伴演一演、评一评，在这个过程中享受读书、分享与创造带来了乐趣，既积累了知识，又提高了思维和学习能力。

## 四、研究思考

本课设计的“积累”部分，重在让学生进行独立自主学习。独立学习是一切学习的基础，学生在这个基础之上，拥有独立思考问题的能力，在交流中才会有碰撞，产生发展、创新。

本课设计的“讨论”部分，借助教师提示的“抓住人物语言和行动进行展示交流”，为学生的展示搭了一个梯子，随后学生借助老师给的提示，厘清故事脉络，抓住重点词句，并通过小组合作编写剧本再注入想象力与创造性，训练了思维的深度、逻辑性、创造力，最终使学生对词语的理解能力都有所加强，同时增强了阅读兴趣。

在“展示环节”厘清文章脉络、抓住重点词语的方法之余，我关注到了同学们的个性化创造能力和思辨能力的培养。表演组的同学自评的方式培养了学生的评价反思能力，小导演的评价不仅提高了学生的参与主动性，而且培养学生批评性思维能力，促进了思维的深度。在这个过程中，学生还拥有了多角度考虑问题的意识，即不仅要有自己的想法，而且要考虑听众的需求。在今后的活动中，他们会考虑得更加周到。

同学们以饱满的热情投入活动中，充分发挥了学生为主体的课堂优势，伙伴发言伙伴听，伙伴观点伙伴评。在老师的引导下，伙伴教伙伴，提升了学习参与、学习方法和学习结果的深度，全面提高了学生的阅读兴趣、能力和思辨能力，学生有很大的收获。

（徐　卓）

# 课内外相映红　点燃阅读热情

苏霍姆林斯基曾说过："让学生变聪明的方法，不是补课，不是增加作业量，而是阅读、阅读、再阅读。"让学生进行大量的课外阅读，借助丰富的人类文化精品滋养学生的心灵，充实学生的头脑，为学生储存自己的童年精神营养，无疑是使学生终身受益的重要措施。

低年级如何在伙伴课程的指引下点燃学生课外阅读的热情？如何让读书成为一种习惯？下面结合具体的事例谈一谈。

## 一、推荐优秀读物，保障伙伴健康发展

皮罗果夫说："书就是社会，一本好书就是一个好的社会。它能陶冶人的感情和气质，使人高尚。"对于低年级的小学生来说，他们辨别是非、美丑的能力还没有形成，哪些书该读，哪些书不该读自己还不能鉴别，因此，他们的读物主要靠教师和家长的推荐。

为此，我和我们班的大伙伴——家长一起商议，为孩子买什么样的书籍才能促进这些小伙伴的成长？最后我们达成一致：

- 篇幅短小的寓言、成语和童话故事；
- 充满神奇想象的幻想题材的故事；
- 简单的传记和历史故事；
- 字句活泼，内容变化大的读物，如儿歌、童谣、古诗等；
- 介绍自然界、动物界的儿童读物；
- 介绍不同生活形态和自然环境的儿童读物。

选择这些书的原则，既体现自主性，又尊重了儿童的个性和兴趣爱好。

## 二、铺设过渡阶梯，引导伙伴顺利起步

（一）看

首先，我带着学生到图书馆去参观（我们低年级的图书馆特意进行布局，营造出孩子喜欢的氛围），孩子被充满童真、童趣的屋子吸引，发自内心地想在这里看一看那些内容丰富的图书，听一听图书管理员饶有趣味的介绍，使学生在书的海洋中受到浓郁的文化氛围的熏陶。其次，听着、看着高年级哥哥、姐姐举办的故事会、朗读比赛等丰富多彩的读书活动，使他们体验到、感受到读书的乐趣，同时也激发学生读书的欲望。

（二）听

通过学生的兴趣爱好，我们分了几个小的阅读社团：胡同文化社团、恐龙之谜社团、书法社团、美术社团、美食社团、昆虫社团、音乐社团。孩子们分小组组建微信群，经常在里面分享自己看的相关书籍、最近的收获等等，在彼此的影响下，让每个孩子产生了强烈的读书欲望，开始喜欢阅读可以说是水到渠成了。

（三）讲

通过社团中成员的引荐，我们把一部分孩子请到三尺讲台，让他们给同学们进行演讲。2019 年 5 月 21 日，我们班的全体孩子进行了国旗下展示，我们的主题就是“伙伴携手，让读书成为一种习惯”。我们想通过展示，通过我们的倡议，让全体同学知道读书可以增长知识、陶冶情操、丰富语言，认识到读书的重要性，使大家乐读书、爱读书，并在班级中形成良好的读书氛围。

## 三、激发阅读兴趣，保持学生的读书欲望

俄国教育家乌申斯基指出：“没有任何兴趣，被迫进行的学习会扼杀学生掌握知识的意愿。”课外阅读是一项主体性很强的活动，其效果的好坏直接取决于儿童是否在内心深处有一种根深蒂固的需要，因此激发阅读兴趣，使儿童始终保持强烈的读书欲望，也是阅读指导

课的重要任务。所以，我除了鼓励学生阅读自己喜欢的书以外，还为他们搭设平台进行展示。

（一）创编课本剧

表演是一种综合艺术，要求“小演员”具备一定的语言表达能力。而短文并不是剧本，要变成剧本，就得先对文章进行阅读理解，使学生在大脑里“演”出图像，这才达到了阅读的效果。表演与阅读结合，能促进学生对所读文章进行理解、感悟、想象，使脑海中的人物形象丰满。

每次的展示都让我感受到孩子们真会想象，真会运用语言，真会表演！大家都看得津津有味，听得兴味盎然。创造性表演可以让学生领悟语言、积累语言、运用语言，最终提高语文素养，同时这些小娃娃也赋予了这些静止的文字以生命。

（二）结合兴趣，进行演讲

从上学期开始我们班开辟了以展示专长为主题的课前演讲。孩子们的演讲涉及各个领域，异彩纷呈。每个演讲者都能大胆、大声、大方、大气地在众人面前讲话，真正把讲台变成自己的舞台，在这个过程中促进他们更爱阅读，同时也使听的同学增长知识，拓宽视野，提升能力。

（三）绘本故事，讲演结合

儿童阅读绘本的乐趣很大一部分源于发现图画信息中富有童趣的有意义元素。绘本中鲜艳的色彩、栩栩如生的人物、独具匠心的细节、富有想象力创造力的线条能自然引发大胆猜测和预测。内容排版与画面交相呼应，画面形成一个整体的有意义单元更容易吸引儿童眼球，使儿童爱不释手。结合不同年龄段的儿童认知发展水平，应选择不同主题、不同艺术风格和不同文化背景的作品，由易到难，培养儿童多学科知识的理解能力和综合能力。

培养低年级学生早期阅读能力的重要途径是绘本阅读，如何有效地开展绘本阅读活动，提升绘本阅读成效呢？我尝试以讲、演为关键点开展活动，让学生在情境、教师、同伴的相互影响下成为真正的阅读者。

开展这样的活动更好地帮助学生实现与绘本的对话，培养了学生阅读的主动性，让学生体验到了阅读的快乐，为语文教学带来了生机和乐趣。让学生与书交朋友，这不仅能够培养学生阅读兴趣，而且能够充实学生的内心世界，赋予学生多种发展的可能。

（四）大手拉小手，促学生快乐阅读

从小学一年级开始培养学生的阅读习惯极其重要，但教育孩子并不只是学校的任务，应该是家庭、学校、社会共同的使命。只有当学校教育和家庭教育形成了合力，出现“心往一处想，劲儿往一处使”的局面时，我们的教育才会收到事半功倍的效果。为了协调学校、老师和家长对孩子合力进行教育，本班开展了家校合作活动，如“妈妈读书会”，培养一年级学生的阅读习惯。在实践中，通过家校合作、生生合作、亲子交流、师生激励等多方立体互动，让孩子逐渐养成了爱读书的阅读习惯。

当看到本班一个孩子开了画展，其他孩子也对国画有很大的兴趣时，我们便开展了“我爱中国画——妈妈读书会”活动。活动中热爱国画的陈爷爷先是介绍什么是中国画，中国画使用的用具，接着讲解了中国画的类型（山水、人物、动物），然后介绍了我国当代国画大师（齐白石、徐悲鸿），最后孩子们一起观看了用国画作品制作的动画片《小蝌蚪找妈妈》，这又和我们的语文教材紧密结合。

当学生被甲骨文深深地吸引住，都有愿望想要更多地了解甲骨文，这时我们开展了“悦读甲骨文，初品先人智慧——妈妈读书会”。

当身着太极服的赵老师一亮相，同学们新奇而激动的目光都凝聚到他身上。接下来“甲骨文”这个听起来好玩又陌生的词语，让我们好学的一年级（7）班的同学一开场就给老师提出了一个问题：“甲骨文是写在什么上的呢?”经过老师的讲解，同学们知道了原来甲骨文是刻在龟壳和骨头上的，而且是刻在乌龟腹部的壳上，因为腹部的壳比背部的壳软，说到此处有的同学张大了嘴巴，有的同学频频点头，仿佛发现了几千年前的一个天大的秘密。

赵老师从一个最简单的“人”字开始讲起，“人”字的甲骨文看起来很像一个侧面的人正在拱手鞠躬行礼的样子。同学们踊跃举手，到台前摆出甲骨文中“人”字的造型。接着赵老师讲了甲骨文中的字“身、孕、育、乳、保、老、孝”，这些字都是从“人”字形变化而来。赵老师通过这八个字的甲骨文形象，给同学们讲了一个感人的故事：一位妈妈肚子里有了小宝宝，孕育出小宝宝，喂养小宝宝，抱着小宝宝，等小宝宝能够离开妈妈了，妈妈就变成了拄着拐杖的老人，小宝宝长大了回来陪伴着年老的妈妈就是个孝顺的孩子。在赵老师讲述人这一生的时候，有的同学是含着泪花在听的。当赵老师问同学们，我们该如何孝敬自己的妈妈时，同学们都举起了手，有的说“我帮妈妈捶捶背”，有的说“我帮妈妈干活”，还有的说“妈妈病了我给妈妈倒水喝”。经过赵老师的解读，同学们深深地被这八个甲骨文汉字所蕴含的意义触动，相信当他们再去学习这八个汉字的简体字时，掌握的一定不仅仅是字形，还有文字本身的深刻含义。

最后，赵老师带着同学们书写了这八个汉字的甲骨文体，与其说是“写”倒不如说是“画”，同学们画得津津有味，有的还给甲骨文注上了拼音。

我们还开展了很多形式的“妈妈读书会”，在这个过程中本班学生深深地爱上读书，把书当成自己的朋友。

## 四、教给读书方法，帮助伙伴学会读书

低年级儿童是从兴趣的角度去读书的。通过一年的实践，孩子们总结出以下精读法，我们称为“五步读书法”。

### （一）审题设疑

即读一篇文章之前要让学生根据题目自己提一些感兴趣的问题，这样带着问题去读，有利于边读边想，要比无目的地读效果好得多。

### （二）粗读感知

低年级学生因识字量较少，在阅读时常常需要借助拼音。初读时，读得不太连贯，注意力集中在如何读上，缺乏对内容的思考和理解，只能停留在对内容的初步感知上。

（三）细读理解

这一环节是对文章内容的深入理解，要求学生边读边想，在读得正确、流利、有感情的基础上抓住文章的主要内容。

（四）诵读积累

在对文章内容深入理解的基础上，找出写得好的词、句、段，反复诵读和揣摩，达到熟读成诵的程度，使文章的语言内化为学生自己的语言。

（五）总结收获

每读完一篇文章或一本书，都要问问自己：增长了哪些知识？明白了什么道理？受到了什么启发？积累了哪些优美的词句？这最后一步对学生也是非常重要的。

《学记》里说："禁于未发之谓豫，当其可之谓时。"又说："时过然后学，则勤苦而难成。"说的就是教育要抓住时机这个道理。学生、家长、老师一起携起手，发挥伙伴的作用，课内外相映红，点燃学生阅读热情，让学生喜欢阅读，感受阅读的乐趣，帮助每一名学生养成课外阅读的好习惯，为他们终身发展奠定坚实的基础。

（翟玉红）

# 以书交友　共享共长

学校是学习的社会性组织，应当发挥群体性学习的优势。而集体互动式阅读可以在集体中分享个体的阅读经验与成果，提高学生的阅读兴趣和表达能力。因此，学校应开展丰富多彩的集体阅读活动。基于此，史家小学二年级结合伙伴校园的主题，开展了伙伴书屋活动。与传统读书活动不同，学校为学生提供了固定的阅读场所，让学生通过集体阅读的方式，收获书籍带来的知识以及伙伴阅读带来的快乐。伙伴共读，不仅是学生在同一时间、同一空间的集体阅读，也是一种学生之间进行合作、分享和沟通的阅读。

## 一、好书共议聚智慧

为了让二年级学生能够获得更好的阅读体验，史家二年级校区中配备了多间不同主题的阅读书屋，每个阅读书屋中摆放了上百种书籍，为孩子们提供了丰富的阅读资源。在伙伴阅读活动中，学校还利用班级讨论、广播分享、绘画传播等方式，从单一的人书对话发展成人与人基于书的多元对话，以此激发学生从更广阔的视角去审视和理解所读的图书。

### （一）班级讨论——多角度理解伙伴阅读

在学生参与伙伴阅读活动之前，各班级针对读书活动，开展伙伴阅读主题班会进行集体讨论。学生通过小组讨论，首先了解了伙伴阅读的含义，它不仅是伙伴们在同一时间、同一地点进行阅读，更重要的是在阅读中对于书籍阅读感受的互相学习和交流。一些同学还在班会中分享自己平时的阅读心得。此外，这种伙伴共读的方式，也在学生之间形成了良好的阅读氛围，让学生更加喜爱阅读。

（二）广播分享——从听众的视角重现书中精彩

伙伴之间的阅读分享也是伙伴共读中的重要环节，因此通过午间广播的方式，分享同学们最喜爱的一本书，也让学生在伙伴阅读活动中受益匪浅。学生在广播中介绍自己最喜欢的书籍和最让人印象深刻的内容，不仅提升了学生阅读的参与度，而且让收听的同学们收获了更多的课外知识，体验了书中的精彩，更提升了一起阅读同一本书的兴趣。

（三）绘画传播——将读书经验介绍给他人

低年级学生正处于形象思维占据主导地位的年龄，相比文字，图画更容易被他们接受和喜爱。因此，倡导学生通过绘画的方式，互相介绍伙伴阅读活动中的经验，更符合低年级学生的阅读特点。用绘画展示出自己最喜欢的伙伴书屋或者印象最深刻的书中情节，能让学生对伙伴书屋的样子一目了然，也生动形象地分享了伙伴之间的读书经验。

## 二、结果分析悟真谛

在伙伴阅读的活动中，学生不仅收获了阅读的快乐，而且增加了伙伴之间的交流和学习，但由于个体的差异性，每个学生所受到的阅读影响也有所区别。

（一）影响学生阅读选择的个体因素

在学校的伙伴阅读活动中，学生可以在学校的阅读小屋中自由选取自己喜爱的图书进行阅读。但在平时同学的阅读中，学生选择读书的偏好受年龄、性别、家庭环境等多重因素的影响。

例如，女生的阅读喜好偏重文学、文化类，男生则大多对历史、地理、科技类图书更感兴趣。家庭因素中，家庭经济水平、父母受教育程度等也会影响父母为孩子购买的图书类别，从而影响学生对书籍的选择。对于一些家中藏书较多、家中父母喜欢读书、家中阅读氛围较好的学生，相比阅读量小的同学，他们参与伙伴阅读活动的积极性和投入程度更高。

对于这种个体书籍选择的差异性，需要学校和家庭共同进行干预和指导。如针对低年级学生的年龄和心理特点，书籍厚度应尽量选择薄一点，这样孩子很快就能读完一本，内心就能产生一种成就感和愉悦感，提升阅读的兴趣。此外，二年级的孩子已经具备了一定的识字能力，因此可以先帮孩子扫除书里生字的障碍，保证书籍中不认识的字在20%以内，减少孩子的阅读障碍。如果是识字能力较弱的学生，则可以父母与孩子一起读，最好是识字与读书同步进行。在校阅读时，教师可以适当组织学生阅读或者推荐一些适合儿童阅读的文学作品，定期让学生交流自己读了哪些课外读物，互相推荐阅读。

（二）平时阅读习惯的培养

为了更好地了解学生平时的阅读情况，我对班级学生每天在家阅读情况进行了问卷调查。调查显示，班里只有接近一半的同学可以做到每天阅读，大部分同学能做到每周阅读。但在阅读时间上，个体之间的差异较大。结果显示，只有极少部分同学可以做到每天阅读1小时以上，大部分同学只能保持每天阅读半小时或者更少，这离二年级学生需要具备的阅读量还有一定差距。对于平时乐于读书而且课余时间读书较多的孩子来说，在学校的集体阅读中也会表现出更高的积极性和专注性。

针对平时课外阅读时间的差异性，教师可以在班中形成读书制度，确保学生读书的时间。低年级学生自控能力相对较差，需要家长和老师的共同监督指导。因此，教师可以将课外阅读纳入日常教学管理之中，把课外阅读与语文综合实践活动结合起来。在学校利用好伙伴书屋、班级图书角，让学生在书香校园的环境中接受熏陶和影响。此外，可以要求学生每天坚持读书最少30分钟，家长在家中配合监督。如此久而久之，学生就会养成一定的阅读习惯，将阅读融入自己的日常生活中。

（三）伙伴之间的阅读影响

在与学生的交往中，我发现学生之间很乐于交流目前自己所阅读的或者较喜欢的书籍。在伙伴书屋的阅读活动中，可以经常看到同学共同阅读一本书的场景。在课下，伙伴之间还会进行交流，对书中的内容进行讨论和推荐。一本让同学们感兴趣的书籍，往往会吸引很多伙伴相继阅读和沟通，这也是伙伴阅读带给同学们的影响。

## 三、后续举措促提升

伙伴阅读活动，重在学生通过伙伴共读的方式让学生在阅读中共同成长。在学校和班级内积极营造良好的读书氛围，对于激发学生读书的兴趣起着很大作用。

### （一）开展班级共读一本书活动

班级共同阅读一本书活动，不仅可以在班级建立起浓厚的阅读氛围，而且能帮助一些学生克服读书总是半途而废的问题。教师进行共读一本书的阅读任务布置，可以让学生自由组合，形成各自的阅读小组，共同完成阅读任务。低年级学生的阅读普遍为泛读，但要真正理解语句的意义，吸取文章的精华，必须细细品读和琢磨，做到精读。因此，在教学过程中，教师可以有的放矢地进行精读教学。如利用读书单，让学生一边阅读一边进行摘抄、勾画、记录，做到“不动笔墨不读书”，这样学生不仅学会了阅读方法，读书效率也会越来越高，书籍就会变成营养，被吸收和运用。

### （二）开展伙伴读书分享会

“通过伙伴阅读，你获取了哪些知识？”“有哪些读书经验你想分享给你的伙伴？”“你在读书中有过哪些困难和疑惑吗？”这些都是同学们在日常读书活动中会遇到的问题。班级定期举办伙伴读书分享会，让学生说一说自己在伙伴阅读中的收获，分享在阅读中的心得，可以让大家在交流中共同学习和成长。学校为学生提供这种阅读展示的平台，也能让学生在伙伴之间的对话中，从更为广阔的视角去审视和理解所读的图书。

### （三）定期举办读书讲座

邀请作家进行读书讲座，分享自己的创作经历，不仅可以让学生了解书籍的作者，学会品味书中的故事，也能让学生了解如何写作，激发学生阅读和写作的热情。专家讲座让学生从更广阔的视角去审视和理解所读的图书，也提升了学生的写作能力。

（四）开展趣味读书活动

在学校举办朗读比赛，让学生在广泛开展课外阅读的基础上，选取最喜欢的文章进行朗读。可以以小组为单位开展活动，不仅能让更多学生得到锻炼机会，而且能让不同水平的学生都有参加的机会。此外还可以在各班级开展“读书漂流”活动，选择书籍，按期各班交换书籍，让学生在活动中学会分享和交流。

（张　蕊）

# 解决真实问题　在认知冲突中明辨

## 一、背景介绍

课堂教学中师生的核心活动是思维互动，思维互动能够提升学生的思维能力。“多样的动物”一课选自首师大版《道德与法治》二年级下册第三单元“神奇的大自然”中主题二“我们是朋友”的第一课时。本案例就是运用思维互动的方式来提升学生思维。

课前，我通过调查发现几个班学生的共同特点是，每班都有近一半或一半以上的同学用自己带的食物投喂过动物园里的动物，但是每个班都有近30名学生认为投喂自己带的食物对动物的健康有影响。

通过这两个数据，我很疑惑，因此再次对学生进行调查，了解为什么知道对动物的健康有影响，还会投喂动物。结果有的学生说很喜欢动物，所以要给动物投喂食物表达喜欢；有的学生说家长让喂，自己也想喂；还有的学生说自己先了解了动物的习性，然后去超市买动物能吃的蔬菜投喂动物，这样对它没有伤害；等等。因此，课上我就借用学生生活中的真实事例，对“自己先了解了动物的习性，然后去超市买动物能吃的蔬菜投喂动物，这样的行为是否真的对动物好”进行分析，关注学生的实际获得，解决学生生活中的真实问题。

## 二、案例呈现

“多样的动物”课堂实录片段。

师：可爱的动物和我们共同生活在地球上，我们是朋友。我们怎样做，才是对它们的爱护呢？课前，刘老师通过调查了解到，有一位同学很喜欢动物朋友，在去动物园之前，特意了解了一种动物的习性，还专门从超市买了它爱吃的蔬菜来喂它。你们觉得这个行为是真的对它好吗？

生1：我觉得是对动物好，因为他是去超市买的动物爱吃的蔬菜。

生2：我认为不是对动物好，因为担心超市的菜农药超标。

生3：我不觉得是对动物好，如果动物已经吃过饭了再喂会吃多。

生4：我觉得是对动物好，因为很喜欢动物所以给它买它爱吃的蔬菜。

师：现在大家各执己见，我们到底该怎样评判这件事呢？我们评判这个行为的对与不对，依据是什么？评判这件事的依据就在这个信封里。谁愿意把它拿出来，告诉大家？

生1：这是“请勿投食”的标志。

生2：这是《北京市公园条例》。

师：《北京市公园条例》是北京市公园管理的一部法规。第五十六条规定：在非投喂区投喂动物的，责令改正，并可以处50元以上100元以下罚款；造成损失的，依法承担赔偿责任；构成犯罪的，依法追究刑事责任。

依据动物园里的规定和《北京市公园条例》的规定，我们再来看这件事，你们觉得这个行为是真的对动物好吗？

生1：我认为这个行为对动物不好，因为动物园有“请勿投食”的标志。

生2：我也认为这个行为对动物不好，因为《北京市公园条例》规定不能在非投喂区喂动物。

师：依据动物的习性，买它喜欢吃的食物，是没有问题的。但是依据动物园里的规定和《北京市公园条例》的规定，这样做却不是真的对动物好，也是不符合规定的。为什么要制定这样的规定和法规呢？我们来看看背后的故事。

师：动物园是人们观赏动物的地方。（教师运用图文并茂的课件，并配以音乐为学生讲述背后的故事。）动物的饲料有着严格的标准。你们看，这就是饲养员为动物准备的美食。动物都有自己的生活习性，饲养员会定时定量投喂动物。兽医专家说，绝大多数动物都不能像人类一样知道饱了就不再吃东西，只要有游客投喂它们就会吃。虽然，有的人依据动物的习性，带来它们爱吃的食物。请大家想一想：在节假日期间，动物园有成千上万的游客，如果每个人都对它们进行投喂，那结果会是什么呢？节假日后，许多被投喂的动物容易患上节日病，有的腹泻，有的呕吐，有的蔫头耷脑没精神。长此以往，一些动物患上了慢性肠胃炎，甚至吃不下去东西，变得越来越瘦。所以随便喂动物，会破坏动物的正常饮食习惯。

有的人还把自己喜欢吃的面包、香肠等食物喂给动物，甚至是投喂一些带包装的食物，导致动物难以消化。

2012 年，北京动物园一只珍贵的金丝猴意外死亡。胃中发现面包、胡萝卜等游客投喂的食物，造成病变。

2014 年，为了取到游客投喂的食物，太原动物园猩猩馆一只黑猩猩竟然爬上护栏、翻过电网，最终摔进水池内晕倒。（幸亏饲养员及时发现、兽医积极抢救，黑猩猩才转危为安。）

2015 年，上海动物园 3 头黇鹿因游客投喂而死亡。胃中发现塑料袋等异物总重 38 斤。

许多动物园，每年都会有因游客随意投食而生病或死亡的动物。

师：同学们，听到这些后你们知道制定这样的规定和法规的目的是为什么吗？

生：因为动物是人类的朋友，人们不想让动物变得越来越少。

师：这就是对动物的保护。当你们再次走进动物园，怎样做才是对它们的爱护？

生 1：不投喂动物。

生 2：提醒家人也不要投喂动物。

生 3：如果想投喂动物，去投喂区喂动物。

师：不投喂动物，才是对动物真的好。我们喜欢吃的食物，动物不一定能吃。做动物真正的朋友，就要爱护它们、尊重它们。

## 三、效果分析

课堂教学中，师生、生生之间的思维互动，通常是以提问回答的互动形式为载体。本节课，教师通过课前调查，依据学生真实的问题，在课堂上进行呈现。教师提出问题：你们觉得这种行为是真的对动物好吗？这个问题给了学生自主思维的空间。在这个过程中，学生以言语的方式呈现了自己的思维。学生依据自己的生活经验来回答问题。每位学生的生活经历是不同的，对这个问题的看法也不相同，所以学生与学生之间容易出现认知冲突。

此时，教师继续追问：现在大家各执己见，我们到底应该怎样评判这件事呢？我们评判这个行为的对与不对，依据是什么？此时学生特别想知道评判这个行为的依据。学生了解了相应的规则和制定规则背后的故事，教师再次追问：依据动物园里的规定和《北京市公园条例》的规定，我们再来看这件事，你们觉得这个行为是真的对动物好吗？教师的问题再次激发了学生的思考，并引发了学生的认知冲突，促使学生进一步思考该事件现象背后的本质问题，与他们原有的知识结构产生冲突，使学生产生好奇心，更愿意参与互动中。学生的思维也在和老师一环一环的提问和互动中发生改变，由以前爱动物到现在科学地爱动物。

## 四、反思提升

在课堂教学中，教师依据学生的真实问题，创设情境让学生自主解决真问题。学生在与教师、与学生之间的交流、思维碰撞中，提升自己的思维能力。

教师在教学中，如何能进一步提升学生的思维？我认为教师要关注自己的提问，提出学生能理解并能调动学生思维积极参与的问题。在课堂教学中，教师还要创设师生平等交流、有助于思维碰撞的环境，尊重每一位学生。教师在与学生互动的过程中，应随时关注学生思维的发展，及时给予反馈，帮助学生提升自己的思维，实现思维的逐级递升。

（刘　静）

# 第五章

## 内外协同强合力：家校成为真伙伴

支持领域重在融合性伙伴活动。该领域是其他领域的支持要素，主要在教师间、教师与家长间、学校与社区间展开，其活动目的在于建立起不同教育主体间的沟通、协商、共研、共建机制，形成整体育人网络，提高学校教育供给能力。目前阶段侧重于家校伙伴关系的建立。其方式主要是进行家校协同育人方式的探索，建立完善、平等的定期沟通交流机制；实现家长间基于共同教育问题的专题研讨，形成家教经验与策略，提升家校育人能力。在已有的家校沟通方式上注入新活力，让家校之间、家长之间、亲子之间的沟通变得更加多元而且高质量。

在实践中，以家长为教育资源，以微信群为交流平台，班主任教师组织家长进行热点教育问题的讨论，此举化解了家长心中的不安，交流了不同家长的经验，进行了有的放矢的集体指导；讨论后形成班级对某一问题讨论点结果综述，成为固化的、公共的学习资源。通过教师的组织，家长之间无序的、片段的、临时的交流变成有主题、有目的、有系统、有结果的交流。班主任与家长、家长与家长之间的伙伴关系通过固定的活动，从理念落实到了行动，并产生了合力。

# 家校微信沙龙：众人拾柴火焰高

## 一、家校微信沙龙的缘起

### （一）高效的社会需要更高效的方式

现在的社会是一个高效、快节奏的社会，教师、家长都很忙。大部分家长一年中就只有在家长会上才有时间和老师聊聊孩子的教育问题。我们传统的家长会形式主要是教师一言堂，传达教师在教育过程中发现的问题，需要家长配合的居多。而家长们疑惑的问题，则要等到会后和老师单独讨论。有的家长为了能和老师聊聊自己家孩子的情况，一等就等到晚上六七点。每次家长会开完，教师和家长都感到筋疲力尽。从教师的视角看来，发现很多家长找老师私聊的问题，其实有许多是共性问题，如果分成几个单独的问题来共同讨论，不仅提高了效率，而且能互相启发，取得良好的效果。

### （二）微信可以改变我们的教育活动方式

自从微信的群聊功能产生后，给我们的日常生活和工作都带来了巨大的变化。很多班主任建立了班级聊天群，目的是方便家校沟通。其实，班级微信群不仅仅是个消息站，它更像一个班级社区。家长们有的在群里求帮助，有的在群里团课，有的在群里相约出游，还有的在群里推送教育文章……新时期的家长更像多年的好伙伴，就孩子们的问题互相帮助、互相宽慰、互相出谋划策……家长们的互动，让我感到：家长群体本身也是一种教育资源，通过互相交流促进，能带动我们班的孩子们得到更好的发展。“班级微信群”这种现代化信息交流形式，拉近了教师和家长的时间距离和空间距离，使学校教育和家庭教育形成更好的合力。

## 二、家校微信沙龙的实施

### （一）建立家校同盟，制定主题

我们学校有着完备的家长委员会体系，我把自己的想法和家委会的几位委员进行沟通，得到了家委会的支持。首先，我们选出了两位时间相对充裕的家长作为牵头人，负责发布研讨消息，把控研讨流程，最后整理研讨资料。其次，我们在家委会先制定了《研讨公约——伙伴家校交流群群规》（见附件1）。然后，我们在班级中进行研讨意向调查，总结出以下12个家长们感兴趣的话题，分期研讨。

**讨论主题参考**

1. 孩子的视力保护问题。
2. 时间观念淡漠，做事拖拉，注意力不集中。
3. 孩子学习兴趣不高，不爱写作业。
4. 孩子自理能力差的问题。
5. 小升初如何应对。为了应对小升初，大部分时间浪费在培训班上值不值得。
6. 孩子不接受家长的批评教育，任性。
7. 孩子要求有手机，父母怎么办？
8. 您想要成为孩子安全地说心里话的伙伴吗？
9. 父母长期在外地忙于工作，无法建立亲密的亲子关系，怎么办？
10. 父母对子女的教育意见不统一，父母与爷爷奶奶教育观念不一致怎么办？
11. 如何避免把孩子当成是给自己长脸争气的“工具”？
12. 父母与学校老师要形成合力，但又要避免干扰教师的正常教育方式，该如何实现？

### （二）家委会牵头定期集中研讨

了解了家长们的需求，我们便由家委会负责此项工作的家长牵头，提前一周发布研讨时间和主题，并建立临时研讨群。有参加讨论意向的家长届时可以自动扫码进群，各抒己见。特别说明一点：为了让家长畅所欲言，班主任老师不在这个群里，由家委会代表主持全程活动。

（三）研讨结束后及时整理，固化研讨结果

每次研讨后，我们的家委会负责人员都会将本次研讨结果进行及时梳理。下面我以“保护视力”这一期为例（见附件2），将梳理的内容进行简要介绍。首先是常规内容，如时间、主题、参与人数、组织人员等。其次是存在的主要问题，比如家长们列出了“用眼习惯不正确”等四方面的主要问题。再次是分析原因。最后是记录家长们提出的对策及经验分享。这个内容很重要，一般是供其他家长直接拿来使用，或者是根据自己的家庭情况修改后拿来使用。

## 三、家校微信沙龙的效果

目前，我们已经完成了3期“家校微信沙龙”，全班38人，参加活动的家长达到了71人次。所有参与活动的家长，认为“活动对自己教育孩子有帮助”的达到了52.6%，认为“非常有帮助”的达到了47.4%。有的家长说，通过身边的案例，可以对比了解自己孩子的情况；有的家长说，通过大家在群里探讨类似的问题，发现很多共性，对自己有借鉴；也有的家长说，群里家长推荐的番茄时钟，经过自己家试用后感到非常方便……现在很多家长都爱上了“班级微信沙龙”。参与活动后，有89.5%的家长能把别人提供的经验，根据自己家实际情况改造后使用。在对全班家长进行调查时，有41.2%的家长表示：当教育孩子遇到困难时，希望在“班级微信沙龙”中，通过互相交流来解决问题。这一数值远远高于其他几种方式——上网，14.7%；问自己父母，2.9%；问同事朋友，29.4%；其他，11.8%。

在信息社会，人们的工作、生活方式发生了巨大改变。在教育工作领域中，我们教师要善于发现并合理利用身边的教育资源，努力将家庭、学校和社会的教育力量统合成一个方向，形成合力。

（曹艳昕）

附件1：

## 研讨公约——伙伴家校交流群群规则

为打造教育者交流分享的理想平台，特制定群规则。违规者将被移出群聊而不加警告。

1. 交流范围限家庭、校园、育人、读书相关的话题。

2. 禁止发布商业广告！严禁发布拉票、兼职、拉赞助、募捐、其他公众号链接等，给群友添麻烦。

3. 提倡文明用语，有趣味也有品位，禁止爆粗口，禁止污言秽语。

4. 平时欢迎大家分享校园日常生活、教育资源、读书笔记，为群友提供优质资源。

5. 本群汇集的都是教育工作者，若您在本群受到骚扰（如私加好友，推送广告等），请截屏向群主投诉。

6. 群友拟邀请新朋友进入本群，需先私信向群主申请。群主同意后，方可入群。

7. 禁止发送暴力血腥或者恶俗恶搞的视频。

本群有权根据违规情况，清除部分用户出群而无须解释。如您觉得不适应，也可自行退出。

附件2：

## 二年级（11）班 家长微信沙龙分享（第二期）

**主题：**孩子的视力保护问题

### 一、概述

1月12—17日，二年级（11）班通过微信群方式展开了第二期“11班家庭教育微信沙龙”，围绕“孩子的视力保护问题”的话题展开了讨论。19位家长参与了活动，大家各抒己见、积极发言、相互启发，在保护眼睛的方式方法、健康用眼的良好习惯、护眼养眼的设备器材等方面达成了很多共识和操作性较强的意见建议。

### 二、存在的主要问题

目前，近视低龄化且高发的现象非常严重，除了先天因素外，在很大程度上与日常用眼的不良习惯有关，家长们对孩子们身上存在的主要问题进行了总结。

（一）用眼习惯不正确

如看书写字时眼睛离得太近或歪头，躺着或趴着看书，看书时间过长、眼睛无法得到充足休息等。

（二）环境光线不恰当

如强光下或正对阳光看书，照明灯具的亮度不足或存在频闪、蓝光等现象，房间昏暗时看书等。

（三）电子产品看过量

如周末长时间或近距离看电视、电脑、手机、iPad等，走路时或在车辆上看手机、iPad等。

（四）其他相关原因

如缺少必要的户外运动，眼睛无法休息；甜食食用过量，影响眼球壁的弹性；睡眠时间不足；等等。

## 三、原因分析

### （一）孩子对保护眼睛的重要性没有概念

家长都非常注重孩子视力的保护，希望孩子能从小就保护眼睛，避免近视。但是，孩子大都只是表面上知道应该保护眼睛，至于为什么要保护好自己的眼睛，保护好眼睛有多重要，他们根本没有认识到，没有形成内在的推动力。孩子们可能觉得，保护眼睛是为了爸爸妈妈、老师长辈，而且很多家长也佩戴眼镜，没什么大不了。于是，很多让家长着急的不爱护眼睛的情况就常常出现在孩子们身上。

### （二）孩子没能养成良好的用眼习惯

从孩子们每天睡醒，眼睛就始终在工作了。无论是在家里、学校、上下学的路上，都有可能有伤害眼睛的情况出现，都需要养成保护眼睛的好习惯。交流中，很多家长反映了和孩子们在看书时关于用眼的“斗争”，但孩子们可谓“扭头就忘”，头一会儿就低下去了，眼睛一会儿就斜着看了，走着路还拿着家长的手机看起来没完，离养成好习惯还有很长的路要走。

### （三）家长对孩子的用眼护眼监督不够

家长们普遍反映很多对孩子用眼监督不够的问题：孩子做作业、看书时间可能比较长，最初督促几次保护眼睛，后来一着急，也就不再提了；到了周末让孩子看电视、玩 iPad，可能玩着玩着就忘了时间，孩子看电子产品的时间可能太长；孩子有时候趴着看书，或者在阳光下看书，因为不忍打扰孩子看书，就没有提醒。

### （四）家长对协助孩子养成良好的用眼习惯缺少方法

家长们对帮助孩子养成用眼好习惯都非常重视，但普遍缺少有效的方法。有的家长是孩子做作业时坐在身边时时提醒，有的是给孩子举起书本，大部分家长只是针对孩子的一个用眼环节进行监督，其他的用眼时刻和爱眼方式没有注意到。少数几位家长总结了全面的用眼方法，甚至形成了书面的用眼规范，对于保护孩子的眼睛起到了非常关键的作用。

## 四、对策与经验分享

（一）姿势类

看书写字要保持足够的距离，保持正确的身体姿势，不含胸驼背，不歪头斜视。

掌握正确的握笔方法有助于孩子写字的正确姿势，建议使用六棱形笔杆。

不躺着、趴着看书。

（二）光线类

选择对眼睛友好的台灯，保持看书时的适宜照度。

不在强光下看书。

不在昏暗的环境下看书。

学习桌最好放置在窗前，光线好有助于远眺放松眼睛。

（三）习惯类

20 分钟—20 秒—1 小时—3 米原则：看电子产品，每 20 分钟休息 20 秒，一天不超过 1 小时，眼睛距离屏幕一般 3 米以上，屏面略低于眼高。

近距离使用眼睛（读书、学习、看电视、iPad 等）最多 1 小时，需要远眺 5 分钟来调节眼部肌肉。

加强户外活动，打乒乓球或羽毛球。

提醒孩子注意使用护眼支架。

认真做眼保健操。

定期做视力检查，密切关注视力发展情况。

睡眠时间一定要充足。

（四）食补类

吃粗粮。

拒绝甜食。

（五）购买物品类

台灯（应购买无蓝光、无频闪的护眼台灯）。

适当补充叶黄素。

远视表。

防蓝光眼镜。

缓解视疲劳仪器。

黑板墙。

大家普遍反映，这次交流最大的收获就是了解了很多人保护眼睛的做法，了解了很多以前不知道的好方法和好用具，对于今后保护孩子们的眼睛非常有帮助。大家纷纷表示，马上制订护眼计划，开启帮助孩子护眼爱眼的新篇章。

# 借力微信平台促进家校合作

## 一、活动背景

（一）理念与定位

环境能够影响人，“问题学生”的出现与家庭环境和家庭教育有着密切的联系，对他们的教育转化必须得到家长的支持和配合。家校合作，共促成长。创设优良的育人环境需要家庭、学校、社会各方面的努力。学校教育与家庭教育必须紧密结合。

新时期伙伴计划指向学生未来发展关键能力，要实现深度学习的实践方式创新，要更注重凸显“伙伴关系”的意义。

（二）活动目标

完善家校协同育人、建立完善平等的沟通交流机制、开展家长伙伴活动。

（三）任务内容

建立完善平等的定期沟通交流机制，探讨家教中热点教育问题，形成经验、实现家教经验的共享。

（四）活动方式

建立家长微信讨论群。

## 二、真实情景再现

随着上课的铃声响起，我站在教室门口，看着同学们快速回到教室，做好上课的准备。

我习惯性地扫了一眼全班。咦，怎么有个座位是空的？等了半天才看见小C一个人慢悠悠地从楼道走到教室。看了我一眼，走回自己的座位。我问她怎么这么晚才回来。她说："去操场散步了。"我问她："听到铃声了吗?"她说："听到了，但是我还没玩够呢。"而且多个老师都跟我反馈关于她的行为问题。概括出来就是"想干吗就干吗，错了还不接受老师的批评"。

有一天，我走进教室组织放学。大家都按要求迅速整理完书包到楼道里排队。只有小C桌上、地上摊了一堆东西。我让她把所有的东西都装到书包里，回家再整理。她就跟没听见一样，慢悠悠地找到袋子，一本一本分门别类地开始装。为了不影响全校同学（学校要求是18个班全部到了操场，才会按顺序放学)，我开始给她往书包里装东西，谁知道她开始大叫。把所有东西都倒出来，怒视着我。我告诉她，今天奖励放学表现优秀的小贴画不会发给她，她毫不在乎地回了句"无所谓"。

晚上我把她在校的情况向她妈妈做了简要的描述。谁知她妈妈的回答简直是让我无语："我们家孩子回来说，她在校表现挺好的，就是不知道为什么老师总批评她。我们家的理念就是要给孩子一个宽松和谐的成长环境，我们就是要让她有主见。我们从幼儿园就这样，贴画是一种形式，我们不太在乎这种东西，如果她喜欢我们可以给她买。"

听到这里，我明白了，原来孩子的问题出在这里，是家长的认知出现了偏差。如果家长的认识不和老师达成一致，那么想纠正孩子的不良行为就难上加难。我听完对她妈妈说："我特别认同您的部分理念，学校办学的理念就是和谐。我们的宗旨就是为孩子们创造一个宽松快乐的成长环境，我们更希望孩子们要勇于表达，有主见，有自己的想法，但是，俗话说，没有规矩，不成方圆。国有国法、校有校规。我们一定帮孩子把握一个度。家长更应该给孩子规定一个底线。在合适的范围内，快乐地成长。"小C的妈妈只说了句"我知道了"，就挂断了电话。

## 三、我的思考

家长挂断电话后，我想了很久。家校和谐是社会和谐的重要组成部分，班主任要认真了解、研究家庭对学生思想意识和身心发展产生的各种影响，争取家庭的配合，形成一体化的教育功能。在孩子的教育问题上，学校与家庭教育的认识缺乏一致性，会导致家校关系不和谐，影响教育合力的形成，降低教育效果。家校关系不和谐的因素既有家庭方面的，也有学校和老师方面的，但不是不可改善的。只要双方各自履行职责，加强交流沟通，就能实现家校关系的和谐，共同为孩子的健康成长铺平道路。

作为一名班主任，我不能置之不理。我有义务做好家长的工作。但是我该采取什么方式呢？我反复思考着。我决定先冷一冷、静一静，换种方式进行沟通。

## 四、漫长的“爬楼”工程

在我还没想好具体采取什么措施时，她妈妈给我发微信提出了给孩子换座位。（因为小 C 个子高，所以坐在了最后一排，恰好因为有个孩子在国外学习，所以她旁边的座位是空的。）

看到这条短信，我把电话打过去。电话接通后，她直接就问我：“是不是讨厌我们家孩子？不喜欢我们家孩子？为什么把我们家孩子排在最后一个？”我当时就笑了说：“谁跟您说，学生坐在最后一排老师就不喜欢？”她说她上学时就因为淘气，老师特别烦她，把她放在最后一排，任其自生自灭。后来她走上工作岗位后，接触的负能量比较多，所以她觉得我一定是不喜欢她们家的孩子。（她是一名法官，在审理案件时，多听到的是犯人的阴暗心理。）

## 五、达成共识

### （一）改变联系形式，让家长了解孩子的情况

一天我准备进班分饭。因为还差几分钟下课，我就站在教室后门，观察小 C，发现小 C 一会儿不停地擦地、叠手绢，一会儿不停地扭来扭去。我用手机先把她不停擦地、叠手绢的行为录下来，起名为“整理内务”，把她扭来扭去起名为“扭大秧歌模式”，用微信发给她妈

妈。我刚发完，她妈妈的电话就打过来了，说："真没想到孩子的实际表现和回家后自己的叙述差这么多，我一定会配合老师教育她，谢谢老师用这种形式让我了解到孩子的真实情况。"同时她提出来希望每天和我沟通孩子的情况。

（二）借助微信沙龙平台，互相教育

通过这次沟通交流，我找到了沟通的切入点，我决定以微信的形式把孩子在校的表现呈现给家长。我会把孩子的点滴进步和某些退步用新的形式来展现。当她进步了，我给家长发一条报喜的信息。当她退步了，我就用手机录下来，加上简短的词语发给家长。

针对小 C 妈妈极其敏感的性格，我还以网络为平台，建立微信沙龙群、微信沙龙小组，在沙龙群进行专题讨论，以此建立完善平等的定期沟通交流机制，探讨家教中热点教育问题，形成经验，实现家教经验的共享。

有位家长写道：本周讨论的内容非常多，大多数家长普遍认为比较重要的三点是信任、沟通和配合。

首先是充分信任。信任是家长与老师沟通配合的最基本前提，家长要相信史家小学的教育理念、教育文化、教育方法和教育质量，相信教师团队的专业、敬业、奉献和爱心，在相互信任的基础上，我们才能更有效且高效地沟通，能敞怀交谈，直面孩子教育上、生活中的问题。

其次是有效沟通。在沟通的过程中，我们要客观地去看待问题，理性地寻求解决问题的方法，千万不要因为关心孩子就乱了方寸、不知所措，一定要冷静下来，与老师交流沟通，找到适合自己孩子的教育方式。

最后是全力配合。每个人在社会上所扮演的角色都不一样，老师的工作是教育孩子，在这方面老师才是专业的，但是老师也是需要"辅助"的，如果我们家长能够在课后花一些时间去教育孩子，那么老师的工作就会更有成果。充分信任、有效沟通和全力配合这三者之间是相辅相成、双方面的，缺一不可。

伙伴的力量是巨大的，经过几次微信沙龙的专题讨论，小 C 的妈妈慢慢有了变化。

## 六、收获幸福

除了在微信沙龙群进行探讨，小 C 的妈妈和我还开始了漫长的“爬楼”。每天电话基本是一小时起步，然后微信接着聊。好几次做饭时因为聊天我的饭都煳了。在这个过程中，我们的心越走越近，同时她也越来越理解我的苦心。她也渐渐放下了她的戒备心理，把她每天生活中的快乐和烦恼也一并发给我。当她得知我参加东兴杯讲课比赛，比赛当天特意发微信给我鼓劲儿。当时看到这条微信，我心里涌起一股暖流。

虽然每天电话、微信沟通占用了我的大部分个人时间，但是我从来没觉得是一种负担，得到家长的认可和配合，是我最大的收获。在辛苦“爬楼”的过程中，我收获的是满满的幸福。

《公民道德建设实施纲要》指出：“家庭是人们接受道德育最早的地方……必须把家庭教育、学校教育和社会教育紧密结合起来，相互配合，相互促进。”唯有如此，才能真正消除家校之间的隔阂、抵触乃至冲突，才能建立起理解包容、互信互爱、互联互通的伙伴关系，从而促进学生全面和谐地发展。对于学校、社会和家庭三者的教育力量，我们忽视了哪一方面都可能造成不良后果，缺失了哪一方面都可能影响教育质量的提高。

在移动互联网时代，“微信沙龙”活动通过微信群这种创新、平等、开放的交流平台，家长就感兴趣的教育话题进行讨论，开展家长间的互帮互助活动，进行家校协同育人方式的探索，可以建立完善、平等的定期沟通交流机制，实现家长间基于共同教育问题的专题研讨，形成家教经验与策略，丰富已有的家校沟通方式，形成以网络为桥、家校同步、融合互通的教育合力。

（徐　虹）

# “伙伴家校”活动小调查

## 一、调查背景

自2018年4月至6月，史家小学二年级（17）班共计进行了三期“伙伴家校”话题讨论活动，频次为每月一期，每期集中讨论定在指定周的周五至周日晚上，每期话题累计讨论时长不少于3小时。全班40名学生家长代表通过微信群参加话题讨论，均有精彩的发言。

讨论话题如下。

4月：“时间观念淡漠，做事拖拉，注意力不集中”。

5月：“孩子不接受家长批评教育、任性，采取何种办法才能更好地批评和教育孩子”。

6月：“为了小升初，大部分时间浪费在培训班上值不值得”。

针对三期讨论内容特设计调查，共计6个题目以便收集家长对本学期本班“伙伴家校”活动的反馈意见。

## 二、调查设计思路和调查过程

调查设计思路主要考虑调查时间、调查内容和调查结论的应用，共设计6个题目开展匿名调查，涵盖学生家长参与次数、对组织工作是否满意、话题讨论内容是否有帮助、是否愿意继续参与、后续希望增加哪些讨论话题以及针对讨论话题后续希望如何跟进。

调查时间安排在第三期“伙伴家校”结束当天，以群内推广的方式进行，共计35名家长参与了调查问卷，参与度达87.5%。调查问卷选取了易于操作的微信线上调查的方式，家长仅需两分钟即可填完全部问卷，方便省时，简单快捷。

## 三、调查问卷全文及结论分析

### （一）本学期您一共参加了几次“伙伴家校”活动（见表5－1）

**表5－1　家长参加“伙伴家校”活动情况**

| 选项 | 小计/人次 | 比例/% |
| --- | --- | --- |
| 一次 | 4 | 11.43 |
| 两次 | 8 | 22.86 |
| 三次 | 23 | 65.71 |

注：本题有效填写35人次。

分析：有65.71%的家长参与了三次话题讨论，可以看出大家的参与积极性还是比较高的，但同时也可能会因为周末假期或是工作原因三次讨论未能全都参与其中。

### （二）您对本班“伙伴家校”活动的组织工作是否满意（见表5－2）

**表5－2　家长对“伙伴家校”活动的满意度**

| 选项 | 小计/人次 | 比例/% |
| --- | --- | --- |
| 非常满意 | 32 | 91.43 |
| 比较满意 | 3 | 8.57 |

注：本题有效填写35人次。

分析：有91.43%的家长对本班“伙伴家校”的组织活动非常满意，这也是对组织人员工作的认可。

### （三）您认为通过“伙伴家校”活动对您是否有帮助（见表5－3）

**表5－3　家长认为“伙伴家校”活动是否有帮助**

| 选项 | 小计/人次 | 比例/% |
| --- | --- | --- |
| 非常有帮助 | 27 | 77.14 |
| 有一点儿帮助 | 8 | 22.86 |

注：本题有效填写35人次。

分析：有77.14%的家长认为“伙伴家校”活动非常有帮助，22.86%的家长认为有一点儿帮助。可以看出，活动效果有进一步提升的空间，后续可结合“调查6”进行改进。

（四）您希望此项“伙伴家校”活动今后继续做下去吗（见表5-4）

表5-4 “伙伴家校”活动是否继续的调查

| 选项 | 小计/人次 | 比例/% |
| --- | --- | --- |
| 希望 | 30 | 85.71 |
| 无所谓 | 5 | 14.29 |

注：本题有效填写35人次。

分析：有85.71%的家长希望“伙伴家校”活动今后继续做下去，表明了对学校该项工作的认可，讨论话题的结论可能为家长带来了一定的积极效果。

（五）您希望增加哪些讨论的话题（见表5-5）

表5-5 家长希望增加讨论的话题

| 选项 | 小计/人次 | 比例/% |
| --- | --- | --- |
| 子女教育问题 | 27 | 77.14 |
| 亲子沟通技巧类 | 26 | 74.29 |
| 孩子自我保护类 | 27 | 77.14 |
| 其他：请填写 | 1 | 2.86 |

注：本题有效填写35人次。

分析：有77.14%的家长认为子女教育问题以及孩子自我保护类话题需要后续增加，同时对于亲子沟通技巧类也比较关注，这为我们后续选择讨论话题方向提供了指引。

（六）讨论后的话题您希望后续如何跟进效果（见表5-6）

表5-6 如何跟进效果的调查

| 选项 | 小计/人次 | 比例/% |
| --- | --- | --- |
| 通过发现的问题，与学校老师一起按找到的办法引导孩子解决 | 25 | 71.43 |
| 增加与老师的沟通，尽量减少孩子同类问题的发生 | 24 | 68.57 |

续表

| 选项 | 小计/人次 | 比例/% |
| --- | --- | --- |
| 联系相关专家进行专业讲座，深入学习解决问题的办法 | 18 | 51.43 |
| 邀请有经验的学校老师进行相关问题的家校沟通 | 19 | 54.29 |
| 通过召开家庭会议、寻求专业机构帮助等方式解决问题 | 8 | 22.86 |
| 讨论群周期性进行同类话题的跟进讨论，在群里沟通实践方法 | 15 | 42.86 |

注：本题有效填写35人次。

分析：有71.43%的家长认为话题讨论后的效果跟进应该采用“通过发现的问题，与学校老师一起按找到的办法引导孩子解决”，68.57%的家长认为采用“增加与老师的沟通，尽量减少孩子同类问题的发生”，同时选择“联系相关专家进行专业讲座，深入学习解决问题的办法”和“邀请有经验的学校老师进行相关问题的家校沟通”的家长占比也分别高达51.43%和54.29%。

## 四、调查总结

通过调查问卷我们可以看出，今后“伙伴家校”活动有必要定期开展，而且在群内线上讨论的同时，应该结合线下与老师配合，与学校或外部专家座谈等多样化的方式形成合力，针对家长反映的热点话题进行重点突出的研讨，让孩子或家长普遍面临的问题，通过以上方式化解或转化成可以实操的生活小技巧，优化学校、家长、学生三方的紧密关系，形成融洽和谐的家校伙伴关系，同时将定期形成的结论性内容更多地分享给有需求的朋友，用“小我”感动“大我”，用史家小学师生的力量助力全社会家校、亲子关系更加融洽！

（李卫红）

# 低年级学生面临的突出问题、原因分析与对策建议

## 一、背景：家长普遍陷入“培养焦虑”

“孩子总是不能集中注意力”“一点时间观念都没有”……当今社会人们对下一代的教育越来越重视，也产生了焦虑。很多家长出现心态失衡、心理焦虑和预期过高等问题，特别是自媒体时代，各种各样的教育理念充斥网络，影响人们的认知，传统的师生关系、家校关系都面临前所未有的挑战。学校的培养理念和培养范式、教师课堂上的教学内容和教学方法，在一些家长看来，已经不能满足他们的需要。家长们比以往任何时候都更愿意发挥主动性，其中有的人过分自信，总是自设标准，自觉不自觉地“安排”孩子的人生，设定孩子的成长目标。在这种背景下，很多低年级学生的问题被放大，成为家校共同关心的话题。

## 二、表现：家长眼中低年级学生面临的突出问题

在史家小学二年级某班家长群里，有三分之二的家长认为“时间观念淡漠”和“大部分时间浪费在补习班值不值得”是最为关心的话题，为此35名家长在微信群里持续讨论了三个多小时。应该说，这是很多家长共同的困扰。

不少低年级学生家长表示，自己的孩子做事拖沓，经常迟到，不主动写作业，回家后只是吃东西、看闲书，乱写乱画，等等。很多时候是家长干着急，孩子一点儿也不急。在家长眼中，孩子们不但不知道时间很宝贵，甚至没有基本的时间观念和纪律意识，不知道浪费时间的后果，说教根本不管用。你急你的，他玩他的。

## 三、原因分析：家长心理状态与孩子成长规律之间的矛盾

孩子不守时、磨蹭，并不一定是孩子一味地拖拉，有可能是他们还没有理解时间这个抽象的概念，又或者孩子没有学会如何更好地安排时间，也没有真正体会到时间的宝贵以及浪费时间可能带来的后果，刺痛感不强。这背后的原因，是部分家长心理焦虑、心态失衡，心理预期与孩子的年龄和成长规律不相匹配。实践中，我们常常发现，家长自己做不到的，往往期望孩子们做到，家长关心的不是孩子是否健康成长，而是在意“跟其他孩子比，咱们落后了没有”。

任何事情都要尊重规律、尊重科学，教育也是如此。当下，因为信息技术日新月异，信息传播已经不是传统的线性模式，多元、讨论、协商成为新时代教育的特征。“专业的人做专业的事”应该成为共识，“尊师重道”的传统也应该更好地传承。家长之所以认为孩子出现这样那样的问题，在很大程度上是“自以为是”，而且没有把“健全的人格、健美的身体、健康的心理”作为教育目标，片面看问题，忽视孩子的成长规律。

## 四、对策建议与经验分享

从根本上说，教育是系统工程，学校、家长、社会都有责任，也都发挥各自不可替代的作用。教育孩子，除了学校外，家长的认知也非常重要。针对低年级孩子面临的一些问题，也有不少家长分享了有参考价值的经验。

一是建立时间观念。有家长给孩子制定明确的时间表，每天的作息严格按照时间表进行，拥有固定良好的生活规律。某家长说：“我们每天放学在校练球，回家时间较晚。但回到家后洗澡、吃饭、做作业、上床、看书、睡觉都是有时间节点的。八点半做不完作业就不用做了，第二天老师检查没做完会让自己负责，如果没完成就无法参加校队训练或者需要留校完成，所以孩子会自觉在小课间多做一些作业。”

二是培养统筹安排的能力。“放学回家到睡觉的几个小时里面，

需要做的事情有很多。带着孩子做一个测试，做作业需要多长时间，练琴需要多长时间，洗漱需要多长时间，而在所有需要完成的事情中，哪些又是需要首要完成的，哪些是可以放在后面的，如何统筹安排这些事情。”一位家长说，“我们首先会告诉孩子学校作业的重要程度排序在第一位，如果在学校能够完成作业，放学后可以和小伙伴玩一会儿或者回家看书都可以，如果学校作业没有完成，那么回家除了用 5 分钟洗手换衣服、用 5 分钟吃东西外，其他什么事情都不能做。我们家有个小闹钟，能自动 5 分钟倒计时。她回家饿了吃东西，自己设置闹钟，闹钟响了就不能吃了。”

三是承担拖拉的后果。让孩子知道如果做事拖拉会有什么样的后果，试着让孩子亲自去体验、尝试，可以放手几次让孩子去迟到和碰壁，去承担因为迟到而错过自己所期待的事情的结果。

家长分享经验：我们把孩子最喜欢的游戏时间放在了最后，如果他不抓紧时间完成所有该做的事情，那么结果就是不能玩游戏。

四是给孩子留空白。孩子的一天有很多事情要做，如果抓紧时间完成后，节约出来的时间就是属于自己的，让孩子体会节约和管理时间的乐趣。有家长说：“我们每周会有一张表格，放学回家后，我们会把今天要做的事情列出来，如果周一到周六都能完成计划，那周日就归孩子自己安排，如果完不成，就由我们来安排。”

五是引导孩子利用碎片时间。时间是很宝贵的，可以利用上下学路上的碎片时间，提高效率，完成应完成的事，以获取更多自由支配时间。

（杨　奕）

# 微信对沟通、分享、合作的拓展延续

## 一、微信在家校合作教育中的应用策略

微信作为一个社交软件，其本身并不具备教育性，但根据其功能和特点，结合小学家校合作教育的客观需求，探索有效地将微信应用于小学家校合作教育中，推动小学家校合作教育的和谐发展是非常值得我们研究的。

微信应用于小学家校合作教育中的主要类型有学校公众号、班级家长微信群；运用的功能主要有语音、文字信息、图片、小视频和朋友圈分享等；发布的内容主要有校园动态、学生情况双向反馈、教育教学经验分享等。

目前，我校教师在借助微信功能完成家校合作教育时，能够达到德育与教学同时进行反馈，实现反映、沟通与指导并行。学校公众号能够充分反映学校特色，分别设置各类特色校本课程介绍与风采展示，解读学校党建文化，树立学习榜样，重点推荐各类综合实践活动，为增强家长对学校的了解并建立紧密的联系不断进行努力。

随着社会信息化的发展，学校教育发展也要紧跟时代步伐。微信在教育教学中的使用，能够很好地改善学校教育的传统模式，采取微信参与家校合作的教育模式能够更好地实现对学生综合能力的培养，为提高教育教学质量奠定良好的基础。

## 二、微信参与家校合作的模式构建

我校通过构建班级微信群，将班主任、学科教师、家长置于其中。教师通过信息反馈、经验分享、方法指导等方式，帮助家长了解学生在校生活的具体情况，同时对家长进行教育和教学方面的知识普及；

而家长通过信息沟通、教育实践、互动讨论等方式，帮助教师更加全面地了解学生，引发更深层次的教育思考，便于为其制订合适的个人发展方案，从而加强学校教育和家庭教育对学生的双重影响。

在微信参与家校合作的模式中，几个主要模块的作用如下。

（一）班级信息发布

班级信息发布，是微信群最主要的功能之一，内容主要包括：学生活动风采、学科作业要求、知识拓展、学校重大活动、活动提示、各项表彰展示等诸多信息。这有助于家长整体了解学生在校生活及发展情况，同时便于家长督促学生更好地完成学校布置的任务，实现自身更快成长。

（二）信息实时反馈

利用微信本身特性，及时更新群中信息。这种方式可以高效地完成家长与教师间的沟通工作。教师将学校的信息实时推送，并结合信息中的问题统一回复，实现家校沟通过程中的减负增效。同时，教师针对个别同学在校表现，还需要与家长单独交流，保证第一时间发现问题、解决问题，把学生各种不好的行为习惯及学习问题，尽早扼杀在萌芽状态，防微杜渐。

（三）学习资源分享

利用微信的跨平台接口功能，教师可以将资源及时发布在微信群信息中。随着微信应用的不断完善和更新，它可以兼容更多形式的学习资源，一部手机就可以做到及时阅览多种信息资源，更加快速与便捷。

（四）微型家长会

利用微信打破时空界限，整合文字、语音、小视频等功能，可以随时召开一个微型家长会。由学校召开的常规家长会，受到时间的限制，主要是把具有广泛性和普遍性的内容进行通报、分析和讲解，在具体操作和特殊问题的处理上，都无法进行一一回应。同时，家长与教师在校单独接触的机会也少之又少。微信刚好能够弥补这一缺陷，使教师能够将一些微小却十分重要的信息与家长及时进行交流，保证家校合作在信息沟通上的流畅性。

（五）教育教学指导

教师利用微信平台，推送教育教学指导内容，进行专业知识、教学经验分享，由此打造教育共同体。家长结合教师推送的消息，能够有针对性地帮助学生进行课后知识辅导、总结与拓展，有效地提升家庭教育水平。

（六）学生风采展示

为了满足家长全面了解孩子在校整体状况的需求，教师通过微信推送学生日常学习及生活情况，增强家长参与学校教育的积极性，发现孩子的优势和闪光点，能够有侧重点地帮助学生综合发展。

## 三、学生在“伙伴教伙伴”理念下的成长和发展

为了更好地发展学生综合能力，我校结合学生的实际情况，提出了“沟通、合作、分享”的伙伴文化建设理念，促进学生在分享中获得能力的提升。

（一）“伙伴教伙伴”理念在课堂教学中的呈现

在小伙伴校本课程设置中，以数学学科为例，数学课、校本课、综合实践课以及330课程四位一体，整体构建知识体系，促进学生在分享中获得能力的提升。如今，我们处在信息高度发达的大数据时代，在人生起步阶段为孩子们树立“分享”的意识就显得十分重要。

那我们提倡的“伙伴教伙伴”理念是怎么做的呢？举个简单的例子：通过暑期作业“生活中奇妙的数学”主题手抄报的完成，让学生们实现对所学知识的复习与延伸，并在开学后的“数学小报交流与分享”活动中，注重启发与引导，使学生们踊跃发言，争先恐后地介绍小报中收集的精彩信息，在分享知识的同时，也学习如何更好地表达与倾听。为激发学生的积极性，教师设置奖励制度，为善于发现生活的学生颁奖，同时将所有学生的作品合制成一本电子书籍分享到班级微信群，让家长大伙伴和学生小伙伴拥有更为充足的学习时间，最大限度地实现“伙伴教伙伴”这一校园文化理念。

（二）“伙伴教伙伴”理念在校园生活中的呈现

在日常的校园生活中，“伙伴教伙伴”文化理念又是怎样呈现的呢？我校通过组织“变废为宝”活动，注意培养同学们热爱自然、重视环保的意识。孩子们在别出心裁的设计过程中绽放创意，在相互分享作品的同时拓宽了视野，实现互帮互教。在所有师生的共同努力下，“伙伴教伙伴”的文化在孩子们的心中生根发芽。

此外，学校还邀请校外的大伙伴为孩子们拓宽视野，丰富知识，为校园生活增添色彩。学生们在医生的耐心讲解下，通过相互帮助与交流，实践操作了心肺复苏的流程。由此，使孩子们从小树立了救人和自护的意识，掌握了一定的救护技能。在革命老前辈讲述的抗战故事中，同学们体会到今日幸福生活来之不易。

无论是小伙伴间的分享，还是大伙伴与小伙伴的分享，最终所有的活动还会在微信群中实现进一步的思考与讨论，帮助孩子们更加全面地了解和认识世界。

（三）“伙伴教伙伴”理念在家庭生活中的呈现

学习之余，大伙伴们还积极创造条件引导孩子们走出校园——诗情画意的“妈妈读书会”、激情澎湃的“爸爸运动会”……在丰富多彩的班级和家庭活动中鼓励学生合作体验，分享体会。

同时，微信群中还会定期开展有关学生各类问题的研讨活动。比如，有一期讨论就紧紧围绕如何改善孩子做事拖拉的问题而展开。这一话题引起了家长们的广泛共鸣。大家相继讲述了孩子们关于这些问题的各种表现，通过互相“诉苦”，在自我情感宣泄的同时认识到有些问题是当孩子们成长到某些阶段普遍存在的问题，在很大程度上缓解了家长们的焦虑情绪。通过群里的互动讨论，很多家长从抱怨转变为深入思考积极解决。大家深入挖掘了形成这些问题的原因，意识到有些问题是孩子们心理生理发育还不成熟造成的，有些问题是孩子们正在产生自我意识的一种表现。除此之外，家长们自身也存在爱心过度、耐心缺失、大包大揽、事事代劳等问题。在孩子的教育上，只有正确地认识问题，才能够有效地解决问题。家长们相互交流了自己采取的各种措施及其实施效果。由于孩子们存在差异性，所以不同的方法对于不同孩子的效果也有很大差异。但还是会有一些通用的有效策略，比如让孩子试错，但是需要自己承担这些问题带来的后果，杜绝孩子们的依赖心理。这种方法普遍有效，但是家长需要做好后期的指导纠错以及心理疏导。此外，还有很多针对性的解决方法，比如设奖励箱、设 5 分钟闹铃、制作时间计划表、安慰法、玩具过渡法等。通过讨论交流，大家不但对如何解决问题有了更为深刻的认识，还引申出了教育理念等问题。一些家长分享了经典的儿童教育方面的书籍，引起了大家的共鸣。有些家长对这些书籍耳熟能详，而且应用到了孩子的教育中；有些家长听说过但是没看过；还有些家长完全没有听说过，纷纷表示立刻跟进。从群里的回复可以看出，家长们在育儿方面的付出都很多，但是方式和方法差异性也比较大。

通过家校协同活动，家长们对自己的育儿理念有了更为深刻的思考。大家取长补短，信息共享，同时也增强了班级的凝聚力，增进了家长之间的了解与沟通。更重要的是，大家普遍认为这种方式极大地缓解了家长们的焦虑情绪，这对很多家长来讲是非常有帮助的。大家也反映，在家长之间的沟通已经比较充分的情况下，希望能够有育儿方面的权威专家从心理、生理、行为等多方面给予解释和指导，有一些反馈信息，形成完整的闭环，大家在方法的选择以及执行上会更加有针对性，遇到困难时也更容易处理。这样的家校协同活动，是有益且有效的尝试。许多大伙伴通过相互学习与讨论，最终形成了帮助小伙伴更好成长和发展的教育方案。

## 四、对今后家校协同工作的反思与启示

英国北爱尔兰大学教授摩根（V. Morgan）等人将家校合作的方式按家长参与的层次分为三类。一是低层次的参与，合作方式有访问学校、参加家长会、设开放日、学生作业展览等活动。另外，家长联系簿、家长小报也属于此类。二是中层次的参与，合作方式有经常性的家长参与课堂教学和课外活动、帮助制作教具、为学校募集资金等。三是高层次的参与，参与方式有家长咨询委员会等。

从摩根的分类中，可以看到因为家庭与学校共同面对的是孩子的成长，家校合作的内容应该是非常丰富而全面的，包括学生的学业成绩、品德状况、兴趣爱好、心理健康及其他需求等全部内容。而微信参与家校合作教育，能够很好地使家长和学校共同承担在学生成长过程中的责任，在学生综合能力的培养与发展方面发挥更重要的作用。如何让微信更好地服务于家校合作教育模式，是值得进一步探索和研究的。

（李焕玲）

# 中医按摩研究活动促进大小伙伴共同成长

## 一、研究背景

本班学生整体比较散漫，集体意识差，同学间不太团结友爱，经常发生矛盾甚至肢体冲突，常让任课老师们比较头疼。一部分学生体弱多病，几乎每天都有因病不能到校上课的学生。学生们的体育成绩也很不理想，期末进行三好学生评选时，总有一部分学生因为体育成绩不合格而失去评选资格。面对孩子们的这种身体状况，家长们很着急，我也一筹莫展。此时，学校开展了中医药文化进校园的活动，我想到自己出身于中医世家，虽然在长大后没有从事中医职业，但对中医药的热爱是深入骨髓的。于是，我毫不犹豫地加入这个研究团队中，将伙伴计划与中医药文化相结合，促进学生身心两方面的成长。

## 二、实践过程

### （一）伙伴一起全面了解中医药

为了使班级具有凝聚力，我计划借助中医药研究，把孩子们的兴趣激发起来，让他们能有共同的爱好和话题　　中医药。我把自己的想法告诉了孩子和家长们，孩子们很感兴趣，家长们也非常支持，就这样，我们的中医药研究如火如荼地开展起来了。刚开始，我总想让孩子们尽可能多地了解中医药，所以我和家长们一起，带着学生开展了一系列活动：我们请来植物学专家，教学生种植和认识各种中医药植物；家长中的药物学专家教孩子们认识中药饮片；家长请来茶艺师，和家长、中医师一起教孩子们冲泡中草药茶；周末，我给孩子们布置回家做养生菜的作业，孩子们在家长帮助下，从准备食材到成功制作养生药膳，并能把药用功效说得头头是道；家长中有一位画家，我们便邀请他为孩子们讲授用国画技法画中草药植物，使孩子们对国画、中医等传统文化的了解更加深入了。

（二）伙伴共同学习中医按摩

在不断的研究和实践中，我发现中医按摩是孩子们非常喜欢且便于他们掌握与操作的。于是，我便和家长们商量，将我们的研究方向确定在了中医按摩上。

确定了方向之后，我们首先召开了班会。在班会上，孩子们各抒己见，热烈讨论，家长们也参与其中。我们初步确定了研究主题以及研究的几个阶段。我们又成立了由班级几位家长组成的中医药研究核心小组，这些成员大多本身就是从事医药工作的。有的对中医药十分喜欢且有所研究。我们去书店选购了一些按摩知识方面的书籍，发给学生们回家和家长一起阅读，使学生和家长对中医按摩有基本的了解和认识。之后我们又连续召开班会，孩子们课间经常在一起读中医按摩的书籍，并讨论学习心得。

之后，我们邀请了按摩方面的专家来给孩子和一些家长讲课，使他们对人体构造及按摩方法有了初步了解。针对学生容易出现的问题，比如视力问题、疲劳问题以及一些常见病，小伙伴们在请教专家的基础上不断实践摸索，又从我们编辑出版的《健康娃娃》一书中得到启示，创设了我们自己的身心按摩保健操。

## 三、教育效果

（一）伙伴自身成长

学生在研究中医按摩的过程中，对祖国的传统中医药文化有了初步认识，不仅学会了中医按摩的基本方法，而且学会了主动积极地去学习中医知识。在几年的研究过程中，常有孩子对我说：“闫老师，我长大后要学医，学中医。”班里有个学生从小被哮喘病困扰，每到春季都要请假一两个星期在家休息治疗。自从我们开展中医药研究后，这个学生在生病时要求家长带她去中医院，用中医方法治疗，并用我们学到的方法进行按摩，病情缓解了很多。

（二）伙伴交流成长

孩子们在学习按摩的过程中，经常要与小伙伴们一起交流实践，在这个过程中，他们建立了更深的友谊，并学会合作、分享。午休时间或课间，经常能看到两个小伙伴在一起互相按摩，有同学流鼻血、头疼或肚子疼，就会有小伙伴用学到的按摩方法轻柔地为他按摩。

（三）亲子关系融洽

家长们积极参与我们的中医按摩研究，与孩子们一起阅读中医药按摩书籍。孩子们学会找穴位和按摩方法后教给家长，并用学到的知识给家长按摩。家长生病或劳累时，孩子会主动为他们按摩，极大地促进了亲子关系的和谐。“三八”妇女节前夕，我有针对性地教给了他们一些适合女性的按摩穴位，很多孩子回家给姥姥、奶奶和妈妈按摩，令家长们感到很温暖。

（四）师生彼此温暖

在研究中医按摩的过程中，我作为老师，也收获了意想不到的温暖。这些在家里衣来伸手饭来张口的孩子，在老师劳累和生病时用自己学到的知识体贴关心老师。当他们柔软的小手给我按摩时，轻微的胀痛感伴随着一股暖流涌遍全身，这就是温暖的教育所体现出的教育的魅力吧！

实践证明，学生和家长、老师共同进行中医按摩的研究，极大地加强了伙伴之间的交流，促进了伙伴成长。

（闫春芳）

## 附　篇

# 共创未来素养培养的现实路径

## ——“史家小学学校品牌提升”项目总结

“史家小学学校品牌提升”项目是北京教科院与史家小学合作实施的学校发展项目。

2014 年北京市基础教育开始深化综合改革，形成了北京教育的新常态，给北京教育营造了新的发展环境，带来了新的发展机遇。2016 年，《中国学生发展核心素养》发布，影响着未来教育的改革方向。史家小学有 70 余年的发展历史，是北京市乃至全国的名校。“和谐教育”是该学校的办学特色，形成了较为完善的和谐育人体系，现已经成立史家教育集团。史家小学如何抓住这一历史发展机遇，推动学校品牌进一步提升，带动集团共同发展，面临一系列新的挑战与问题。

2016 年 9 月，史家小学与北京教科院就双方深入合作，支持史家小学进一步提升学校品牌达成初步合作意向，并计划于次年启动项目。

### 启动：定位、设计

2017 年 8 月 25 日，史家小学学校品牌提升项目正式启动。项目周期为三年，目标是在新的发展阶段提升学校品牌内涵，彰显学校办学品质。

项目聚焦于两个问题：一是如何深化史家品牌内涵并带动集团发展。在深综改、集团化的新背景下，面向未来教育发展需求，学校如何做出新的回应；二是学校如何回应核心素养培养的要求，开发、实施基于核心素养的史家课程体系，培养学生的核心素养。

项目落实为两大主要任务：一是通过科学方法进行品牌诊断与定位、品牌设计与实施、品牌评估与宣传，进一步提升学校品牌。二是聚焦于新时代核心素养，在北京教科院基础教育科学研究所先期开发的 A－S－K 课程体系的基础上，开发实施 A－S－K 史家课程体系，为学生终身学习、终身发展和适应未来社会奠定基础。

### 尝试期：共识、进步

项目启动后，开始分年级、分主题开展尝试期的实验。A－S－K 史家课程实验在一年级全面开展，品牌提升研究深入二年级，对伙伴文化进行调研分析。尝试期项目的典型特征是共识、进步。双方就项目的定位、实施等形成了多方面共识，完成了史家小学品牌提升调研报告、A－S－K 史家注意力模块课程、适应与自信模块课程的开发与实施，项目进展显著。

学校品牌提升研究，针对二年级开展品牌现状调研、品牌发展分析、品牌提升实践设计。从品牌联想、品质认知、回忆性等多个维度，建立指标体系、多方收集数据、科学解读数据，得出对“伙伴”品牌的认同度较高、对“伙伴”品牌的情感感知较高、教师对“伙伴”品牌的深化发展具有较强期待等结论，形成史家小学品牌提升调研报告，对伙伴内涵进行深入分析，对伙伴价值再开发，并根据学校基础进行活动改进尝试。

A－S－K 史家课程实验就 A－S－K 课程是什么，课程的定位、内容、实施方式、实施原则、流程，教师培训等，与一年级教师达成共识。

A－S－K 课程是北京教科院开发的课程体系。它是以培养学生的态度（Attitude）、技能（Skill）和知识（Knowledge）为基础，以发展学生核心素养为目标的，通过（Pre）课程、学科攻关课程、融通课程进行进阶式培养，为学生终身学习和发展、适应未来社会奠定基础的课程体系。

本学期开展的是 Pre 课程。Pre 课程侧重衔接，基于已有的儿童认知发展理论基础，并利用现代信息化教育技术手段，针对“学习品质”和“认知基础”为学龄儿童打造一系列以游戏化为特色的幼小衔接过渡课程。

依据“提供—选择—实践—共创”的课程实施方式，北京教科院提供注意力、表达力、想象力、适应与自信、数学初步、科学初步六个模块的 Pre 课程，史家小学本着稳步推进的原则，选择了注意力、适应与自信两个模块的课程，在一年级 18 个班全面开展实验，并在两个班做重点跟踪。

课程实验按照课程提供、前测、课程实施、后测、课程效果的流程开展。项目组为老师提供课程情境片、教案、教师用 PPT、魔法手册（学生用）、教师活动手册、教师培训手册等全方位的资源支持，并就课程实施提供针对认识、定位的通识性培训，针对模式、关键点的针对性培训，针对实践改进的实战性培训以及引路课观摩的示范性培训。

基于这些共识，A－S－K 史家 Pre 课程开展了第一轮实验探索，成效显著。以注意力课程为例，一年级 651 名同学参加了前测与后测，注意力测试平均分由 65 分提升到 69 分，常模位置由 67% 提升到 75%，注意力较高水平的学生比例由 63. 13% 提升到 80. 03%，前后测差异显著（$t=-4.807$，$p<0.01$）。参与实验的教师更是在理论认识、教学模式等方面发生了改变。教师们知道了注意力是指人的心理活动指向和集中于某种事物的能力。它是一种心理活动，不等同于认真听讲。游戏情景、实践活动、问题解决与反馈等被引入课堂，并做了“巧用课前三分钟，抓住学生注意力；精心设计教学，保持学生注意力；活用教材练习，增强学生注意力”等课堂实践的转变。

### 探索期：实践、共创

在初步尝试后，项目进入探索期。这一阶段的定位是解决两个问题，第一个问题是使每个人都成为知识的生产者。第二个问题是北京教科院作为一支外来的专业支持的队伍，要怎么样支持，支持到什么程度。因此，这个学期的关键词叫作实践和共创。从哲学意义上来讲，实践太复杂了，这里实际只抓一个特征，就是能动性。怎么让人“能动”做这件事情？主要指向个体，个体能否发挥能动性。什么叫共创？主要指向团队，团队是否能够发挥集体智慧，达到一个创造的结果。也就是说，在这个阶段主要解决个体提升和团队提升的问题，通过提升真正让科研机构强有力地支持学生的发展。

当我们作为知识的生产者进行实践、共创时，必须要解决三个层面的问题：第一个层面解决的是技术性的问题，第二个层面解决的是实践性的问题，第三个层面解决的是解放性的问题。这三个层面的问题针对的对象是不一样的，项目的关注点也不一样。在技术层面，关注的是寻找有效的教学策略，怎么把这节课高、精、准地让学生学会，而且指向其今后的核心技能或者是核心素养的培养。在实践层面，关注的是学生在情境里的发展，其中又关注三个点，即个体差异、学校的教学生活和实际生活相联系、学生的因材施教。在解放性层面，关注的是怎么让学生真正自主发挥，让学校成为学生释放天性、发挥能力的地方。

作为一个外在的力量，怎么支持教师？不是在专家培训后任由教师自主发挥，而是进行共同体建设。在建设共同体时，强调四点：（1）意义感，更多的是一种观念性的认同；（2）设计感，强调把观念设计、体现出来；（3）共情力，能让别的教师感觉到你的观念也不错；（4）故事性，能很好地介绍自己的教学活动。

这一学期围绕“实践、共创”，项目主要以关键事件的形式开展了九大类活动。

学校品牌提升研究，主要是进行品牌研判，在此过程中，项目做了三方面的工作：（1）广泛调研，用数据说明对品牌的认识、情感，以及它的专业性、待发展点，等等。（2）高端咨询会，强调二年级的伙伴教育隶属于史家整体品牌的定位，重在如何分阶段地提升。（3）行动改进，分成七大领域研究，看它运行得怎么样，在实践中发现问题，查找实践与理念的差距。在品牌研判分析后，确定从游戏节“畅想 2035”和《伙伴教伙伴》绘本入手开展行动改进，强调通过一个个精准的活动升级伙伴内涵、系统开发伙伴实践体系，使以“伙伴”为着手点的教育实践在时代性、深刻性、关键性上更进一步，凸显伙伴对于个人全面成长以及未来持续发展的重要功能和价值，推动校区教育品牌在专业性、协同性、领先性上有更大突破。

A－S－K 史家课程实验在上一学期开设 Pre 课程的基础上，增开学科攻关课程、融通课程，开齐三类课程。学科攻关课程选的是英语模块，融通课程选的是沟通与合作模块。实验仍旧是在一年级 18 个班全面开展，并在两个班做重点跟踪。

本学期课程实验按照培训、实践、共创的方式推进。培训仍为通识性、针对性、实战性、示范性四轮进行。实践强调积极合作、全面开展、重点跟踪。共创主要体现在课堂教学中的一些环节，以英语模块为例，增设课前准备、采用 TPR 教学法、环节细化，等等。

经过一个学期的实践与共创，学生注意力测试的中位数和高分段比例都有提升。此外，在课程评估的调查中，除了四份无效问卷外，其他问卷显示，学生都喜欢或特别喜欢 A－S－K 课程，80% 以上的教师认为改善了自己的学科教学方式，绝大多数家长反馈孩子对课程的评价很高。

### 拓展期：升级、攻关

探索期的经验与成绩为项目的拓展奠定了坚实的基础，而标志拓展期进步的两个词是升级、攻关，具体表现有三点：一是年级的拓展，二是教师的进步，三是专题的突破。

学校品牌提升研究，在对前期的伙伴教育进行研判和改进的基础上启动“伙伴成长计划”。“伙伴成长计划”从理念与定位、目的与结构、实施与要求、管理与评估等方面进行了系统规划，从基础、拓展、创造、支持四大领域分别提供了典型教育活动的设计范例，是在北京教科院学校发展研究成果基础上专门为史家小学二年级部设计开发的一套教育活动指导体系，是校区依据学生发展特点和学校发展需要实施精准特色育人的解决方案，是教师设计、开发、实施伙伴特色教育活动的依据和指南。在计划指导下，二年级校区教师分组开展实践探索，力求体现伙伴活动“高阶思维”“具身认知”“动态建构”的学习特征，在具体任务情境中不断进行交流、协作与分享，从而更新认知、提升能力，逐步学会自主地、创造性地学习。在“伙伴成长计划”实施过程中，学校干部教师在思想认识和教育教学方式上也经历了艰难的变革。之所以说艰难，一是因为对低年级学生“放手”，从“跟老师学”到“同学之间学”挑战了原有的秩序观和绩效观；二是灵活运用教育资源，在课程中发掘每一项教育教学乃至管理活动的伙伴学习意义方面缺乏经验、先例，每个教师都不得不成为眼光敏锐的发现者；三是如何让学生在校园生活的真实情境中思考、交流，并且即时体验到学习成果的实践价值，对教师教育教学组织流程和方式提出了新的要求。

A－S－K 史家课程实验之前，一直只在一年级开展。现阶段是一、二年级全部进入，融通课程增开儿童哲学模块，学科攻关课程增开数学与思维模块，在 36 个班同期推进三类六个模块的课程实验。其中，一年级开设 Pre 课程的注意力模块、适应与自信模块，学科攻关课程的数学与思维模块，融通课程的儿童哲学模块；二年级开设学科攻关课程的数学与思维模块、融通课程的儿童哲学模块。

为了更好、更快地促进教师成长，培训方式也进行了升级，即在前期四类培训的基础上，加强了个性化培训。项目提供的个性化培训主要针对三个方面，一是怎么上这节课，课程该如何拆分；二是怎么上好一节课，重在研磨教材；三是怎么改进课堂，细节如何调整和完善。

专题的突破则体现在两方面：一是原有模块的升级，以注意力模块为例，之前的设计是四次课，升级版是五次课，增加了注意力与学科融合的内容。二是模块的新增，即儿童哲学、数学与思维。

儿童哲学源于美国，目前本土化的实践主要采用“学科＋”的路径，即在语文或其他学科加入哲学讨论，弊端是不仅无法保证探讨的是真正的儿童哲学问题，可能还会损害学科教学的完整性。因此项目组将儿童哲学设计成独立的课程模块，以特定的主题、不断追问的方式，顺着儿童的逻辑，教会儿童思考。

关于数学与思维，思维的顺序是从认知到评价，是由低到高；那么，教学是这样的顺序吗？在现实中，思维的顺序与教学的顺序并不是统一的，而项目的主张是要用高阶思维来统领低阶思维。教师对课标最熟悉的是知识点，其次是情感价值观，但与思维相关的点却很难拿捏，如培养学生的抽象思维和推理能力，培养得怎么样，是说不清的。以“数的抽象”为例，苏教版、北师大版，不同版本的教材设计的活动不尽相同，但从数的抽象的角度来考虑，教师怎么教，能让学生更容易认识这个数，或者说从实物到数的中间有步骤吗？还是说学生可以一步到位？如果假设有中间步骤，就需要给学生提供一个合适的思维支架。思维支架可分为三个层次：一是找一般规律，二是划分步骤，三是驱动一个完整的过程。因此，项目组将“数的抽象”设计成几个小环节：从实物到形象—从形象到数—从实物到数，让学生一步步经历一个完整的思维过程。

在拓展期，最大的进展是对学生的整个学习产生一些积极的影响，让他们学会思考，并能自由地、独立地去学习。

### 成型期：全覆盖、新突破

历经两年四个学期，史家小学品牌项目呈现出以下发展阶段：从启动期到尝试期，再到探索期，然后到拓展期，最后到基本成型期。在这五个发展阶段里，每个阶段都用关键词来引领这个学期的重点或者凸显这个时期的特点。

成型期的关键词是全覆盖、新突破，主要特点是：（1）低段两“全”，第一个“全”指的是“伙伴计划”的典型活动覆盖全部领域，A－S－K 课程覆盖全部学科，包含七个学科、22 节示范课、七次交流展示，且 A－S－K1.0 和 A－S－K2.0 同时存在。第二个“全”是指全体师生，这一阶段的实验覆盖了一、二年级所有的教师和学生，人员是 1 600 名学生、100 名老师。（2）合作共创，通过基础培训、找准问题、优化设计、多次实践四步来实现课程共创。在共创过程中，北京教科院为教师提供的支持主要在五个方面：一是找准问题，明确究竟是什么问题；二是清晰领域，即在课标的哪个领域讨论这些问题；三是情境设置，有了问题和想法后，用什么情境最有利于学生达成；四是提供思维支架，让学生一步一步地递进发展；五是设计什么样的任务来进行驱动。（3）研究常态，即研究一个教育现象、一个现实、一个事实经过，认真地分析并把它逻辑化即可称为研究。对于一线教师而言，从寻常之处提问题，从寻常之处做反思，就是从研究开始。在实验过程中，教师不再仅仅依赖于教材，而是开始追问学科的本质、不断尝试新的突破，让研究成为日常的自觉行为。

在北京教科院和史家小学的协同努力下，实现的重大突破以下几项：(1) 将理想的课程变成现实的课程，或者说从一个静态的课程向一个动态的体系发展。对史家而言，A－S－K 课程不再是一个静态的、理想的课程，而是实践过的、不断拓展升级的动态课程体系。(2) 将理想的学习变成现实的学习，或者说是由多样化的学习逐渐变成优化的学习。为了实现学习方式的转变，项目组研发了若干教学资源与学具，强调游戏学习和自身学习的运用，注重提供思维支架，真正促进学生的发展。(3) 构建专业共同体，促进“四有教师”的成长。在组建专业共同体时，把有扎实学识的教师的发展分成技术型、实践型、解放型三种类型，再依据不同类型来提供最合适的知识支持、技术支持和课程支持。

在这两年里，项目在史家 A－S－K 课程体系的构建、教学资源的丰富、课堂教学的研磨、学习方式的变革、专业共同体的建设、伙伴文化的深化、学校品牌的提升等方面开展了大量的研究与实践，不断探索创新、优化升级，以追求教育理想的精神，真正为党育人、为国育才。

（根据张熙所长在“史家小学学校品牌提升”项目活动中的主旨报告整理）